WEIN
für Einsteiger

WEIN

für Einsteiger

Eckhard Supp

Wein beurteilen, einkaufen, genießen – der leichte Weg zur Weinkennerschaft

GU GRÄFE UND UNZER

INHALT

DER WEG ZUM WEIN

DER WEG ZUM WEIN

Ein faszinierendes Getränk

Wein ist »in«! Selbst im Land der überzeugten Biertrinker hat sich das faszinierendste und vielseitigste aller Getränke, dem schon die alten Griechen und Römer eigene Gottheiten widmeten, seinen festen Platz in der Achtung und Wertschätzung der Verbraucher erkämpft. Obwohl der Weinverbrauch pro Kopf der Bevölkerung nicht einmal höher, in manchen Gegenden sogar niedriger liegt als noch vor zehn oder fünfzehn Jahren, genießt der Rebensaft heutzutage ein Prestige, mit dem Bier, Schnaps, Cola oder Fruchtsäfte nicht einmal ansatzweise konkurrieren können. Und auch in jenen Ländern, wo Wein jahrhundertelang als ein nützliches, aber eher alltägliches Nahrungsmittel galt, hat er sich zu einem Genußmittel entwickelt, das in der Publikumsgunst ganz oben rangiert.

Immer mehr Menschen besinnen sich heute wieder darauf, daß Essen und Trinken nicht nur eine Art zeitraubender »Notdurft« sind, die man am rationellsten in Fast-Food-Restaurants befriedigt, sondern sie bekennen sich zum »slow« statt zum »fast«, sie wollen genießen und verstehen sich als qualitäts- und preisbewußte Konsumenten. Sie alle möchte ich mit diesem Buch ansprechen und zur Weinkennerschaft verführen, denn zum guten und gesunden Essen gehört nun mal ein schönes Glas Wein.

Es gibt natürlich auch Menschen, die trinken Wein nur aus Prestigegründen. Für sie »geht« im Restaurant nur das Teuerste vom Teuren, und auch zu Hause protzen sie mit Weinkellern, deren Inhalt sie wohl nach dem Prinzip der vielen Nullen vor dem Komma zusammengestellt haben. Zu dieser Kategorie der Snobs gehören auch diejenigen, die ohnehin immer schon alles besser wußten. Für sie alle ist dieses Buch nicht geschrieben worden. Sie sollten es vielmehr schleunigst aus der Hand legen, denn sie laufen Gefahr, vielleicht doch noch zum

Brot und Wein – ein harmonischer Zweiklang

DER WEG ZUM WEIN

Wein zu finden, beziehungsweise die eine oder andere nützliche Information und den einen oder anderen Gedankengang zu lesen, die ihnen noch nicht vertraut waren.

So manch einer, der vielleicht aus Zufall, durch einen guten Freund, eine Einladung ins Restaurant oder ein Geschäftsessen in den Genuß einer guten Flasche gekommen ist, wird sich hingegen gewünscht haben, dieses mysteriöse, geschmacklich so vielschichtige und aufregende Getränk doch einmal näher kennenzulernen. Für ihn wurde dieses Buch geschrieben! Und natürlich habe ich diese Hinführung an das Produkt, aber auch an das Lebensgefühl »Wein« vor allem jenen Weintrinkern gewidmet, die Qualität zwar zu schätzen wissen, sich aber im Angesicht der heute herrschenden Vielfalt von Etiketten, Flaschen, Marken, Herkunftsgebieten, Rebsorten und Preisstufen einfach überfordert fühlen.

Der Weg zum Weinkenner

Wie kommt man zum Wein, wie wird man zum Weingenießer und -kenner? Der »einfachste« Weg ist sicherlich der, in einem Weinbaugebiet geboren zu werden. Dort wird einem der Weingenuß quasi in die Wiege gelegt, beziehungsweise gehört er zum täglichen Brot. Leider aber ist gerade dabei nur selten einer zum echten Weinkenner geworden, eher zum Gewohnheitskonsumenten, und da es uns ohnehin nicht gegeben ist, unseren Geburtsort selbst zu bestimmen, bleibt dem Neugierigen und Wein-Novizen nur die Alternative, sich selbst auf den Weg zu machen, den Wein oder besser die Weine aufzuspüren und zu »erlernen«.

Die Annäherung

Ganz einfach ist die verständige und verstehende Annäherung an die Welt der Weine und die Weine der Welt nicht, und sie ist auch nicht im Schnellgang zu bewältigen. Dies sei gleich zu Anfang betont, um keine Illusionen aufkommen zu lassen. Zu breit und zu verwirrend ist das Spektrum der Möglichkeiten: rot oder weiß, süß oder herb, leicht oder schwer, spritzig oder kräftig, Rheingau, Bordeaux, Toskana, Australien, »barrique«, »Stahltank«, sonnengereift, vollreif, sortenrein oder »Verschnitt«, durchgegoren, »biologisch«: Dies sind nur einige wenige der vielen Ausdrücke, mit denen uns die Weinwerbung tagtäglich bombardiert und die inzwischen fast jedes Etikett und nahezu jeden Weinprospekt zieren.

Der Kopf dreht sich vor all den Namen, Fakten, Adjektiven, und wer sich nicht auskennt, verliert schnell die Orientierung. Deshalb will ich auf diesen Seiten versuchen, ein wenig Ordnung in das Chaos, Licht in das Dunkel zu bringen, um Ihnen einen ersten Zugang zu ermöglichen. Die weitere Beschäftigung mit dem Thema Wein ist dann freilich eine Sache des individuellen Geschmacks und der Leidenschaft, die der Einzelne für den Wein entwickelt.

Die Auswahl aus der Vielfalt

Weingenuß ist zuallererst einmal ein Problem der Auswahl. 300 Millionen Hektoliter Wein, das sind 30 Milliarden Liter oder umgerechnet mehr als 40 Milliarden Normalflaschen – mal mehr, mal weniger, wie es der Jahrgang gerade will –, werden jedes Jahr in den 40 oder 50 Weinproduktionsländern dieser Erde gekeltert – das ist 17 650mal der Inhalt des großen Dürkheimer Weinfasses mit seinen 1,7 Millionen Liter Fassungsvermögen. Allein der Welt größter Weinproduzent, die kalifornische Firma Gallo, füllt 600 Millionen Flaschen – das sind etwa 264 Dürkheimer Fässer, um das Bild noch einmal zu strapazieren – ab, aber wahrscheinlich übersteigen solche »bildlichen« Vergleiche ohnehin jegliches konkrete Vorstellungsvermögen von der Weinmenge, die Jahr für Jahr auf der Welt produziert und getrunken wird. Wenn man weiß, daß allein im klassischen Weinland Italien – die Griechen schon

Die Vielfalt der Weine ist unüberschaubar

nannten es Oïnotria (von oïnos, der Wein) – in unseren Tagen rund 45 000 Abfüller ihre manchmal recht umfangreichen Produktpaletten auf dem Markt feilbieten, was Jahr für Jahr schätzungsweise rund 300 000 verschiedene Etiketten ergibt, dann kann man die Schwierigkeit der Wahl der richtigen Weines zur richtigen Gelegenheit annähernd ermessen.

Um Ihnen bei dieser Auswahl zu helfen, habe ich an vielen Stellen dieses Buches konkrete Hinweise und Anleitungen eingestreut: Das reicht von Anregungen zum Weinkauf und zur Lagerung bis hin zum Weinservieren und zu Listen der besten Weinerzeuger in den wichtigen Anbaugebieten, die Ihnen auf Reisen, im Restaurant oder im Weingeschäft Hilfestellung geben sollen. Noch wichtiger aber ist für den zukünftigen Weinfreund, daß er sich das Instrumentarium der Verkostung und Kenntnisse über die Weinarten und Anbaugebiete selbst aneignet, um auf eigene Faust Erfahrungen sammeln und die Schönheiten der Weinwelt entdecken zu können.

Wein »lernen« – eine vergnügliche Angelegenheit

Aber keine Angst! Wein »lernen«, ihn richtig kennenlernen, ist nichts für Schulbänke oder düstere Studierstuben. Es ist vielmehr eine höchst vergnügliche Angelegenheit, eine »Schulaufgabe«, die Sie zu Hause oder im Restaurant, im Kreise der Familie, mit Freunden, beim Weinhändler oder auch beim Treffen im Kreise Gleichgesinnter erledigen können. Die Grundlagen dazu möchte ich Ihnen mit diesem Buch in die Hand geben. Es soll Ihnen die ersten Schritte erleichtern, Sie aber auch noch lange danach als Nachschlagewerk, als Einkaufs- und Reiseführer begleiten, um Ihnen Gelegenheit zu geben, die erworbenen Kenntnisse immer wieder aufzufrischen oder Ihnen zu helfen, einen Wein zu verstehen, zu dem Sie vielleicht auf Anhieb keinen Zugang gefunden haben.

Natürlich kann man zum Kennenlernen der Weine einfach den jeweils gängigen Moden folgen:

DER WEG ZUM WEIN

mal Champagner, mal Prosecco, mal trocken, dann wieder edelsüß, rot, weiß, französisch, italienisch, australisch und immer so weiter. Einen Vorteil hätte das gewiß: Die Moden wechseln so häufig, daß große Chancen bestehen, im Laufe eines Lebens viele Weintypen kennenzulernen. Aber wirklicher Weingenuß eröffnet sich nur dem, der sich auf solche Tendenzen nicht festlegen läßt, der sich allen Weinarten öffnet, sie auf sich wirken läßt.

Die ersten Schritte zur Weinkennerschaft

Für den Anfang bieten sich verschiedene Zugangsmöglichkeiten. Da wäre einmal das systematische Erforschen einer einzigen Weinsorte oder der Weine eines einzigen Anbaugebietes, das vielleicht nicht allzuweit von Ihrem Heimatort entfernt ist. Kaufen Sie sich zuerst ein paar Flaschen dieser Weine, vergleichen Sie sie, versuchen Sie, andere, interessantere, bessere Produkte derselben Sorte zu entdecken, und im Laufe der Zeit lernen Sie fast automatisch die verschiedenen Typen, die Qualitätsstufen, die unterschiedlichen »Handschriften« der Winzer genauer kennen!

Reisen zum Wein

Fahren Sie bei einer solchen »Pirsch« nach diesen ersten Schritten einmal in die auserwählte Region, besuchen Sie Ihren Winzer, lernen Sie die Eigenheiten des Gebiets kennen, und Sie werden sie in ihren Weinen wiederfinden. Nach einer Weile können Sie Ihr Interesse dann auf benachbarte Regionen ausweiten, auf andere Sorten, auf Weine, die von einer anderen »Handschrift« geprägt sind, und gehen dann nach demselben Muster vor.

Natürlich kann man auch anders verfahren, kann von Anfang an auf Vielfalt setzen und beispielsweise seinen Urlaub so planen, daß er Kontakt mit immer neuen Weinbau-Realitäten bringt. Ein Jahr in die Toskana, ein Jahr in die Provence, dann wieder ins Elsaß und Ostern an die Mosel. Schließlich ist das gar nicht so schwierig, wenn man bedenkt, daß der überwiegende Teil der wichtigen Weinanbaugebiete ohnehin zu den beliebtesten Reisegebieten zählt. Wenn die Familie mitspielt, ist dies sicher eine der unterhaltsamsten und erholsamsten Arten, die Weine der Welt (oder zumindest Europas) kennenzulernen. Wein- und Feinschmeckerreisen werden gelegentlich auch von spezialisierten Reiseveranstaltern organisiert und bieten eine gute Gelegenheit, der eigenen Leidenschaft in einer Gruppe Gleichgesinnter zu frönen.

Weinproben – eine gute Möglichkeit zum Kennenlernen

Vielleicht die einfachste Möglichkeit, möglichst viele verschiedenartige Weine kennenzulernen, bieten heute Weinhändler an, die zum Zwecke der Verkaufsförderung umfangreiche Weinproben organisieren oder in ihren Verkaufsräumen ständig ein paar Probierflaschen bereithalten. Insbesondere die größeren Handelsketten mit ihren Depots in allen Ballungsgebieten betrachten einen solchen Service heute als selbstverständlichen Bestandteil ihrer Arbeit. Eine weitere Möglichkeit, die den ganz Eifrigen unter Ihnen sicherlich gefallen wird, besteht darin, einmal eines jener Weinseminare für ganz »unvorbelastete« Anfänger oder fortgeschrittene Amateure zu belegen, wie sie heute von vielen Institutionen, angefangen von den Volkshochschulen über bestimmte Gourmet-Restaurants bis hin

Die Auswahl nach dem Etikett erfordert einige Kenntnisse

zu den Werbeträgern des deutschen Weinbaus, wie dem Deutschen Wein-Institut in Mainz, organisiert werden.

Etwas ganz anderes ist es, wenn Sie Ihre Liebhaberei zum Spezialistentum ausbauen wollen. Daran ist gar nichts Ungewöhnliches! Viele Weinliebhaber haben heute schon ein so enormes Wissen über Anbaugebiete, Lagen, Winzer, Weine und Jahrgänge erworben, daß sogar manchem Weinmacher bei der Begegnung mit ihnen geradezu angst und bange wird. »Wein wird durch Wissen erst schön«, sagt man gerne, und das stimmt zumindest teilweise, denn zum vollkommenen Weingenuß gehört auch das intellektuelle Vergnügen, so wie sich die Feinheiten einer großen Symphonie nur dem vollends erschließen, der sie zu verstehen in der Lage ist. Aber Achtung! In unseren Breiten vergißt man allzuschnell über dem Wissen und dem Lernen das hedonistische Element, das den Wein doch erst zur vollen Geltung und Entfaltung kommen läßt – das Genießen. Zum Weingenuß gehören nun einmal sowohl Systematik als auch Sinnenfreude. Das Wissen über den Wein allein kann nämlich schnell in weinseliger Besserwisserei enden, und deshalb gilt für alle zukünftigen Weinfreunde: mehr Kenntnis bereichert und vergrößert, spitzfindiges Zerreden aber

Der vollkommene Weingenuß

schmälert den Genuß. Auch die oft gehörte Meinung, erst ein wahrhaft enzyklopädisches Wissen erlaube korrekte Urteile über den Wein, ist falsch. Wein soll, das wollen wir nicht vergessen, zuallererst einmal schmecken! Und ob ein Wein schmeckt oder nicht, merkt auch der Laie! Dennoch kann ein Grundstock an Kenntnissen über den Wein das

Ob Rot oder Weiß – Wein soll vor allem schmecken

Vergnügen nur steigern. Diesen Grundstock soll dieses Buch liefern. Es soll Ihnen beim Umgang mit der vielleicht noch fremden Materie helfen, die anfängliche Hemmschwelle zu überwinden, und Ihnen Informationen geben, die Ihnen die zukünftige Weinauswahl erleichtern.

Angesichts der Fortschritte in Weinbau und Kellertechnik und der wachsenden Qualität vieler Produkte, die heute angeboten werden, aber auch angesichts der fast ständig steigenden Preise wird es immer wichtiger, vor dem Kauf die notwendigen Informationen zu sammeln, damit die Geldausgabe nicht zu einer großen Geldverschwendung für mindere Qualitäten wird. Gerade beim Wein ist der Preis nicht immer ein zuverlässiger Maßstab für Qualität.

Wein und Gesundheit

An dieser Stelle möchte ich noch kurz auf das Verhältnis von Wein und Gesundheit eingehen. Vieles konnte man in letzter Zeit lesen darüber, daß Wein die Aufnahme von Vitamin C beim Essen favorisiert, daß er die Verdauung erleichtert, daß er entspannt, psychosomatische Heilungsprozesse begünstigt, die Bildung von schädlichem Cholesterin verhindert und auf diese Art einigen Zivilisationskrankheiten entgegenwirkt. Dem stehen die vielen Toten durch Alkohol am Steuer gegenüber, die vielen sozial entwurzelten Alkoholiker, die Todesfälle durch Leberzirrhose. Die Augen davor zu verschließen, wäre fatal. Eine bekannte englische Weinschriftstellerin hat sich jüngst einmal öffentlich zu der Behauptung verstiegen, »pregnant-drinking«, Trinken während der Schwangerschaft, habe keinerlei schädliche Folgen. Ich glaube, solche Thesen erfordern keinen Kommentar, und sie dienen weder dem Wohl der Weinfreunde noch – wenn man es genau nimmt – dem der Weinwirtschaft. Wie jedes Rauschmittel erfordert Alkohol und damit der Wein – wie der Gesetzgeber richtig sagt, ist ein Traubenprodukt ohne Alkohol kein Wein – Mäßigung beim Konsum. Auch wenn die französische »Académie de médecine« die unschädliche Alkoholaufnahme mit 1 Gramm pro Kilogramm Körpergewicht und Tag festgelegt hat, was etwa der Menge einer Fla-

Das rechte Maß

sche für einen Mann von 75 kg Körpergewicht entspricht (für Frauen gelten um 20 bis 30 Prozent niedrigere Werte), empfehle ich: Ein Viertel am Tag ist in Ordnung, eine halbe Flasche nur mit Pausen und nur zum Essen, weil es die Aufnahme des Alkohols erheblich verlangsamt, eine ganze nur selten und mehr am besten gar nicht!

Ansonsten halte ich es mit dem alten chinesischen Sprichwort, das lautet: Einen Tag pro Woche, eine Woche pro Monat und einen Monat pro Jahr ganz ohne Alkohol, dann kann die Leber sich wieder erholen. Was das Alkoholproblem betrifft, behaupte ich, daß Qualität der Gesundheit förderlich ist. Wer einen großen, gehaltvollen Wein trinkt, wird diesen fast automatisch in kleinen Schlucken genießen und nicht so schnell Durst auf einen zweiten haben, denn der erste beschäftigt noch lange die Geschmacks- und Geruchssensoren in Nase und Gaumen. Gegen den Durst trinke ich immer Wasser, das auf keinem Tisch neben dem Weinglas fehlen sollte.

WAS IST WEIN?

Die gesetzliche Definition

»Wein ist ein alkoholisches Getränk, das durch Gärung aus dem Saft von frisch gepreßten Weintrauben gewonnen wird.« So könnte eine umfassende und erschöpfende Definition des Gegenstands dieses Buches lauten. Eine andere, mehr chemisch »gefärbte« Beschreibung müßte unser Produkt etwa so darstellen: »Wein ist eine hydro-alkoholische Lösung, das heißt, eine Lösung

Wein – das Getränk voll Schönheit und Vielfalt

von Alkohol und etwa 20 bis 30 Gramm anderer Substanzen in Wasser«. Die Frage ist nur: Können uns solche Begriffsbestimmungen tatsächlich ein Bild vom faszinierendsten und nobelsten aller Getränke vermitteln, stellen sie uns wirklich zufrieden? Sicherlich nicht! Kaum ein anderes Getränk eignet sich so wenig, in eine blasse und dürre wissenschaftliche Definition gepreßt zu werden wie gerade Wein. Er ist nicht einfach ein Getränk, nicht einfach eine chemische Formel oder ein industrielles Produkt wie Bier, Orangensaft oder Coca Cola. Aber was ist er dann wirklich?

Wein ist ein Phänomen von ungeheurer Vielfalt! Vielfalt der Erscheinungsformen und der Herstellungsweisen, Vielfalt der Traubensorten, die in seine Kelterung eingehen, Vielfalt der Traditionen, Vielfalt der Menschen, die ihn produzieren, der Farben, der Gerüche, der Geschmacksrichtungen und auch Vielfalt, was den Gehalt an Alkohol betrifft. Mit ziemlicher Sicherheit war es diese Vielfalt, die schon unsere Vorfahren so tief beeindruckte, daß sie im Wein geradezu mysteriöse, göttliche Kräfte vermuteten. Welches andere Getränk war so wohlschmeckend und bekömmlich zugleich? Welches erzeugte ein so angenehmes Gefühl von Leichtigkeit, aber auch von Wärme? Welches sprach außer durch seinen Geschmack auch durch seinen abwechslungsreichen Geruch die Sinne des Menschen an? Welches gewann im Laufe seiner Alterung, die sich über Jahre hinziehen konnte, noch an Qualität, statt schlecht und ungenießbar zu werden? Und welches war fast immer sauberer und hygienischer als Wasser?

Ein einzigartiger Göttertrank

Wohl keines! Nur Wein, der vergorene Saft der Trauben, vereinte die angenehmen und die nützlichen Eigenschaften so vieler Nahrungs-, Genuß- und sogar Rauschmittel in sich und war gleichzeitig – in Maßen genossen – der Gesundheit nicht abträglich, ja konnte sogar als »Medikament« therapeutische Wirkungen entfalten.

Von den Ursprüngen am Schwarzen Meer bis zur weltweiten Verbreitung

Das alles müssen schon die Mesopotamier und die Kaukasier gewußt haben, denn sie kannten die meisten Geheimnisse der Herstellung dieses berauschenden Göttertranks. Archäologen haben bei Damaskus und im Land der Georgier Traubenpressen und Tonkrüge sowie Ansammlungen von Traubenkernen gefunden, die aus dem 5. und 6. Jahrtausend vor Christus stammen, womit bewiesen ist, daß bereits die Menschen der beginnenden Jungsteinzeit die Technik der Kelterung und Gärung beherrschten.

Weinbau und Weinhandel im alten Ägypten

Im Ägypten der Pharaonen waren zwei, drei Jahrtausende später die Weinbautechnik und die Weinbereitung schon zu einer Wissenschaft gediehen. Reben wurden von Weinbauspezialisten in sorgfältig gepflegten Weingärten angebaut und die Trauben jedes Jahr von Sklaven nach Methoden gekeltert, die noch über Jahrtausende hinweg Bestand haben sollten. Die Weine wurden schließlich mit langen Karawanen oder in schnellen Schiffen zu den wichtigsten Handelsplätzen der Epoche verfrachtet. Man könnte sogar mit einigem Recht behaupten, daß aus diesem Handel mit Wein die Grundlagen unserer modernen Ökonomie entstanden sind: das Geld, die Handelsberufe, die Verträge und die Gerichte zur Klärung von Vertragsstreitigkeiten, ja vielleicht sogar die uns bekannten Zahlensysteme und das heute noch gültige Zeitmaß.

Erste Blüte im antiken Griechenland

Wie vielen anderen Elementen unserer modernen Kultur verhalfen wenig später die Griechen auch dem Weinbau zu einer ersten Blüte. Vor allem die Inseln der Ägäis waren für ihre Rebensäfte über die Grenzen des Landes hinaus bekannt. Chios soll den besten Wein der damaligen Zeit produziert haben, und man nennt diese Insel auch manchmal das »Bordeaux« der Antike. Amphoren, die aus Ton gebrannten klassischen Weinbehälter, aus Chios wurden in Ägypten, Italien und sogar im heutigen Rußland gefunden. Vielleicht legten griechische Händler – wie auch die etruskischen, die griechische Weine bis nach Frankreich brachten – mit den von ihnen eingeführten Weinreben auf der Halbinsel Krim den Grundstein für die Sektproduktion unserer Tage. Auch Thasos, Lesbos, Rhodos und das griechische Festland brachten bekannte Weine hervor: Leichtere und fruchtigere, schwerere oder sogar mit Harz vermischte Weine – wie der heutige Retsina – waren bei den starken Trinkern, als die die Griechen gemeinhin galten, beliebt. Die Weine von Lesbos reiften, ähnlich dem heutigen Sherry, unter einer dichten Schicht von Florhefen, ein Herstellungsverfahren, das Sie noch ausführlicher kennenlernen werden.

Weit verbreitet war die Sitte, den Wein mit allen möglichen Essenzen und Stoffen »anzureichern«, seien das nun Gewürze, Honig oder Duftstoffe. Sogar mit Meerwasser wurde der »Göttertrank« vermischt, um ihn zu verlängern.

Wein als Arznei

Hippokrates, der »Erfinder« der Medizin, sah schon im 5. Jahrhundert vor Christus den Wein als Heilmittel an, das bei Fieber und Infektionen sowie zur Hebung des Allgemeinzustandes der Kranken eingesetzt werden konnte. Lange Zeit danach stand den Kranken im burgundischen Städtchen Beaune eine Tagesration von sage und schreibe 7 Liter Wein zu, wobei man sich fragen darf, ob das noch im Sinne des Hippokrates war.

Eine eigene Gottheit

Den Griechen jedenfalls wurde der Wein mit der Zeit so wichtig, daß sie ihm eine eigene Gottheit schufen: Dionysos, den die Römer später Bacchus nannten. Dionysos war außerdem der Gott der Fruchtbarkeit und der Ekstase, und das waren in der damaligen Zeit ausgesprochene »Frauenthemen«, wie wir heute sagen würden. Und so wurde die »Männersache« Wein in jedem Winter durch lange, ausgelassene Feste und Rituale in Athen, aber auch am Heiligtum des Apollon in Delphi von Frauen (und Sklaven) gefeiert, die verkleidet durch die Straßen zogen und bei diesen Gelegenheiten nicht nur vom Wein, sondern auch von anderen Rauschmitteln reichlich Gebrauch gemacht haben sollen.

Leider gibt es in den Ursprungsländern des Weltweinbaus heute aus vielerlei historischen, sozialen und religiösen Gründen kaum noch eine nennenswerte und qualitätsbewußte Weinproduktion.

Die Römer – Förderer des Weinbaus in Europa

Ganz anders stellt sich die Situation dagegen dort dar, wo die weltgeschichtlichen Nachfolger der Griechen, die Römer, ihr Imperium errichteten. Die Grenzen ihres Reichs und ihrer Weinbaugebiete sind noch weitgehend mit denen unseres heutigen (Wein-) Europa identisch. Die Römer verstanden den Weinbau, den rentabelsten Teil ihrer Landwirtschaft, zum ersten Mal als einen soliden Wirtschaftszweig, dessen Wohlergehen zur sozialen, politischen und sogar militärischen Stabilität des Imperiums beitragen konnte. Pompeji, die Stadt am Fuße des Vesuv, die im Jahre 79 nach Christus durch den Ausbruch des Vulkans vernichtet wurde, war die bedeutendste Weinmetropole der Antike. Von hier wurden Weine bis ins heutige Bordeaux exportiert, wo man von der Weinbauherrlichkeit unserer Tage noch weit entfernt war.

Gefährliche Zusatzmitte

Die römischen Weine waren übrigens meist süß, und wenn ein Jahrgang einmal nicht so üppig geriet, wurde mit einem Mittel »nachgesüßt«, das noch bis vor drei Jahrhunderten reichlich Verwendung fand und dessen Namensnennung uns heute buchstäblich das Blut in den Adern gefrieren läßt: geschmolzenes Blei oder Bleimonoxid. Dieses hochgiftige Metall hat in den letzten zwei Jahrtausenden bestimmt mehr Todesfälle verursacht als so manche Krankheitsepidemie, und es wird sogar von manchen Geschichtsforschern als eine der Ursachen für den Untergang des Römischen Reiches angesehen.

Die Anfänge des deutsche und französische Weinbaus

Auch Frankreich und Deutschland, zwei der wichtigsten modernen Weinländer, erlebten die Geburt ihres Weinbaus noch in der Römerzeit. Bordeaux und Trier entwickelten sich von Exportzentren römischer Weine nach England und Irland zu eigenständigen Anbaugebieten – eine Entwicklung, die in dieser Art in der Geschichte noch oft zu verzeichnen war, denn fast immer sollte der Anstoß zum Qualitätsweinbau von wirtschaftlichen oder politischen Ereignissen ausgehen. Schon kurz nach der Zeitenwende pflanzte man in Bordeaux übrigens die aus der Gegend des heutigen Rioja in Spanien eingeführte Sorte Biturica (oder Balisca) an, den Vorgänger des heutigen Cabernet Sauvignon, in dessen volkstümlichem Namen Vidure die alte Benennung noch fortlebt.

Schon in alter Zeit waren verschiedene Unterstützungsformen der Rebe bekannt – der Drahtrahmen ist eine Errungenschaft des 19. Jahrhunderts

Karl der Große

Karl der Große gilt als einer der größten Förderer des Weinbaus. Deshalb ist noch heute eine der berühmtesten Weißweinlagen der Welt, der »Grand Cru Charlemagne« im burgundischen Städtchen Aloxe-Corton, nach ihm benannt. Er unterstützte den Weinbau in vielen Regionen, erließ Regeln zur Weinbereitung und führte den »Strauß« oder »Buschen« ein, der in Süddeutschland und Österreich noch immer den Weinausschank der Winzer signalisiert. Aber die eigentliche Leistung in der Weiterentwicklung von Weinbau und Weinbereitung erbrachten im Mittelalter die Klöster, vor allem die der Benediktiner und die der Zisterzienser im Burgund und im Rheingau.

Rheinwein im Mittelalter

Am Rhein erstreckte sich damals, so weit das Auge reichte, eine reine – und schon weithin dem Riesling gewidmete – Weinlandschaft. Immerhin standen zwischen dem 12. und dem 16. Jahrhundert in Deutschland fast 300 000 Hektar – heute sind es gerade noch 100 000 – Land unter Reben, die damals selbst an der Ostseeküste angepflanzt wurden. Klöster sorgten bei uns auch für den notwendigen Neuanfang nach den gigantischen Zerstörungen durch den Dreißigjährigen Krieg, und ihre Mönche bedienten sich dabei weitgehend der Weinbauschriften des alten Rom.

Der Beginn der Moderne in Weinbau und Weinbereitung

Erst im 17. Jahrhundert erhielten die Weinbaulandschaften und vor allem die Produkte, die sie hervorbrachten, ihr heutiges Gesicht. Die Glasflasche wurde erfunden und, noch wichtiger, der Korken, um sie luftdicht zu verschließen. Die Weine wurden mit dem Ziel größerer Feinheit und längerer Haltbarkeit gekeltert – dafür war die inzwischen offiziell zugelassene Schwefelung der Fässer erfunden worden. Die ersten bekannten Namen von heute noch berühmten »Premiers Crus« und Domänen tauchten auf den Karten der Weinbaugebiete auf: Château Haut-Brion war zum Beispiel

Die ersten »Châteaux«

das erste namentlich auf einem Weinetikett genannte Wein-»Schloß« im Gebiet von Bordeaux, und viele andere folgten noch vor dem Ende des 17. Jahrhunderts. Allerdings waren die Weine noch auf längere Zeit weit entfernt von ihrem heutigen Aussehen. Sie waren alkoholarm und mußten mit Most und Branntwein »nachgebessert« werden.

Der Auf- und Abstieg einzelner Weinbaugebiete in Frankreich, Italien, Spanien und Portugal in den folgenden Jahrhunderten vollzog sich fast immer im Rhythmus der militärischen und politischen Siege und Niederlagen ihrer jeweiligen Schutzmächte und Abnehmer. Das traf hauptsächlich auf die Engländer zu, die dem Weinbau in Europa durch ihre Militär- und Handelspolitik damals entscheidende Impulse gaben.

Der Einfluß Englands

Engländer waren es, die Bordeaux zum Weinzentrum machten, die den Portwein, den Sherry, den Marsala, aber auch den Cognac »erfanden«, die den Weinbau Zyperns, Ungarns und Südafrikas stimulierten und die den heute noch bekannten Namen von Weingutsbesitzern der Toskana, den Antinori und Frescobaldi, erste Erfolge verschafften. Aber so schnell sie einigen Weinen auch zu Glanz und Renommee verhalfen, so schnell ließen sie sie oft wieder fallen. Man erzählt sich in Portugal, daß die Winzer vom Douro in schlechten Zeiten zusammen mit den Fässern auch ihre Töchter an die Einkäufer Seiner Majestät »liefern« mußten, um ihre Weine überhaupt loszuwerden.

Im 18. und 19. Jahrhundert wurde auch die Technik der Schaumweinherstellung entwickelt und verfeinert. Es war übrigens nicht, wie oft erzählt wird, Dom Pérignon, der den Champagner erfand. Der Kellermeister der Abtei von Hautvillers ersann lediglich die Methode der Kelterung verschiedener Qualitätsstufen aus ein und demselben Traubenmaterial sowie die Mischung von Weinen unterschiedlicher Weinberge zur Erzielung eines gleichmäßig guten Endprodukts. Aber sein »Champagner« war noch ein Stillwein, dessen Tendenz, in der Flasche erneut zu gären, recht unwillig zur Kenntnis genommen wurde. Es blieb der Einführung schwererer und stärkerer Flaschen, vor allem aber der systematischen Erprobung der Flaschengärung durch den Kellermeister der Witwe Clicquot zu Anfang des 19. Jahrhunderts vorbehalten, die »Champagnermethode«, dieses Kind der industriellen Revolution, zum Leben zu erwecken.

Die »Erfindung« des Schaumweines

Die letzte wirklich revolutionäre Entwicklung in der Geschichte des Weltweinbaus hat erst in unseren Tagen begonnen. Wenn ein, zwei Jahrhunderte lang mit Recht behauptet werden durfte, außer in Bordeaux, im Burgund, am Rhein, in Oporto und im spanischen Jerez de la Frontera – hier kommen der Portwein und der Sherry her – gäbe es kaum Spitzenweine in der Welt, so hat sich das seit etwa zwei Jahrzehnten gründlich geändert. Australien, Neuseeland, Kalifornien und Chile haben durch systematisches Kopieren der Weine Frankreichs und ihrer Herstellungsverfahren selbst hervorragende Produkte auf den Markt gebracht. Italien hat sich endlich wieder auf sein großartiges Erbe besonnen

Die Revolution unseres Jahrhunderts: hohe Qualität aus neuen Gebieten

und nicht nur das Durchschnittsniveau seiner Weine um etliches angehoben, sondern mit einigen seiner Kreszenzen sogar den Sprung in die Welt-Eliteklasse der Weine geschafft. Schließlich weisen auch Länder wie Südafrika, Israel, Argentinien, ja selbst Zimbabwe oder Kenia eine Weinproduktion vor, die jeden Respekt verdient.

Anbinden der Triebe an den Drahtrahmen

Am Anfang steht die Rebe

Die Grundlage des Weinbaus, wie er sich durch Jahrtausende entwickelt hat, ist eine einzige Pflanzenart, ein Mitglied der Familie der Rebengewächse, lateinisch »vitis« genannt. Sie tauchte schon vor 100 Millionen Jahren auf der Erde auf, und ihre Wein- oder Tafeltrauben tragende Art, die »vitis vinifera«, ist etwa 60 Millionen Jahre alt. Diese »vitis vinifera«, die nur eine von über 50 Formen der »vitis« ist, wächst vor allem in den gemäßigten Klimazonen der Erde, das heißt, was die nördliche Erdhalbkugel betrifft, nicht sehr viel weiter nördlich als London oder Berlin und nicht viel weiter südlich als Tunis und Kairo.

Eine sortenreiche Kulturpflanze

Fast alle bekannten Rebsorten gehen auf die wilde Urform dieser »vinifera«, die »vitis vinifera silvestris«, zurück, doch ihre heutige Form nahm diese erst vor ungefähr 7000 Jahren unter den Händen des Menschen an, der sie durch geduldige Arbeit in eine Kulturpflanze verwandelte. Aber welch eine Kulturpflanze war das! Ganze 8000, manche sagen sogar 10 000, verschiedene Sorten hat die gezähmte »vinifera« bis heute herausgebildet, teils durch den bewußten Eingriff der Menschen, teils durch spontane Weiterentwicklung und Mutationen. Immerhin 1500 dieser Sorten werden irgendwo in der Welt angebaut, und etwa 800 bis 1000 sind für den Weintrinker von Interesse.

Bedrohung durch Schädlinge und Krankheiten

Einen weiteren tiefgreifenden Wandel erfuhren die Europäerreben, die Abkömmlinge der »vitis vinifera«, gegen Ende des letzten Jahrhunderts. Damals wurden aus Amerika verschiedene Rebkrankheiten und -schädlinge eingeschleppt, gegen die die europäischen Arten nicht gefeit waren. Die schlimmsten Verheerungen richtete die Reblaus, »phylloxera vastatrix« (die Zerstörerische), an, die sich auf amerikanischen Reben von den Blättern ernährte, während sie bei europäischen merkwürdigerweise nur die Wurzeln fraß. Nachdem kein Mittel gegen diese Jahrhundertplage half und die Weinberge Europas dem endgültigen Siechtum preisgegeben schienen, versuchten es die Winzer mit einem Trick: Wenn die Reblaus amerikanische Blätter und europäische Wurzeln liebte, warum dann nicht einfach Pflanzen mit amerikanischen Wurzeln und europäischen Blättern und Früchten züchten?

Die Rettung durch Pfropfrebenanbau

Gesagt, getan, und so schuf man im Laufe der Jahrzehnte völlig neue Rebpflanzungen, in denen die alten Arten der europäischen »vitis vinifera« auf speziell gezüchtete amerikanische Unterlagsreben aufgepfropft wurden. Heute sind, von wenigen Ausnahmen wie bestimmten Wingerten an der Mosel abgesehen, fast alle Weinberge Europas und der Neuen Welt nach dieser Methode bepflanzt.

Ein anderer Weg, nämlich der, direkte Kreuzungen aus amerikanischen und europäischen Reben zu züchten, erwies sich als bisher nicht sehr vielversprechend, da die Weine aus diesen Zuchtprodukten qualitativ nicht überzeugen konnten. Dieses Urteil gilt allerdings nicht für die Neuzüchtungen aus europäischen Rebsorten, die in den letzten hundert Jahren durchgeführt wurden und von denen einige – immer auf amerikanischen Unterlagen ausgepflanzt – zum festen Bestandteil unserer Reblandschaften geworden sind.

Vor dem Auspflanzen der Rebsetzlinge muß sich der Winzer, der Weine guter Qualität produzieren will, für den geeigneten Weinberg und die für ihn optimale Traubensorte sowie den richtigen »Klon« – das sind all die genetisch »baugleichen« Nachkömmlinge eines einzigen, besonders wertvollen Setzlings –, die geeignete Unterlagsrebe und das Anbausystem, die Erziehungsform, wie man im Weinbau sagt, entscheiden.

Die »Erziehung« der Rebpflanze

Die heute vorherrschenden Erziehungsformen sind eine recht moderne Erscheinung. Früher wuchsen die Reben einfach als Büsche wild im Gelände, und dort, wo ihre Triebe den Boden berührten, entstanden neue Pflanzen. Oft wurden sie auch an Bäumen emporgezogen, und die Früchte wuchsen in schwindelerregenden Höhen. Heute dagegen findet man die Pflanzen fein säuberlich aufgereiht, im Winter und im Sommer sorgfältig geschnitten und meist an einen »Drahtrahmen« – so nennt man die zwischen Holz-, Beton- oder Plastikpfählen gespannten Drähte im Weinberg – angebunden.

Das Klima beeinflußt den Wein

Neben der Auswahl der Reben und der Art ihrer Auspflanzung gibt es noch weitere Faktoren, die wesentlich die Qualität eines Weines bestimmen: das Klima, den Boden und die Arbeit des Menschen in Weinberg und Keller. Reben gedeihen, das habe ich bereits betont, in gemäßigten Klimazonen am besten. Sie brauchen viel Sonnenschein, aber auch ausreichend Regen zum richtigen Zeitpunkt und müssen noch dazu vor allzu kalten Winden geschützt sein. In Deutschland sagt man, die Mindestanforderungen für den Weinbau seien 1300 Sonnenscheinstunden im Jahr und eine mittlere Temperatur von 9 °C beziehungsweise von 18 °C während der Vegetationsperiode. Außerdem benötigt der Weinberg etwa 400 bis 500 Millimeter jährliche Niederschläge. Natürlich werden diese Bedingungen von den meisten deutschen Weinbaugebieten deutlich übertroffen, nur im Ahrtal und an der Mosel kommen jährliche Sonnenschein-

Temperatur und Niederschlag

Winterliche Weinberge in der Steiermark

dauer und Durchschnittstemperaturen diesen Mindestgrenzen manchmal gefährlich nahe.

Bodenwärme und Kleinklima

Doch das für die einzelne Rebe wirklich bestimmende Klima hängt von wesentlich mehr Bedingungen ab als nur von Sonne und Regen. Da spielt es eine Rolle, ob der Boden des Weinbergs die Wärme der Sonnenstrahlen speichern kann und ob größere Wasserflächen in der Nähe sind, die das Licht reflektieren und so zu einer zusätzlichen Wärmequelle werden. Auch die Anlage der Rebzeilen ist für das »Kleinklima« jeder Weinbergsparzelle entscheidend. Ihre Ausrichtung im Hinblick auf den jeweiligen Sonnenstand, ihre Dichte, die die Luftfeuchtigkeit zwischen den Rebstöcken bestimmt, und die unterschiedliche Höhe der »Laubwand«, die den Trauben je nach Notwendigkeit Sonne zukommen läßt oder Schatten spendet, sind genauso wichtig wie die reine Sonnenscheindauer. Natürlich sind moderne Weinberge oft nach ganz anderen Kriterien angelegt. Dazu gehören vor allem Fragen der Wirtschaftlichkeit und die Eignung des Weinbergs für die maschinelle Bearbeitung. Für wirkliche Spitzenweingüter, für Produzenten, die auf Top-Qualität bedacht sind, sollten solche Erwägungen allerdings keine Rolle spielen, da die erhöhten Unkosten durch die meist ebenso hohen Weinpreise leicht wieder ausgeglichen werden können.

Keine Reife ohne Wärme

Das Klima ist der Faktor des Weinbaus, den der Mensch nicht beeinflussen kann. Besonders in den nördlichen Anbaugebieten können ein zu kühler Sommer oder ein verregneter Herbst die Ernte empfindlich gefährden, und in schlechten Jahren erreichen die Trauben oft nur mit Mühe die notwendige Zuckerkonzentration, die für die Gärung notwendig ist. Im Süden gedeihen besonders die roten Trauben, die viel Wärme brauchen und unter zu feuchten Bedingungen für Fäulnis anfällig werden, wesentlich besser.

Natürlich ist der Winzer kein Sklave des Wetters. Es gibt immer wieder Versuche, rein rechnerisch – aus Sonnenscheindauer, mittlerer Jahrestemperatur und der Regenmenge – die Qualität eines Weinjahrgangs zu errechnen. Viel Glauben sollte man solchen Kalkulationen aber nicht schenken, denn ein ernsthafter Winzer wird auch in schlechten Jahren gute Qualitäten produzieren: Er wird im Sommer rechtzeitig durch Ausdünnen der noch unreifen Trauben dafür sorgen, daß nur wenige Beeren in den Genuß des Zuckers und der Nahrungselemente kommen, so daß diese wenigen dann alles enthalten, was das Jahr geben konnte. Es kommt auch vor – wie zum Beispiel 1987 im italienischen Piemont –, daß ein Jahrgang generell als schlecht beurteilt wird, weil es während der Erntezeit plötzlich heftig regnete. Die wenigen Winzer allerdings, die das Glück hatten, vor den Regenfällen zu ernten, konnten auch in solchen Jahren sogar grandiose Weine ernten.

Gute Weine aus schlechten Jahren

Diese Überlegungen sollten jeden Weinfreund den weitverbreiteten pauschalen »Jahrgangstabellen« gegenüber vorsichtig machen. Doch dazu später noch mehr!

Der Geschmack wird vom Boden beeinflußt

Der Boden hat, ebenso wie das Klima, einen erheblichen Einfluß auf die Qualität des Weines. Auch dieser Faktor ist nur in geringem Maße durch den Menschen zu beeinflussen – etwa durch sorgfältige Auswahl der Parzellen, auf denen der Winzer Reben pflanzen will, oder durch eventuelle Düngung. Er ist vor allem in seiner genauen Auswirkung noch weitgehend unerforscht. Allein in Deutschlands Weinbergen kennt man mehr als 1000 verschiedene Bodenarten, die den Reben eine fast unübersehbare Vielfalt von unterschiedlichen Wachstumsbedingungen bieten. Generell unterscheidet man zwischen Vulkanböden, die meist füllige, feurige Weine hervorbringen, Schieferböden, auf denen feine, komplexe Weine wachsen, Kalkböden, deren Weine meist kräftiger ausfallen, und schließlich Löß- und Lehmböden, die gehaltvolle, bukettreiche Weine hervorbringen. Lediglich der Boden, den wir alle am besten aus dem eigenen Garten kennen, der Humusboden, ist für den Weinbau denkbar ungeeignet. In der Regel wird ein Wein um so feinfruchtiger, je steiniger der Boden ist, um so leichter, je sandiger er ist, und um so voller, je schwerer er ist. Weinbergsboden sollte nicht zu feucht und nicht zu fruchtbar sein. Die Rebe bevorzugt eher mageren Grund, sonst vegetiert die Pflanze zu wild und produziert zu große Mengen: Die Folge sind »dünne«, extrakt- und zuckerarme Trauben. In Frankreich ist das Bewässern von Qualitätsweinbergen während der Vegetationsphase der Rebe sogar strikt verboten, in anderen Gegenden wird die Maßnahme dagegen empfohlen, da bei zu großer Dürre Trauben ohne ausreichenden Säuregehalt wachsen, die »gekochte« und »dickliche« Weine hervorbringen.

Die Bodenarten und ihre Auswirkung auf die Weinqualitä[t]

Wichtiger noch als die chemische ist wahrscheinlich die physikalische Zusammensetzung des Bodens – das behaupten jedenfalls Wissenschaftler, die in jüngster Zeit im Burgund und in Bordeaux den Einfluß der Bodenbeschaffenheit auf die Weine untersucht haben. Das Bodengefüge, die Belüftung, seine Wasserdurchlässigkeit und sogar die Farbe der Krume könnten bedeutsamer sein als der Gehalt an Kalk oder Ton, Schiefer oder Sand. Dunklere Böden speichern mehr Wärme als helle, Böden, die kühler sind als ihre Umgebung, fördern die Bildung von Farbpigmenten in den Beerenschalen, trockene Böden treiben die Wurzeln bei der Nahrungssuche in größere Tiefen, so daß die Pflanzen weniger wetterempfindlich werden und mehr Mineralstoffe vorfinden.

Dunkle und helle Böden

Außerdem werden die Eigenschaften, die Klima und Boden dem Wein mit in die Wiege geben, meist von weiteren Einflüssen überlagert. Wurden zwei Rebsorten aus verschiedenen Weinbergen miteinander verschnitten? Waren die Trauben in einem Jahr überreif und sind in Geruch und Geschmack deutlich vom hohen Zuckergehalt und von der Edelfäule – wir kommen noch auf sie zurück – bestimmt? Keltert der Weinmacher die Weine mal nach der einen, mal nach der anderen »Philosophie« und gibt ihnen jedes Mal einen anderen Charakter? All dies zeigt: Ohne die Arbeit des Winzers bleiben Klima und Boden fast bedeutungslose Faktoren. Wenn der Mensch die natürlichen Bedingungen nicht richtig interpretiert und entsprechend zu beeinflussen sucht, kommen auch beim günstigsten Klima und auf den besten Böden keine guten Weine zustande.

Die natürlichen Faktoren und die Arbeit des Winzers

Der Mensch vollendet das Werk der Natur

Die menschliche Arbeit im Weinberg ist darauf gerichtet – wenn sie sich nicht ausschließlich am Ziel der Rationalisierung orientiert –, den Trauben die ideale Menge an Sonnenschein und Nährstoffen zukommen zu lassen. Die Grundprinzipien dieser Arbeit sind die Erhaltung gesunder Pflanzen, die Erzielung vollreifer Trauben und eine sinnvolle Begrenzung des Ertrags. Denn was auch immer gewisse Winzer und Weinbaufunktionäre behaupten mögen: Beim Wein – identische Bedingungen vorausgesetzt – ist die Qualität umgekehrt proportional zur Menge! Das Prinzip der Ertragsbegrenzung muß schon bei der Wahl der Unterlagsreben und des Erziehungssystems beachtet werden: Ideal sind möglichst viele Stöcke auf kleiner Fläche, das heißt 5000 oder 6000, besser sogar 8000 oder 10 000 pro Hektar, damit der einzelne Rebstock nur eine geringe Menge an Trauben versorgen muß.

Hoher Ertrag und Qualität im Widerspruch

Auch das Alter der Pflanzen ist entscheidend: Alte Stöcke tragen, ohne daß man sie zu stark zurückschneiden muß, wenige, aber dafür oft sehr gehaltvolle Beeren. Die großen Weine der Welt stammen meist aus Weinbergen, deren Trauben nicht mehr als 30 oder 40 Hektoliter Most pro Hektar Land erbringen, manche sogar noch weniger. Auf Rebflächen für Massenweine werden 200 oder mehr Hektoliter erzielt, und allein aus dieser Gegenüberstellung wird verständlich, warum die guten Weine für den Endverbraucher teurer sein müssen als die

Die Steigerung der Erträge in unserer Zeit

einfachen Gewächse. Leider sind die deutschen Winzer merkwürdig stolz auf ihre enormen Ernteerträge: Es sind die höchsten der Welt, sieht man von dem kleinen Luxemburg ab. Noch zu Anfang dieses Jahrhunderts betrug die durchschnittliche Weinmenge pro Hektar nur 2000 Liter, heute liegt sie viermal so hoch. Während das Bordeaux-Gebiet aus 100 000 Hektar Land 500 Millionen Liter Wein erzielt, erzeugen Deutschlands Winzer auf 90 000 Hektar leicht das Doppelte. Der Qualität, das sei hier betont, ist das nicht immer förderlich.

Das Jahr des Winzers

Die Arbeit des Winzers im Weinberg ist einem ständigen Zyklus aus Jahr für Jahr gleichen Verrichtungen und Maßnahmen unterworfen. In den Monaten Dezember bis Februar, in der Ruheperiode der Pflanzen, die dann selbst scharfen Frost bis –18 oder –20 °C vertragen, wird der Winterschnitt vorgenommen.

Der Winterschnitt

Der Winzer schneidet die im Vorsommer gewachsenen Reiser bis auf eine oder zwei Ruten ab und kürzt diese dann so weit, daß nur eine bestimmte Anzahl »Augen« übrigbleiben, aus denen später die Knospen und die neuen Triebe wachsen. Schon jetzt wird im Prinzip die Erntemenge und damit die Weinqualität festgelegt.

Bodenbearbeitung und Anbinden der Fruchtruten

Im März oder April werden die Fruchtruten an den Drahtrahmen angebunden und der Boden wird zum ersten Mal gepflügt, damit die Wurzeln Luft bekommen. Wenn die Erde 10 oder 11 °C warm geworden ist, beginnt der Saft im Rebholz aufzusteigen, und es bilden sich die Knospen. Kommt es in diesen Wochen noch zu stärkeren Frösten, so kann die Ernte des folgenden Herbstes schweren Schaden nehmen, und das ist der Grund, warum man jetzt in vielen nördlichen Anbaugebieten, wie an der Ahr, im Burgund und in der Champagne, nachts brennende Öfen im Weinberg sehen kann. Auch im Mai, wenn die Zeit der Blüte naht, droht noch Frostgefahr. Wenn es

Frostschutz in nördlichen Anbaugebieten

Weinberg im Vorfrühling in den Abruzzen

jetzt zuviel regnet, können die Blütenstände, die »Gescheine«, wie der Winzer sagt, »verrieseln«, das heißt, ihre Blütenblätter und Fruchtansätze verlieren, so daß sich keine Beeren mehr bilden können.

Der »Grünschnitt« im Frühsommer

Der Juni ist die Zeit des ersten »Grünschnitts«: Die fruchttragenden Triebe werden an die Drähte angeheftet und die unfruchtbaren, auch »Geiztriebe« genannt, werden abgeschnitten, damit das Laubwerk nicht zu dicht wird und jene Reserven der Pflanze verbraucht, die den Trauben zukommen sollen. Manchmal werden statt des Grünschnitts auch »chemische Keulen« eingesetzt, die das Blattwachstum hemmen, aber ein verantwortungsbewußter Winzer wird nicht zu solchen Mitteln greifen, da sie für die Umwelt schädlich und in ihrer Wirkung zu radikal sind: Immerhin braucht die Rebe ihre gesunden Blätter, denn sie produzieren mit Hilfe der Photosynthese den Traubenzucker.

Von der Blüte bis zur Zeit der reifen Trauben vergehen, einer alten Winzerregel zufolge, 100 Tage, manchmal aber auch mehr. Die kleinen Beeren, die man jetzt an der Pflanze sehen kann und die vom Chlorophyll noch ganz grün gefärbt sind, enthalten zu diesem Zeitpunkt erst 2 Prozent Zucker, aber 30 Prozent Säuren. Weh dem, der jetzt voreilig von den Beeren naschen will!

Alte und neue Methoden der Bekämpfung von Schädlingen

Die Kulturpflanze »vitis vinifera« ist sehr anfällig gegen eine Reihe von Krankheiten und Schädlingen, derer man fast nur durch systematisches Sprühen und Auftragen chemischer Mittel Herr werden kann. Das älteste noch verwandte Mittel ist die »Bordelaiser Brühe«, eine Kupfervitriol-Kalk-Lösung. Natürlich gibt es dank der modernen Chemie alle möglichen Substanzen, die, oft sogar mit Hubschraubern versprüht, die Aufgaben der »Brühe« effizienter und umfassender erfüllen könnten. Man hat allerdings auch festgestellt, daß sie für die Umwelt nicht eben zuträglich sind, und so gibt es im Weinbau immer mehr Menschen, die auf die Wunderwaffen der chemischen Industrie verzichten, den »biologischen« Weinbau propagieren und praktizieren und deshalb zu einer »natürlicheren« Schädlingsbekämpfung zurückgekehrt sind.

Sonne und Wärme lassen die Trauben reifen

Im August und September wird – je nach Anbaugebiet – die allzu dichte Belaubung weggeschnitten, um die Trauben noch einmal dem vollen Sonnenlicht auszusetzen. Nach Beendigung der Blüte und nach der Befruchtung sind die Beeren rasch gewachsen. In dieser Periode sind größte Wärme und Sonnenschein gefragt, lediglich im August darf und soll es noch etwas regnen. Wenn diese Wochen allerdings durch zu kühle Temperaturen und Dauerregen »vermiest« werden, gibt es mit Sicherheit nur einen »kleinen« Weinjahrgang. Die Beeren können dann nur einen Teil jenes Zuckers einlagern, der für die Alkoholbildung während der Gärung notwendig ist. Sorgfältig arbeitende Winzer schneiden jetzt auch von den Stöcken, die zu große Mengen tragen, ganze Trauben heraus und werfen sie einfach weg. Damit erreichen sie, daß sich der Zucker und die von den Wurzeln gelieferten Nährstoffe in den verbleibenden Beeren konzentrieren und diese

Herbstlicher Weinberg im Barologebiet im Piemont

große, charaktervolle Weine ergeben.

Die eigentliche Reifephase der Trauben beginnt schon mit der Gelb- oder Blaufärbung der Beeren. Jetzt steigt die Zuckerkonzentration an, und die Saftmenge nimmt rapide zu. Gleichzeitig vermindert sich, besonders bei sehr hohen Außentemperaturen, der Säuregehalt. Der entscheidende, der »magische« Moment im Produktionszyklus der Traube und damit des Weins ist dann die Ernte.

Der ideale Zeitpunkt für die Lese

Sobald ein Maximum an Zucker in den Trauben erreicht, aber noch bevor der Säuregehalt zu stark gesunken ist, wird gelesen. Das Datum muß der Winzer Jahr für Jahr, für jede Traubensorte und für jede Weinbergsparzelle neu bestimmen. In Deutschland ist er allerdings an die sogenannte »Herbstordnung« gebunden, die den Erntebeginn für jede Weinbaugemeinde offiziell festsetzt.

In südlichen Ländern werden die weißen Trauben heute gerne etwas früher geerntet, um dem Verlust von zuviel Säure und vor allem von frischem Fruchtaroma vorzubeugen. Leider erntet man dabei oft Beeren, die im Grunde genommen noch unreif sind und deshalb auch selten oder nie große und komplexe, alterungsfähige Weine hervorbringen können. Für rote Sorten gilt dagegen, daß sie um so mehr Zucker, Farbe und reife Tannine ansammeln können, je später sie gelesen wurden. Die Trauben sollten auch trocken – einige sehr reiche Châteaux in Bordeaux lassen ihre Rebstöcke sogar nach Regenfällen vom Rotorwind eines Hubschraubers trocknen –, nicht angefault oder gar unreif sein.

Schonende Behandlung des Traubengutes

Vor allem aber müssen sie sehr schonend behandelt werden. Am besten schafft der Winzer sie in kleinen Kästen auf dem schnellsten Wege in die Kellerei, da der bei unsanfter Behandlung austretende Saft durch den Sauerstoff der Luft oxidieren könnte, wodurch mitunter im Wein unsaubere Aromen und andere Fehler entstehen. Früher lasen die Weinbauern ihre Trauben in große Bütten und stampften diese sogar noch ein wenig ein, damit möglichst viel hineinpaßte, doch sollten diese im qualitätsbewußten Weinbau eigentlich nichts mehr zu suchen haben. Der Winzer hat wie in fast allen Bereichen der Weinbergs- und Kellerarbeit auch hier einen sehr großen Entscheidungsspielraum, und es gibt natürlich in den einzelnen Anbaugebieten, ja sogar unter den Winzern einer einzigen Region, oft sehr unterschiedliche Auffassungen darüber, wie ein Höchstmaß von Qualität zu erzielen sei.

Die späte Lese überreifer Trauben

Eine Ausnahme von der Maxime, möglichst gesunde Früchte zu ernten, gibt es allerdings. Sie betrifft die Trauben, die frühestens eine Woche nach Beginn der allgemeinen Hauptlese in der Zeit der sogenannten Spätlese geerntet werden. Die Beeren sind in dieser Periode noch reifer, haben noch mehr Zucker angesammelt und sind sogar oft von der sogenannten Edelfäule befallen. Diese Edelfäule ist ein Schimmelpilz mit dem Namen »botrytis cinerea«, der auf unreifen Trauben Unheil bringt, da er sie verfaulen läßt, auf reifen Beeren aber wahre Wunder wirkt. Seine Sporen durchdringen die Beerenhaut und helfen dem Pilz, sich von dem Zucker der Frucht zu ernähren. Gleichzeitig verdunstet aber durch die von der »botrytis« geschaffenen Poren viel Wasser: Die Beere schrumpft ein, und in ihrem Inneren kommt es zu einer hohen Konzentration von Zucker und Säure. Most aus Trauben, die von dieser Edelfäule befallen sind, vergärt nicht mehr vollständig. Daran hindert ihn vor allem ein Stoff aus der Gruppe der Antibiotika, der von dem Schimmelpilz produziert wird, und den die Franzosen »Botrytizin« nennen. Aber unser Wunderpilz produziert noch mehr: zum einen Glyzerin, das für einen weichen, vollen Körper des Weines sorgt, und Aromastoffe, die sein Bukett vervollständigen und abrunden, zum andern aber auch Stoffe, die die Kelterung dieser Weine zu einem sehr aufwendigen und schwierigen Verfahren machen. Ob nun mit oder ohne Edelfäule: Alle nach der Hauptlese geernteten Trauben werden zu höherwertigen Prädikatsweinen verarbeitet, auf die ich später noch eingehen werde.

Ein Wunderpilz und seine Auswirkungen

Von Edelfäule befallene Ruländertraube

Maschinelle Traubenlese

Ein Wort noch zur immer mehr um sich greifenden Weinlese mit großen, vollautomatischen Erntemaschinen. Sie sind heute oft so perfekt, daß in ihnen sogar schon der gärfertige Most bereitet wird, der dann im Keller nur noch in die entsprechenden Gärbottiche gepumpt werden muß. Sicher ist der

Sorgfältig werden die Trauben abgeschnitten und in einer sogenannten Butte gesammelt

Einsatz solcher Maschinen vor allem der neueren Generation, die sehr schonend arbeiten und keine Blätter mehr mit ansaugen, für große Weinbaubetriebe und Genossenschaften eine wirtschaftliche Notwendigkeit, da er Kosten sparen hilft. Aber jeder ernsthafte Winzer wird dennoch seine Trauben von Hand ernten, da er nur so die wirklich guten auslesen und die verfaulten entfernen kann. In der Champagne ist, als einzigem Qualitätsweinbaugebiet der Welt, der Einsatz dieser Erntemaschinen generell verboten.

Der Wein entsteht im Keller

Wenn die Ernte eingebracht ist, beginnt für den Winzer die letzte, arbeitsreiche Periode des Jahres. Zuerst werden die Beeren in einer Traubenmühle leicht angequetscht, eventuell auch von den Stielen getrennt – man nennt das entrappen – oder direkt in die Traubenpresse gegeben. Hier wird der Most abgepreßt, und die Beerenhäute, Kerne und Stiele bleiben als »Trester« übrig, aus dem man noch einen guten Schnaps brennen kann. In Italien ist das zum Beispiel die auch bei uns so beliebte »Grappa«, in Frankreich nennt man ihn »Marc« und in Deutschland »Tresterbrand«. Bei diesem Preßvorgang muß schonend gearbeitet werden, da durch zu kräftiges Pressen die Kerne und Häute, gegebenenfalls auch die Stiele gequetscht würden, welche eher hart und »grün« schmeckende Tannine enthalten, durch die der Wein einen unangenehm rustikalen Beigeschmack bekommt.

Entrappen und Keltern

Weiße Moste werden vor allem deshalb so schnell abgepreßt, weil man verhindern will, daß sich Tannine und Farbstoffe aus der Beerenhaut lösen und dem Wein einen zu rauhen Ton oder eine zu dunkle Färbung verleihen. Das Fruchtfleisch enthält bei fast

Klärung – Entschleimung – Anreicherung

allen Traubensorten, auch den roten, kaum Farbstoffe, ergibt also immer einen relativ hellen Saft. Nach dem Pressen wird der Most von Trubteilchen getrennt, das heißt »vorgeklärt« und »entschleimt« und eventuell mit Zucker angereichert. Dieses Verfahren, nach seinem Erfinder Jean-Antoine Chaptal, dem Innenminister Napoleons, auch »chaptalisieren« genannt, beruht auf der Tatsache, daß der aus Traubenzucker gebildete Alkohol dieselbe chemische Zusammensetzung hat wie der aus Rübenzucker. Da aber für einen guten Wein ein bestimmter Mindestalkoholgehalt notwendig ist, liegt es besonders in sonnenarmen Jahren nahe, dem Most das zu geben, was ihm so dringend fehlt – den richtigen Zuckergehalt. Dieses »Aufbessern«, das in Frankreich recht weit verbreitet ist, darf in Deutschland und Österreich nur für einfache Qualitätsweine, nicht aber für höherwertige Prädikatsweine angewendet werden. In Italien ist der Gebrauch von Zucker zur Zeit noch verboten. Hier wird mit konzentriertem Traubenmost »angereichert«.

Durch die Gärung entsteht Wein

Nach diesen umfangreichen Vorbereitungen ist der Most nun endlich dort angelangt, wo Wein aus ihm werden soll: im hölzernen Gärbottich oder -faß, beziehungsweise im Gärtank aus Stahl, Beton oder Glasfaser. Was passiert nun während dieser Gärung, von der schon mehrfach die Rede war? Im Grunde nicht viel und doch fast alles! Die auf der Haut der Beeren vorkommenden Hefen – einzellige Pilze, wie wir sie vom Backen und Bierbrauen vielleicht besser kennen – greifen mit Hilfe von bestimmten Eiweißstoffen, den Enzymen, die sie im Innern ihrer einen Zelle bilden, den im Most enthaltenen Traubenzucker an und spalten ihn auf. Dabei entstehen je zur Hälfte Alkohol – genauer gesagt, Äthylalkohol, denn es gibt ja viele Arten von Alkohol – und Kohlensäure, die zum Teil als Gas aus dem Bottich aufsteigt. Vor allem in schnell abgefüllten Weiß- und Roséweinen bleibt ein Rest davon gelöst und gibt ihnen ihre prickelnde Frische. Außerdem entstehen noch ein paar weitere erwünschte oder auch weniger erwünschte Nebenprodukte.

Der Zuckergehalt des Mostes, der für die Bildung des Alkohols bestimmend ist, kann auf verschiedene Weise gemessen werden. In Deutschland mißt man ihn in »Grad Oechsle« (nach dem Erfinder der Mostwaage, dem Goldschmied Ferdinand Oechsle).
So ergibt ein Most, der 80 Grad Oechsle hat, einen Wein mit ungefähr 80 Gramm Alkohol. Da jeder Alkoholgrad etwa einem Gewicht von knapp 8 Gramm entspricht, enthält dieser Wein etwas über 10 Volumenprozent Alkohol.
In anderen Ländern gelten andere Maßeinheiten: Österreich und Italien benutzen die Einteilung der Klosterneuburger Mostwaage (KMW) des Freiherrn von Babo, Amerika die sogenannte »Brix«- oder »Balling«-Skala und Frankreich »Baumé«-Grade.

Gärender Traubenmost

Zusatz von Trockenhefe

In manchen Fällen trennt man den Most auch vor der Gärung in einer Zentrifuge oder mit Hilfe eines Filters von den natürlichen Hefen, die auf den Beerenhäuten sitzen und beim Pressen in den Most gelangt sind. Das ist allerdings ein umstrittenes Verfahren, da dem Most danach, um eine Gärung zu ermöglichen, meist industriell vorgefertigte Trockenhefen beigegeben werden müssen. Diese bieten den großen Vorteil, daß die Gärung für den Winzer einfacher zu kontrollieren ist, aber sie geben den Weinen oft einen immer gleichen Geschmacks- und Geruchston, der sie anonym und stereotyp werden läßt. Jetzt habe ich allerdings schon viel zu weit vorgegriffen!

Kontrolle und Beeinflussung der Gärung

Bei dem Gärprozeß entsteht auch Wärme, und die Temperatur des Inhalts eines Gärbottichs kann leicht einmal 35 °C übersteigen. Solche Temperaturen sind für den Wein gefährlich, da sie viele Aromastoffe zerstören und die Hefen abtöten, so daß der Zukker im Most letztlich nicht vollständig vergären würde. Der Winzer hat nun eine ganze Reihe von Möglichkeiten, um im Sinne einer Qualitätsverbesserung seiner Weine in den Gärprozeß einzugreifen. Die Zugabe von Hefen habe ich bereits erwähnt; die Kontrolle der Gärtemperatur ist ein zweites, wichtiges Element der Arbeit im Keller. Weißweine werden am besten zwischen 18 und 22 °C vergoren. Wenn sie zu warm werden, verlieren sie zuviel Kohlensäuregas und Aromastoffe und werden plump, bleiben sie dagegen zu kalt, schmecken sie anonym oder es bilden sich gar unangenehme Geruchsstoffe, die durch erhöhte Schwefelzugaben neutralisiert werden müssen. Um auf die Entstehung seines Weines Einfluß zu nehmen, kann der Winzer auch entscheiden, ob er die Gärung im offenen Bottich unter Luftkontakt – man sagt dazu, die Weine sind »oxidativ« ausgebaut worden – stattfinden läßt, was später eine reichere Bukettentfaltung erlaubt, oder ob er seine Weine unter Luftabschluß – das Gegenteil von »oxidativ« heißt »reduktiv« – ausbaut, was

»Oxidativer« oder »reduktiver« Ausbau

Die Apfelmilch-säuregärung und ihre Auswirkungen

die fruchtigen Aromen besser zur Geltung kommen läßt.
Mit dem Ende dieser ersten, der sogenannten alkoholischen Gärung nach acht, zehn, fünfzehn oder mehr Tagen ist der Wein aber nun keineswegs trink- und abfüllfertig. Jetzt folgt meist noch ein Prozeß, den man »zweite Gärung« nennt, der aber mit einer wirklichen Gärung nichts gemein hat. Es geht dabei um den Abbau bestimmter Säuren im Wein, der durch natürlich vorkommende oder künstlich zugesetzte Bakterien erfolgt. Der Most und der junge Wein enthalten ja noch sehr viel Apfelsäure, die den Wein hart und aggressiv erscheinen läßt. Die erwähnten Bakterien haben die Eigenschaft, die Apfelsäure anzugreifen und aus ihr die wesentlich »weichere« Milchsäure sowie wiederum Kohlensäuregas zu produzieren. Wegen dieses entweichenden Gases dachte man auch lange, es handele sich beim »biologischen« Säureabbau um eine Art zweiter Gärung.
Dieser Säureabbau wird auch »Apfelmilchsäuregärung« oder »malolaktische Gärung« genannt. Dieser komplizierte Vorgang muß sorgfältig kontrolliert werden: Er darf nicht zu früh einsetzen und nicht zu heftig ablaufen, sonst werden Substanzen frei, die den Geschmack und die Bekömmlichkeit des Weines stark beeinträchtigen. Das können Stoffe sein, die den Wein nach Butter, Sauerkraut oder Joghurt schmecken und riechen lassen, oder es kann sich auch das berüchtigte, Allergien auslösende Histamin bilden, das für den Kater »am Morgen danach« verantwortlich ist.
Die malolaktische Gärung ist jedoch nicht immer erwünscht: Während man bei Rotweinen in der Regel den Säureabbau als positiv empfindet, da Säuren die Härte der Tannine im fertigen Wein noch verstärken würden, verhindert man vor allem bei bestimmten Weißweinen, die ihren säurebetonten Charakter behalten sollen – die Säure verleiht ihnen Frische und macht sie gleichzeitig haltbarer –, die Arbeit der eifrigen Bakterien durch Schwefelung des Weins. Von allen Weißweinen sind es die Chardonnay-Weine, bei denen die »zweite Gärung« am häufigsten gewünscht wird, denn sie gewinnen durch diesen Vorgang fast immer an Aroma- und Geschmacksfülle.

Die Inhaltsstoffe des Weines:

1 Liter Wein enthält vor allem Wasser (etwa 85 bis 90 Prozent) und Äthylalkohol (10 bis 15 Prozent), außerdem noch bis zu 350 verschiedene Farb- und Geruchsstoffe (Ester, Polyphenole, Salze, Mineralstoffe) sowie Vitamine, Spurenelemente (Fluor, Silizium, Brom, Bor, Zink, Mangan, Kupfer, Blei, Kobalt, Chrom und Nickel), verschiedene Säuren (Weinsäure, Apfelsäure, Milchsäure, Bernsteinsäure, Essigsäure) und fast immer noch einen Rest Zucker, denn auch der trockenste Wein ist niemals zu 100 Prozent vergoren, da die Hefen meist kurz vor der vollständigen Erledigung ihrer Arbeit absterben.

Schönung und Schwefelung nach der Gärung

Wenn die Gärprozesse vollendet sind, wird der Wein aus dem Gärbottich oder -tank abgepumpt, in dem dann nur noch der Hefesatz übrigbleibt. Damit der Wein sauber und brillant wird, filtern oder »schönen« die meisten Winzer den Wein jetzt auch, das heißt, sie geben geschlagenes Eiweiß oder chemische Substanzen in das Faß, die alle Trubteilchen an sich binden und dann absinken. Außerdem fügen sie ihm Schwefel zu, um zu verhindern, daß der Wein unter dem Einfluß von Bakterien oder Mikroorganismen weiter»arbeitet« oder gar oxidiert: Schwefel hat nämlich die Eigenschaft, den Sauerstoff, mit dem der Wein jetzt oder später in Berührung kommen könnte, zu binden und ihn so unschädlich zu machen.

Die Zugabe von Süßreserve

Eventuell gibt der Winzer jetzt auch die sogenannte Süßreserve in den Tank: unvergorenen, konzentrierten Most, mit dem der Wein »halbtrocken« oder »lieblich« ausgebaut wird. Manchmal füllt man den Wein auch direkt von der Hefe auf die Flasche, damit er besonders frisch und duftend wird. Er muß dann allerdings rasch getrunken werden. Dieses Verfahren nennt man »Hefeabzug« (französisch »sur lie«).

Auch bei all diesen Arbeitsschritten gilt, was bereits oben betont wurde: Schonendes Arbeiten und ein behutsamer Einsatz der technischen und chemischen Mittel können die Qualität des Weines nur verbessern.

Zum Abschluß all dieser Arbeiten füllt der Winzer seinen Wein auf die Flasche, eventuell aber läßt er ihn vorher noch eine Weile im Holzfaß lagern und reifen, wo unter dem Einfluß geringer Mengen Sauerstoffs, die durch die Faßdauben dringen, bestimmte Gewächse ihren Geruch und ihren Geschmack noch verfeinern.

Die Rotweinbereitung

Die bisherige Darstellung der Weinbereitung betraf hauptsächlich die Weißweine. Bei Rotweinen sehen die Arbeitsschritte des Winzers etwas anders aus, obwohl natürlich im Grunde dieselben chemischen Prozesse ablaufen. Der entscheidende Unterschied besteht darin, daß die tiefe rote Farbe jetzt eine erwünschte Eigenschaft des Weines ist, während man bei Weißweinen eine starke Färbung gerade vermeiden wollte. Es kommt also darauf an, den Most eine Zeitlang im Kontakt mit den Beerenschalen gären zu lassen, denn nur in ihnen sitzen, wie schon erwähnt, die Farbstoffe, die der Alkohol herauslösen muß.

Roter Most durch Maischegärung

Bei ihrer Ankunft im Keller werden die roten und blauen Trauben meist ebenso wie die weißen entrappt und anschließend in der Traubenmühle leicht angequetscht. Diese »Maische« wird in Bottichen oder Tanks zur Gärung gebracht. Manchmal erhitzt man sie sogar kurzfristig, um die Farbausbeute zu steigern, aber viele Winzer lehnen solch »brutale« Methoden ab. In den Bottichen beginnen die Hefen nun, Alkohol und Kohlensäuregas zu bilden, wobei die entstehenden Gasbläschen die Eigenschaft haben, alle festen Bestandteile der Maische mit sich an die Oberfläche zu tragen. Der so entstehende Maische»hut« muß von Zeit zu Zeit untergetaucht oder von oben mit Most berieselt werden, damit sich die Inhaltsstoffe besser lösen. Manchmal findet die Maischegärung heute in gro-

Holzfaßkeller in Italien

ßen rotierenden Stahltanks statt, in denen der »Hut« durch die Drehung des gesamten Tanks quasi vollautomatisch mehrmals am Tag mit dem Most vermischt wird. Wie lange der Most auf den Schalen »mazeriert«, hängt von der Traubensorte und vom Weintyp ab, den der Winzer keltern will. Eine lange Mazeration erhöht die Ausbeute an Tanninen, den wegen ihrer Wirkung im Mund so genannten »Gerbstoffen«. Da Tannine wichtige Bestandteile von Rotweinen sind – sie bilden sozusagen das Gerüst des Weins und erhöhen vor allem dessen Alterungsfähigkeit –, versucht man natürlich, eine möglichst reiche Ausbeute zu erzielen. Übertreiben darf man die Mazeration allerdings auch nicht, da mit fortschreitender Dauer immer holziger, »grüner« und härter schmeckende Tannine im Wein gelöst werden.

Die Rolle des Tannins

Was die Kontrolle der Gärtemperatur betrifft, hat es der Kellermeister bei Rotweinen sehr viel leichter als bei den Weißen, da die entstehende Wärme die Ausbeute an Farbe und Tanninen nur begünstigen kann. Allerdings gilt auch hier, daß es ab 35 °C bedenklich wird, da sich zu viele flüchtige Säuren – dazu gehört vor allem die Essigsäure – bilden und die Gärung gänzlich zum Stillstand kommen kann. Wenn der Winzer die Ausbeute an Farbe und Tanninen für optimal hält, wird er den Wein von der Maische »abstechen«, egal ob die alkoholische Gärung schon zum Ende gekommen ist oder nicht. Die Trester werden anschließend abgepreßt, da in ihnen noch viel Wein enthalten ist. Meist ist dieser Preßwein aber beladen mit harten Tanninen, und gute Winzer fügen nur – wenn überhaupt – einen Teil davon dem »Vorlauf«, dem guten Wein, zu. Da die »zweite Gärung« bei Rotweinen erwünscht ist, wird jetzt oft der Keller ein wenig geheizt, um die Arbeit der Bakterien zu erleichtern.

Höhere Gärtemperatur bei Rotwein

Der Verschnitt

Erst jetzt werden in vielen Weinbaubetrieben der Welt, in denen es auf die Erzielung hochwertiger Weine ankommt, die Weine der verschiedenen Weinberge oder sogar Rebsorten miteinander gemischt, um so noch reichere und komplexere Endprodukte zu gewinnen. In großen Bordeaux-Weinen findet man oft zwei oder drei Rebsorten, die auf vielen verschiedenen Parzellen desselben Weinguts gewachsen sind. Eine ältere Methode, der sogenannte »gemischte« Satz, wie er noch in einigen wenigen Anbaugebieten für einfachere Weine üblich ist, kommt zunehmend aus der Mode. Da hierbei die verschiedenen Trauben in bunter Mischung auf demselben Weinberg wachsen und zusammen gekeltert werden, müssen sie natürlich auch zum selben Zeitpunkt gelesen werden. Das führt dazu, daß sowohl unreife als auch überreife Trauben in die Produktion des Weins eingehen.

Ein Sonderfall: Primeur-Wein

Ein gänzlich anderes Verfahren der Rotweingärung wird seit einigen Jahren vor allem im französischen Weinbaugebiet Beaujolais für den sogenannten »Primeur«-Wein oder »Beaujolais Nouveau« verstärkt angewendet, beruht aber auf alten Traditionen. Hierbei werden die unzerquetschten Trauben in einen verschließbaren Gärtank gegeben, der mit Kohlendioxid gefüllt ist oder sich zumindest bei beginnender Gärung mit diesem Gas füllt. Die Gärung beginnt in diesem Fall im Inneren der Beeren, wo traubeneigene Enzyme die Rolle der Hefen übernehmen, die noch außen auf der intakten Beerenhaut sitzen und deshalb nicht in Aktion treten können. Der Vorteil dieser Methode ist, daß sehr viele fruchtige Aromastoffe und all die Farbstoffe, die an der Innenseite der Beerenhaut angelagert sind, in den Saft gelangen, noch bevor Tannine aus den tieferen Schichten der Schale gelöst werden. Bei dieser Art von Gärung – man nennt sie in Frankreich »macération carbonique«, weil die Trauben in Kohlensäuregas mazerieren – wird ein großer Teil der Apfelsäure schon während der alkoholischen Gärung umgewandelt. Unter dem Gewicht der Masse und unter dem Druck der sich von innen entwickelnden Kohlensäure platzen viele Beeren mit der Zeit, der Most tritt aus, und jetzt beginnt eine ganz normale alkoholische Gärung. Wenn sich der Tank zu etwa einem Drittel mit Saft gefüllt hat, wird wie bei anderen Rotweinen abgepreßt, und der Most gärt normal zu Ende. Die so produzierten Weine sind fruchtig, weich und farbintensiv, eignen sich aber nicht zur Alterung und bleiben in ihrem Charakter immer recht einfach und unkompliziert.

Heller Wein aus dunklen Trauben – Rosé

Eine Weinart, die aus roten oder blauen Trauben gekeltert wird, habe ich bisher noch nicht erwähnt: die Roséweine, auch Weißherbst, Schillerwein oder Schilcher genannt. Das hat einen einfachen Grund: Es gibt kein besonderes Herstellungsverfahren für diese Weine. Roséweine entstehen, wenn man die dunklen Trauben, aus denen man sonst Rotweine keltern würde, nicht auf der Maische, das heißt im Kontakt mit den Beerenschalen, zur Gärung bringt, sondern sie wie Weißweine sofort nach ihrer Ankunft im Keller abpreßt, um ihnen einen frischen, weißweinähnlichen Charakter zu geben. Da die Farbstoffe in der Haut der Beeren sitzen und erst im Laufe der Zeit gelöst werden, enthalten solche schnell abgepreßten Weine natürlich nur wenig Farbe.

Die Farbe

Manchmal ist es allerdings schwierig, Rosé- und Rotweine farblich genau zu unterscheiden: Es gibt zum Beispiel so helle Elsässer oder deutsche Spätburgunder, daß diese manchmal als Rosé bezeichnet werden, obwohl das natürlich falsch ist, und es gibt so dunkle Roséweine, daß man sie eigentlich schon als leichte Rotweine bezeichnen müßte. Roséweine werden also nicht, wie man vielleicht vermuten könnte, durch Mischen von Weiß- und Rotwein erzeugt. Die einzigen renommierten Weine, bei denen das erlaubt ist, sind die Rosé-Champagner.

Die Reife im Faß

Alle Arbeitsschritte, die auf die alkoholische Gärung und den biologischen Säureabbau folgen, haben beim Rotwein noch mehr Bedeutung als beim Weißwein, der ja meist auch schneller auf Flaschen gefüllt wird und in den Verkauf gelangt. Für den Rotwein – und für ganz wenige Weißweine, wie zum Beispiel den Chardonnay oder manche Sauvignon-blanc-Weine – trägt eine Reifeperiode im Holzfaß ganz entscheidend zur Verbesserung ihrer Qualität bei. Besonders edle Weine werden oft ein paar Monate oder ein, zwei Jahre lang in kleinen Fäßchen mit einem Inhalt von meist 225 oder 250 Litern aus neuem Eichenholz »ausgebaut«. Dadurch erreicht man zweierlei:

Die Wirkung des Holzes auf den Wein

Zum einen findet durch die Holzdauben hindurch ein gewisser Austausch mit Sauerstoff aus der umgebenden Luft statt, der im Wein mit Hilfe komplizierter chemischer Prozesse zur Bildung bestimmter Geruchsstoffe beiträgt und so das Bukett bereichert. Zum zweiten aber, und das ist nur bei ganz oder zumindest relativ neuen Holzfässern der Fall, löst der Alkohol des Weines aus den Dauben zuckerartige Substanzen, Tannine – die gibt es ja nicht nur in Trauben und Reben, sondern auch in Hölzern – und einen Stoff, der mit seinem chemischen Namen »Äthylvanillin« heißt und der den Wein tatsächlich um einen vanille- oder zimtartigen Geruch und Geschmack bereichert. Obwohl die Stoffe aus dem Holz das Trauben- und Weinaroma besonders am Anfang etwas »zudecken« können und trotz eines gewissen Verlusts an Alkohol, der durch die Holzwände des Fasses hindurch verdunstet, erhalten Weine aus solchen Fäßchen – die Franzosen nennen sie »barriques« oder »pièces« – eine große aromatische und geschmackliche Vielfalt, die bei der weiteren Reife zur Entfaltung gelangt.

»Barriques«, die kleinen Fässer aus neuem Holz

Wer in den letzten Jahren Werbebroschüren oder Weinzeitschriften gelesen hat, wird oft über den Ausdruck »barrique« gestolpert sein. Unter den Winzern vieler Länder ist diese Art des Weinausbaus geradezu Mode geworden, und die ganz fanatischen unter ihnen schwören sogar auf bestimmte Holzarten, aus denen »ihre« Fäßchen gefertigt sein müssen: Das kann Eiche aus dem Zentralmassiv, aus den Vogesen oder aus Jugoslawien sein, aber nicht alles, was dem staunenden

Reifelager im Holzfaß in einer kalifornischen Kellerei

Publikum in dieser Hinsicht präsentiert wird, müssen Sie unbedingt glauben. Erstens kann kaum ein Winzer sicher sein, daß ihm der Küfer auch wirklich das Holz aus der von ihm gewünschten Region liefert, denn man sieht es ihm von außen nicht oder kaum an, und zweitens haben neueste Versuche ergeben, daß die Unterschiede zwischen den einzelnen Bäumen derselben Region oft beträchtlicher sein können als zwischen Bäumen verschiedener Herkunftsgebiete.

Große Fässer

Natürlich sind diese neuen »barriques« nicht die einzigen Faßtypen, in denen Wein reifen kann. Es gibt große Fässer aus Kastanienholz, die bis zu 20000 und mehr Liter fassen, oder kleine Fäßchen werden, wie im Fall des spanischen Rioja, bis zu 15 oder gar 20 Jahre lang benutzt und sind mit der Zeit im Inneren von einer so dicken Schicht von Weinsteinkristallen – denselben, die man auch am Boden einer Flasche finden kann – bedeckt, so daß weder ein Luftaustausch noch eine Anreicherung des Weins mit Tanninen stattfinden können. Das Faß wirkt in diesem Fall eigentlich mehr wie ein großer Glasbehälter oder eine überdimensionale Flasche.

Die Reife in der Flasche

Die Reife des Weines, die in den Holzfässern beginnt, hört mit seiner Abfüllung auf Flaschen nicht auf. Hier durchläuft der Wein noch weitere chemische Prozesse, die seine Farbe, seinen Geruch und seinen Geschmack verändern. Die Farbintensität sinkt, und lediglich bei Weinen aus der Pinot-noir-Rebe beobachtet man manchmal, daß auf eine Periode verminderter Farbdichte eine erneute Zunahme erfolgen kann. Die Ursache für dieses Hellerwerden liegt darin, daß die Tannine sich an die Farbstoffe anlagern und sehr große chemische Moleküle bilden, die als Bodensatz absinken. Außerdem nimmt auch der Säuregehalt ab, und deshalb liegt alter Wein auch weniger »rauh« und »gerbend« auf der

Zunge, er wirkt insgesamt »süßer«, obwohl kein Gramm Zucker entstanden ist.

Die Alterungsfähigkeit

Ob ein Wein alterungs- und reifefähig ist, das heißt, ob er bei diesen Prozessen an Qualität gewinnt, statt seinem schnellen Verfall entgegenzugehen, hängt von einer ganzen Reihe von Faktoren ab: Dazu gehören der ursprüngliche Säure- und Tanningehalt, die Menge an Salzen, Mineralstoffen und anderen »Extrakten«, die in ihm enthalten sind, und der Alkoholgehalt. Aber auch die Arbeit des Winzers, wie zum Beispiel die richtige Wahl des Erntezeitpunkts oder die korrekte und saubere Verarbeitung der Trauben im Keller, ist von Bedeutung, genauso wie ein geeigneter Keller mit idealer Temperatur und Luftfeuchtigkeit. Gute Weine können über zehn, fünfzehn oder zwanzig Jahre immer vielfältigere Geschmacks- und Geruchseindrücke entwickeln und sich ständig verbessern. Selbst danach behalten sie ihre Qualitäten manchmal noch über Jahrzehnte, bevor sie schließlich »Firne« zeigen oder gar »umkippen«.

Perlen im Wein und edle Süße

Zwei Sonderfälle der Weinbereitung habe ich bis zuletzt aufgehoben, da sie ein wenig aus dem Rahmen fallen: die Schaumweine und die Dessertweine. Perlende und schäumende Weine hat es wahrscheinlich in der Geschichte des Weinbaus, zumindest seit der Erfindung der Flasche im 17. Jahrhundert, schon länger gegeben, auch wenn sie meist unfreiwillig zustande kamen. Es genügte, daß die Gärung oder der Säureabbau vor der Abfüllung des Weines nicht vollständig abgeschlossen waren, und das Unvermeidliche stellte sich ganz von alleine ein: Der Wein gärte in der Flasche nach und zeigte dies beim Öffnen durch das entweichende Kohlensäuregas auch deutlich an.

Die Champagner-Methode

Die kontrollierte Schaumweinproduktion wurde dagegen erst im 18. und 19. Jahrhundert in der Champagne entwickelt und heißt deshalb auch Champagner-Methode. Am Anfang läuft bei dieser Art der Weinbereitung noch alles so, wie Sie es im Abschnitt über den Weiß- und den Roséwein – in der Champagne keltert man zum überwiegenden Teil rote Trauben – bereits gelesen haben. Nach der Traubenernte werden die Grundweine ganz normal vergoren und danach eventuell eine Weile im Holzfaß oder Edelstahltank »ausgebaut«. Der zweite Schritt besteht in dem Verschnitt

Kreidestollen in der Champagne

Die Cuvée

vieler Grundweine zu einer »cuvée«, deren genaue Zusammensetzung das Geschmacksgeheimnis jeder Champagnermarke ist. Champagner ist ja zu 90 Prozent ein Markenartikel, der im Unterschied zu den Stillweinen mit ihren Jahrgangsunterschieden immer gleich schmecken soll. Vor dem Abfüllen auf die charakteristische schwere Champagnerflasche wird dem fertigen Wein eine Mischung aus Hefe, Zucker und Wein, die sogenannte »liqueur de tirage«, beigefügt.

Die Flaschengärung

Die Flasche erhält einen druckfesten Kronkorken, und sofort beginnt eine »zweite Gärung«, die dieses Mal im Unterschied zum biologischen Säureabbau eine »richtige« alkoholische Gärung ist. Nach Abschluß dieser Gärung, wenn der zugegebene Zukker vollkommen in Alkohol umgewandelt ist, verbleiben die untätig gewordenen Hefen noch für eine mehr oder weniger lange Reifezeit in der Flasche. Der jetzt schon perlende Wein gewinnt durch den Zersetzungsprozeß der Hefen, die sich quasi »selbst verdauen«, noch mehr an Ausdruck und Feinheit.

Das Rüttelverfahren

Um die Rückstände der Hefen aus der Flasche zu entfernen, hat man ein aufwendiges Verfahren erfinden müssen. Die Flaschen werden mit dem Hals zuunterst in ein Holzgestell gesteckt und dort in regelmäßigen Abständen mit einem deutlichen Ruck leicht gedreht und dabei immer etwas steiler gestellt. Der Bodensatz sammelt sich auf diese Weise zuerst auf einer Flaschenseite und wird dann langsam, aber sicher in Richtung Kronkorken transportiert. Früher mußte diese aufwendige Arbeit von speziell ausgebildeten Arbeitern durchgeführt werden, heute verwendet man meist große Drehpaletten, für die die Amerikaner den sinnigen Namen »very large machine (VLM)«, das heißt »ganz große Maschine«, erfunden haben.

Wenn sich der gesamte Hefesatz am Korken gesammelt hat, die

Der Eispfropfen aus Hefe und Trubstoffen wird entfernt

Das Enthefen oder Degorgieren

Flasche also buchstäblich auf dem »Kopf« im Rüttelpult steckt, folgt der schwierigste Teil der Arbeit: Der Hefesatz muß aus der Flasche entfernt werden, ohne daß dabei zuviel Wein und die wertvolle Kohlensäure verloren gehen. Früher bedurfte es dazu geschickter Arbeitskräfte, die den Kronkorken mit einem Ruck öffneten und mit derselben Handbewegung einen kleinen Schwall Wein aus der Flasche schleuderten, ohne daß der Satz sich dabei wieder in der Flasche verteilte. Heute friert man den Inhalt des Flaschenhalses einfach in einer sehr kalten Salzlösung ein, öffnet dann den Kronkorken, und der Druck des Gases in der Flasche schleudert den Eispfropfen heraus. Anschließend erfolgt die sogenannte »dosage«:

Die Dosage oder Abstimmung

Mit Hilfe einer Mischung aus Rohrzucker und Stillwein, der »liqueur d'expédition«, wird dem Champagner der gewünschte Süßegrad verliehen. »Brut«, »Extra Dry« oder, wenn diese »liqueur« gar keinen Zucker enthielt, »Extra Brut«, »Brut Sauvage« oder »Dosage Zéro« heißen die entsprechenden Schaumweintypen dann. Schaumweine mit höherem Zuckergehalt heißen »Dry« oder »Sec«, »Medium Dry« oder »Demi-sec« und »Doux«.

Seit der Erfindung der Champagner-Methode wurden noch andere Verfahren zur Schaum- oder Perlweinherstellung entwickelt. Da gibt es einmal das sogenannte Transvasierverfahren: Die zweite Gärung erfolgt hierbei wie beim Champagner in der Flasche, zur Entfernung des Hefesatzes jedoch entleert man alle Flaschen

Die Tankgärung

unter Druck in einen großen Tank, filtert den Wein – ebenfalls unter Druck, um die Kohlensäure zu bewahren – und füllt dann erneut auf Flaschen. Bei vielen deutschen Sektkellereien sowie italienischen »Prosecco«- und »Asti Spumante«-Produzenten jedoch vollzieht sich die zweite Gärung gleich gänzlich im Tank, wodurch man sich das aufwendige Transvasieren erspart. Die Russen haben für ihren Krimsekt sogar eine Art von »Endlos-Verfahren» entwickelt, nach dem alle Stufen der Gärung in einem kontinuierlichen Prozeß in einer einzigen Anlage durchgeführt werden.

Der Zusatz von Kohlensäure

Bei den billigsten Perlweinen schließlich wird einfach Kohlensäure in normalem Weißwein aufgelöst, doch das Resultat all dieser »rationalisierten« Methoden ist natürlich von der Qualität her mit dem Champagner-Verfahren nicht zu vergleichen.

Die Herstellung von süßen Weinen

Unterschiedliche Herstellungsarten gibt es auch bei den Süß-, Dessert- oder Likörweinen. Damit sind nicht all jene »halbtrocken« oder »lieblich« ausgebauten Tischweine gemeint, die auch manchmal ungeheuer süß schmecken können, vor allem, wenn es sich um gewisse Massenprodukte in den Regalen der Supermärkte handelt. Die Dessertweine, von denen hier die Rede ist, werden meist von Anfang an so vergoren, daß sie einen sehr hohen Zuckeranteil, aber auch viele andere Extraktstoffe und in gewissen Fällen auch einen hohen Alkoholgehalt aufweisen. In der Gruppe der Likörweine gibt es allerdings auch trocken ausgebaute Versionen, die uns aber an dieser Stelle noch nicht interessieren sollen.

Süßweine kann man prinzipiell auf zwei Arten erzielen: Entweder haben die Weine von Natur aus

Natürliche Süße

einen sehr hohen Zuckergehalt – schon die Beeren enthalten oft bis zu 40 Prozent ihres Gewichts an Traubenzucker –, was zusammen mit den bereits geschilderten Auswirkungen der Edelfäule dazu führt, daß nicht sämtlicher Zucker in Alkohol umgewandelt wird, oder aber man stoppt die

Aufspriten mit Branntwein

Gärung durch Zugabe von Branntwein, ein Verfahren, das man »aufspriten« nennt. In der Praxis sind die Herstellungsmethoden natürlich sehr vielfältig, aber meist lassen sie sich auf eine dieser beiden Grundformen oder eine Kombination von beiden zurückführen. Zur ersten Gruppe gehören alle höherwertigen deutschen und österreichischen Ausleseweine (zum Beispiel Beerenauslesen oder Trockenbeerenauslesen), aber auch die entsprechenden elsässischen Prädikatsweine (»Vendanges tardives«, »Sélection de grains nobles«) und die berühmten Gewächse des Sauternes-Gebietes in Frankreich. Zur zweiten dagegen zählt man die eigentlichen Dessert- oder Likörweine, die meist in südlichen Ländern hergestellt werden (Portwein, Sherry, Marsala, Madeira).

WEIN RICHTIG WÄHLEN

Auswahl nach dem Weintypus

Am Anfang der Weinwahl wird für die meisten Weinfreunde die Entscheidung für einen Weintypus stehen.
Im vorigen Kapitel haben Sie die Herstellungsverfahren der verschiedenen Weinarten kennengelernt: Weißweine, Roséweine, Rotweine, Schaumweine und Dessertweine. Natürlich ist die Weinlandschaft in Wirklichkeit sehr viel vielfältiger!
Da findet man trockene und süße Weine, alkoholschwache und alkoholstarke, Weine, die man jung trinkt und andere, die man länger lagern sollte, Weine aus verschiedenen Rebsorten, die einander ähnlich sind und Weine aus ein und derselben Sorte, die sich nicht im mindesten ähneln, Weine aus nördlichen und aus südlichen, aus steilen und aus flachen, aus fruchtbaren und aus kargen Weinbergen.
Rechnet man noch die unterschiedlichen Winzertraditionen der jeweiligen Anbaugebiete hinzu, ergibt das eine wahre Sintflut an Weintypen.

Die Weinarten

Um Ihnen eine Orientierung zu ermöglichen, habe ich die Weinarten in wenige, überschaubare Gruppen zusammengefaßt. Ich denke, daß die einfachste aller möglichen Einteilungen gleichzeitig auch die sinnvollste ist: Die Weingruppen sind im Prinzip genauso zusammengefaßt wie im Kapitel über die Weinbereitung und in der Tabelle über »Wein und Speisen«, wobei ich lediglich zwei Änderungen vorgenommen habe: Bei den Weißen unterscheide ich zusätzlich noch zwischen den Weinen, die jung getrunken werden und den alterungsfähigen Weinen. Die Rosé- beziehungsweise die leichten Rotweine fasse ich in einer Gruppe zusammen, da die Unterschiede zwischen ihnen in manchen Anbaugebieten ohnehin verschwimmen. Die Tatsache, daß es frische, spritzige Roséweine gibt, die von ihrer Art her in die Weißweingruppe gehören könnten, lasse ich hier einmal unberücksichtigt.

Es wurden einige Beispiele aus den wichtigsten Anbaugebieten ausgewählt. Die Einteilung soll nur eine ungefähre Orientierung ermöglichen, sicherlich kann man von der einen oder anderen Weinart auch Vertreter finden, die in eine andere Kategorie passen.
Die Abkürzungen für die Länder entsprechen den Autokennzeichen.
Ausnahme: Kalifornien = CA.

1. junge leichte Weißweine
(etwa 8–12 Volumenprozent Alkohol)
– neutral (Silvaner D, Müller-Thurgau D, Muscadet F, Entre-Deux-Mers F, Terlaner I, Trebbiano aus der Toskana I, Vernaccia di S. Gimignano I, Frascati trocken I, Grüner Veltliner A, Welschriesling A, Chasselas CH, Vinho verde P, California »Chablis« CA)
– frisch, lebendig (Riesling aus Franken D, Riesling von der Mosel D, Sancerre F, Pouilly fumé F)

2. volle und/oder alterungsfähige Weißweine
(etwa 10–14 Volumenprozent Alkohol)
– fruchtig, vollmundig (Riesling aus dem Rheingau D, Riesling halbtrocken oder Spätlese von der Mosel D, Weißburgunder aus Baden D, Riesling aus dem Elsaß F, Chablis F, Riesling aus der Wachau A)
– würzig (Ruländer aus Baden D, Pinot gris aus dem Elsaß F)
– aromatisch (Gewürztraminer und Muscat aus dem Elsaß F)
– körperreich, charaktervoll (Burgunder F)
– halbtrocken, kräftig (Riesling Spätlese und Auslese aus dem Rheingau D, Vendanges tardives aus dem Elsaß F, Orvieto abboccato I)

3. Rosé- und leichte Rotweine
(etwa 11–13 Volumenprozent Alkohol)
– Rosé, leicht (Weißherbst aus der Rheinpfalz D, Bardolino Chiaretto I)
– Rosé, gehaltvoll (Weißherbst aus Baden und Württemberg D, Tavel F)
– Rot, leicht, fruchtig (Portugieser D, Chinon F, Zweigelt A)
– Rot, mild, jung (Schwarzriesling aus Württemberg D, Beaujolais F, Bardolino I, Merlot aus dem Friaul I, Merlot CH, roter Vinho verde P)

4. Rotweine
(etwa 11–15 Volumenprozent Alkohol)
– schlank, elegant (Spätburgunder D, Chianti I, Valpolicella I, Rioja E)
– kräftig, alterungsfähig (Bordeaux F, Burgunder F, Côte Rôtie F, Chianti Riserva I, Barbaresco I, Rioja Riserva E, Cabernet CA, Cabernet und Shiraz AUS)
– schwer, gehaltvoll (Châteauneuf-du-Pape F, Barolo I, Brunello di Montalcino I, Amarone I)

5. Schaumweine
– Champagnermethode (Winzersekte D, Champagner F, Spumante metodo classico I, Cava E)
– Tankgärung (Sekt D, Prosecco I)

6. Dessert- und Likörweine
(etwa 6–19 Volumenprozent Alkohol)
– Auslese-Prädikate (alle Beerenauslesen, Trockenbeerenauslesen, Eisweine D und A, Ausbruch A, Sélections de grains nobles aus dem Elsaß F, Tokajer H)
– holzfaßgereifte Botrytis-Weine (Sauternes F, Barsac F)
– Strohweine und ähnliche (Recioto Soave I, Vin Santo I)
– aufgespritete Weine (Vins doux naturels F, Marsala I, Sherry Medium und Cream E, Madeira P)
– süße Rotweine (Banyuls F, Recioto Valpolicella I)

Diese Unterteilung in Weinarten hätte bis vor nicht allzu langer Zeit ausgereicht, dem Weinfreund bei der Auswahl zu helfen. Das Interesse für andere Unterscheidungsmerkmale, wie zum Beispiel die Rebsorten, ist noch nicht alt, und noch vor ein, zwei Jahrzehnten achteten vor allem die Weintrinker in unseren europäischen Nachbarländern lediglich darauf, ob sie Bordeaux oder

Chianti, Soave oder Champagner kauften, nicht aber, ob bei der Bereitung dieser Weine Cabernet Sauvignon oder Sangiovese, Garganega oder Chardonnay eine Rolle gespielt hatten. Die meisten Weine wurden ja ohnehin aus mehreren Rebsorten gekeltert. Lediglich Deutschland und Österreich mit ihren reinsortigen Weinen und mit ihren Weingesetzen, die schon immer neben dem Anbaugebiet auch die Rebsorte in den Mittelpunkt gestellt hatten, bildeten darin eine Ausnahme.

Auswahl nach der Rebsorte

Das Desinteresse gegenüber den Sortenbezeichnungen ist spätestens seit dem Aufkommen des Qualitätsweinbaus in der Neuen Welt verschwunden. Plötzlich tauchten nämlich Weine auf dem Markt auf, die mit den besten französischen, italienischen und spanischen Produkten konkurrieren konnten, die aber statt der bekannten Herkunfts- oder Lagenbezeichnung nur die Namen der Rebsorten – Chardonnay, Sauvignon, Cabernet, Syrah – auf dem Etikett trugen.

Von den vielen Rebsorten, die auf der Welt angebaut werden, haben allerdings zum Glück nur insgesamt 40 bis 50 für den Weinkenner Bedeutung, und von diesen bringt nur knapp ein Dutzend die besten Weine der Welt hervor. Das heißt natürlich nicht, daß es nicht auch hervorragende Produkte aus anderen Sorten gäbe. Sie sind nur sehr viel seltener und verschwinden oft in der Masse der anonymen oder gar minderwertigen Vertreter ihrer Art. Zumeist werden sie ausschließlich in ihren jeweiligen Anbauregionen getrunken oder gehen als Verschnitt in Tafelweine ein.

Die 5 großen Namen

Unter den Rebsorten der Welt ragen 5 Namen ganz besonders heraus: 2 stehen für weiße und 3 für rote, beziehungsweise blaue Trauben. Sie sind die ungekrönten Könige und zugleich die Stützpfeiler des Weltweinbaus. Sie sind es, die immer wieder die besten, reichsten und auch alterungsfähigsten Weine hervorbringen, und sie stehen stellvertretend für viele andere, die – ob zu Recht oder zu Unrecht, sei hier dahingestellt – kaum einmal aus ihrem Schatten heraustreten. Es sind der rassige Riesling und der verführerische Chardonnay bei den Weißweinen, der polyglotte, aristokratische Cabernet Sauvignon, der sinnliche, tiefgründige Blaue Spätburgunder oder Pinot noir und der betörende Nebbiolo bei den Roten.

Die weißen und die roten Rebsorten

Die Ampelographie – eine schwierige Wissenschaft

Die Unterscheidung der verschiedenen Rebsorten und ihrer Unterarten ist nicht einfach, davon können die Forscher, die sich der Wissenschaft der Reben, der »Ampelographie«, gewidmet haben, ein Lied singen. Oft bedarf es einer genauen Beobachtung der Blatt- oder Traubenform und -farbe, der detaillierten chemischen Analyse ihrer Inhaltsstoffe und der Kontrolle des Vegetationsverlaufs, um die Identität einer Sorte genau zu bestimmen. So hielt man in Norditalien die Chardonnay-Rebe noch bis vor wenigen Jahren für eine Art Weißburgunder, und es kommt nicht selten vor, daß Winzer bei ihrer Rebschule eine Rebsorte für

Reife Riesling-trauben

eine andere kaufen – Montepulciano statt Corvina, St. Laurent für Pinot noir oder Nebbiolo statt Montepulciano – und dies erst nach einigen Jahren merken, wenn die Weine fertig im Faß liegen.

Der vielseitige Riesling

Aus der Rieslingtraube werden die vielleicht feinsten, die rassigsten und ganz sicher die vielseitigsten Weine gewonnen: trokkene und jung trinkfertige genauso wie volle, schwere und edle Süßweine. Es sind Gewächse, deren Charakter meist deutlich von den Eigenarten der jeweiligen Weinbergslage bestimmt wird, auf der sie gereift sind, Individualisten, die Persönlichkeit und Alterungsfähigkeit auf ideale Weise in sich vereinen. Gute Rieslinge gedeihen vor allem in den deutschsprachigen Anbaugebieten, an der Mosel und am Rhein, im Elsaß und der Wachau. Die Staaten der ehemaligen Sowjetunion produzieren große Mengen Riesling-Weine, doch sind diese noch immer von bescheidener Qualität und als solche nur selten erkennbar. Auch in Norditalien, in Australien, Israel, Südafrika und einigen osteuropäischen Ländern kann man Riesling-Reben finden, in Frankreich dagegen ist ihr Anbau jenseits des Elsaß und der Vogesen merkwürdigerweise verboten.

Name und Herkunft des Rieslings

Woher der Name des Rieslings stammt, weiß niemand so recht zu sagen. Er wird mit »Ruß« in Verbindung gebracht, mit »rissig«, wie die Rinde des Rebstocks, mit dem »Verrieseln«, gegen das seine Fruchtstände sehr anfällig sind, oder auch mit »reißen«, vom oft harten Charakter, den die Weine in der Jugend haben. Auch seine Herkunft ist umstritten. Wahrscheinlich stammt er vom Rhein und ist vielleicht sogar ein direkter Nachkomme der Wildrebe »vitis vinifera silvestris«, aber auch in der Wachau behaupten viele Winzer, die Wiege dieser noblen Sorte habe in ihrem Gebiet gestanden. Nicht jeder »Riesling« ist übrigens wirklich ein Riesling: Der sogenannte Welschriesling oder Riesling italico ist mit dem echten Riesling nicht im entferntesten verwandt, und in Australien stammen noch heute die meisten »Rieslinge« in Wahrheit von der Sémillon-Traube.

Der große Vorteil der spätreifenden Riesling-Traube liegt in ihrer Fähigkeit, zu Ende der Reifeperiode große Mengen Zucker speichern zu können, ohne daß dabei zuviel Säure verloren geht. Gleichzeitig ist sie ein guter Nährboden für den Botrytis-Pilz: Das macht sie zum idealen Ausgangsmaterial sowohl für trockene als auch für süße Weine.

Die Eigenschaften der Rieslingweine

Rieslingweine haben oft eine helle, strohgelbe Farbe mit grünlichem Schimmer, die süßen Beeren- und Trockenbeerenauslesen sind jedoch goldgelb und nehmen mit den Jahren einen grüngoldenen oder bernsteinfarbenen Ton an. Ihr Aroma ist in der Jugend fruchtig und frisch, es erinnert an Linden- und Akazienblüten, an Rosen, Ginster, Pfirsich, Orangenblüte oder Zitronenkraut und manchmal, vor allem bei höheren Prädikatsstufen, an Aprikosen, Zimt und Honig. Im Alter nimmt der Wein dann den Duft von verwelkten Blüten und den berühmten »Petrolton« an. Im Geschmack ist der Wein elegant und hat einen festen, stahligen und lebendigen Körper, besonders wenn hohe Säure und ausreichend Extraktstoffe sich die Waage halten.

Rieslingweine verschiedener Herkunft

Natürlich bringen verschiedene Anbaugebiete auch unterschiedliche Rieslinge hervor: Im Rheingau ist er mehr fruchtbetont, an der Mosel stahliger und feiner, in der Wachau zeichnet er sich durch Pfirsichduft aus, und im Elsaß findet man oft Aromen von Zitronenkraut und Grapefruit. Im Geschmack sind die Weine hier kräftiger als in nördlicheren Regionen. Die höherwertigen Auslesen oder die elsässischen »Sélections de grains nobles« sind fast sirupartige, süße Weine, die aber durch ihre gleichzeitig hohe Fruchtsäure ausgeglichen wirken und im Mund ein wahres Feuerwerk an Geschmackseindrücken entfachen. Das alles gilt natürlich nur, wenn der Winzer gut gearbeitet hat, denn das feine, subtile Aroma der Weine bringt ohne Gnade jeden Fehler in der Weinbereitung sofort zum Vorschein: Zuviel Schwefel, alte und modrige Fässer oder ein schlecht durchgeführter Säureabbau können den Genuß eines Rieslings erheblich stören.

Rund um den »großen« Riesling gibt es eine ganze Reihe von »Satelliten«-Sorten, die teils mit ihm verwandt sind, teils in seiner Nachbarschaft wachsen oder auch ähnliche Eigenschaften aufweisen.

Silvaner

Dazu gehört der Silvaner, einst die populärste Sorte in Deutschland. Sie bringt die schönsten Frankenweine hervor, wird aber heute zunehmend von Neuzüchtungen verdrängt. Silvanerweine sind meist sehr hell, trocken und leicht und bekommen mit dem Alter ein Aroma von trockenem Gras und verwelkten Blumen, erreichen aber nur selten Beerenauslesequalität.

Müller-Thurgau

Die Rolle des Silvaners hat bei uns der sehr produktive Müller-Thurgau übernommen, eine Neuzüchtung des letzten Jahrhunderts, bei der sich die Gelehrten immer noch streiten, ob sie aus Riesling und Silvaner oder nur aus unterschiedlichen Rieslingpflanzen gezüchtet wurde. Seine Weine sind weich und leicht und können einen angenehmen Muskatton haben, sind aber von eher neutralem Charakter und haben keine große Persönlichkeit.

Elbling

Eine alte deutsche, nur noch im oberen Moseltal angebaute Sorte ist der Elbling, dessen säurereiche Trauben einen guten Sektgrundwein ergeben. In Österreich steht an der Seite des Rieslings meist der Grüne Veltliner, eine sehr interessante Sorte, die dem Silvaner von der Art her nicht unähnlich ist. Typisch für ihn sind die leicht pfeffrigen, manchmal würzigen Aromen, die aber sehr grob und vorlaut werden können, wenn die Weinberge zu ertragreich sind oder wenn das Wetter es einmal nicht so gut gemeint hat. In Sonnenjahren dagegen können die Weine erstaunlich gut altern und sind selbst nach 30 oder 40 Jahren noch trinkbar.

Grüner Veltliner

Neuzüchtungen

Die Aufzählung aller Neuzüchtungen, an denen Deutschland so reich ist, würde ein ganzes Buch füllen: Einige von ihnen sind durchaus von Interesse, wie der Kerner (Trollinger x Riesling), der Morio-Muskat (Silvaner x Weißburgunder) und die Scheurebe (Silvaner x Riesling), wobei die letztere aromatische Weine und gelegentlich auch gute Beeren- und Trockenbeerenauslesen ergibt. Andere dagegen, wie zum Beispiel Bacchus, Huxelrebe, Optima, Ortega oder Reichensteiner überzeugen oft mehr durch ihre malerischen Namen als durch überragende Weinqualität.

Was der Riesling für die deutschsprachigen Anbaugebiete, ist der Chardonnay für Frankreich und die Neue Welt. Die Sorte, aus der

Chardonnaytraube

Weltbürger Chardonnay

die großartigen Weine aus Puligny-Montrachet und Meursault im Burgund, aber auch einige der feinsten Champagner stammen, war lange Zeit nicht einmal unter ihrem richtigen Namen bekannt, da man sie fälschlich mit den roten Burgundertrauben verwandt glaubte und deshalb »Pinot Chardonnay« nannte. Chardonnayweine werden oft in kleinen, neuen Holzfässern vergoren und ausgebaut, die der fruchtigen Note des jungen Weins ihre eigenen Aromen und Geschmacksstoffe hinzufügen: Das Ergebnis ist ein vielschichtiger, sehr alterungsfähiger Wein von strohgelber Farbe, der zuerst nach Lindenblüten, Eisenkraut, Minze, Apfel oder Banane und im Alter nach gegrillten Mandeln, getrockneten Früchten, Nüssen oder Honig riechen kann, während er im Geschmack immer trocken ist und mächtig und voll wirkt.

Die Anspruchslosigkeit des Chardonnay, der auf armen, felsigen und kalkhaltigen Böden besonders gut wächst, und sein hohes Qualitätspotential haben ihn zu einer der weltweit beliebtesten Sorten überhaupt werden lassen. Neben seinen klassischen Anbaugebieten Burgund und Champagne findet man ihn heute in Südfrankreich, Italien, Spanien, Amerika, Neuseeland, Chile und Südafrika, und erst vor kurzem wurde sein Anbau auch für Deutschland zugelassen. Im französischen Jura macht man aus seinen Trauben den berühmten »vin jaune«, den gelben Wein, der wie Sherry unter dem Einfluß von bestimmten Hefen lange Zeit im Faß reift und so zu einem wahren Überlebenswunder wird: Man kann eine offene Flasche Tage oder Wochen stehenlassen, ohne daß der Wein »umkippt«.

Dort, wo der Chardonnay angebaut wird, gibt es eine Reihe weiterer Rebsorten, die allerdings genetisch nicht mit ihm verwandt sind. Dazu gehört zum Beispiel der Aligoté, der außer im Burgund nur noch in Rumänien und Bulgarien eine Rolle spielt. Seine leichten, erfrischenden Weine müssen jung getrunken werden, und einem Bürgermeister der Stadt Dijon verdanken wir die Idee, sie mit Cassis-Likör zu mischen: Der beliebte Aperitif namens »Kir« war geboren.

Aligoté

»Waschechte« Burgundersorten, die im Burgund allerdings kaum mehr angebaut werden, sind der Pinot blanc, bei uns Weißburgunder, und der Pinot gris, der hierzulande als Grauburgunder oder Ruländer bekannt ist. Beide sind vor langer Zeit durch Mutationen aus der blauen Burgundertraube, dem Pinot noir, hervorgegangen und werden vor allem in Baden, in der Rheinpfalz, im Elsaß, in Ungarn, Südtirol und im Friaul angebaut. Besonders der Pinot gris genießt international großes Ansehen: Seine Weine können ausgesprochen würzig und komplex sein und zeigen manchmal eine deutliche Restsüße, die ihnen sehr gut steht.

Weißburgunder und Ruländer

Die berühmteste französische Weißweintraube nach dem Chardonnay ist sicherlich der Sauvignon blanc, der die feinen Weine der oberen Loire, den Sancerre und den Pouilly fumé, aber auch, im Verschnitt mit dem Sémillon, die großen Weißweine von Bordeaux hervorbringt. Außerdem wird er noch in Italien, Österreich, Spanien, Osteuropa, Australien und Neuseeland, den USA und Israel angebaut. Diese frühreifende Sorte, die oft eine deutliche Säure zeigt, ist aufgrund ihrer einprägsamen Aromen von grünen Früchten, Johannisbeerblättern, Holunder oder Gras, manchmal auch mit einer Spur Muskat oder sogar dem Geruch von Feuerstein leicht zu erkennen. Früher glaubte man sogar, der Sauvignon blanc sei mit dem Riesling verwandt, da sich die Weine hochreifer Trauben der beiden Sorten ähneln können.

Sauvignon blanc

Die Sémillontraube ergänzt mit ihrem etwas volleren Charakter die Frische und Fruchtigkeit des Sauvignon blanc auf hervorragende Art und Weise. Sie ist in den trockenen Weißen des Graves-Gebietes bei Bordeaux fast immer zu einem bestimmten Prozentsatz enthalten. Da die Sorte aber vor allem »anfällig« für den Botrytis-Pilz, die Edelfäule ist, gibt sie den Süßweinen des benachbarten Sauternes ihre gewaltige Geschmacksfülle. Dritte im Bunde ist in einigen Fällen die

Sémillon

Muscadelle

Muscadelle, die mit den Muskat- und Muskatellertrauben allerdings nicht verwandt ist. Da sie sehr krankheitsanfällig ist, dient sie dem Winzer auch als eine Art »Frühwarnsystem« für eventuelle Probleme im Weinberg.

Weitere französische Weißweinsorten

Alle anderen französischen Weißweinsorten spielen eine eher unbedeutende Rolle, sei es weil sie in geringen Mengen angebaut werden, wie der in jüngster Zeit auch in Amerika in Mode gekommene Viognier, aus dem der überragende Château-Grillet und der Condrieu aus dem nördlichen Rhônetal gekeltert werden, oder weil die Weine keine allzu großen Qualitäten erreichen. Zu diesen gehören der Muscadet und der Chasselas oder Gutedel, der Chenin blanc, Roussanne, Marsanne und Colombard, Clairette, Gros Manseng und noch viele andere. Erwähnt werden sollen noch die Folle blanche (auch Gros Plant genannt) und der Ugni blanc oder St. Emilion (in Italien Trebbiano): Sie sind in Frankreich die wichtigsten Sorten für die Herstellung zweier köstlicher Weinbrände – des Armagnac und des Cognac.

Gewürztraminer

Der aromatische Gewürztraminer, der in Deutschland und im Elsaß am besten gedeiht, ist die am wenigsten bekannte und anerkannte der »großen« Rebsorten. Die Winzer lieben sie nicht, weil sie nur wenig Ertrag bringt, und der Weinfreund bemängelt, daß ihr sehr eigenständiger Charakter kaum eine Kombination mit dem Essen erlaubt. Wenn der goldgelbe, nach exotischen Früchten und Rosen duftende Gewürztraminer allerdings als Beeren- oder Trockenbeerenauslese auf den Tisch kommt, gehört er zu den überzeugendsten Dessertweinen, die man sich vorstellen kann.

Muskateller

Auch der Muskateller, eine der ältesten Kulturtrauben überhaupt und vielleicht sogar die Mutter aller europäischen Reben, wird oft zu Süßwein verarbeitet. Sein bekanntester Vertreter ist sicherlich der Asti Spumante, doch wahre Größe erreicht er vor allem im Elsaß, wo er als eine der vier »noblen« Rebsorten gilt.

Muskatellertraube

Malvasia, Palomino, Fumint

Vergessen wir nicht, zum Abschluß der Betrachtung der weißen Trauben die Malvasia, den Palomino und den Furmint zu erwähnen: Erstere ist für die schönen süditalienischen Dessertweine, der Palomino für die besten Sherry-Sorten und der letzte für den berühmten Tokajer verantwortlich.

Die roten oder blauen Rebsorten

Bei den roten oder blauen Rebsorten ist die Frage, welche zu den ganz »großen« gehört, meist einfacher zu beantworten als bei den weißen. Die besten roten und blauen Sorten zeichnen sich dadurch aus, daß die Beerenschalen mehr hochwertige Tannine sowie Farb- und Aromastoffe enthalten und daß sie mit ihrer Fülle an Inhaltsstoffen im Verlauf der Alterung ungemein vielfältige Geruchs- und Geschmacksnuancen entwickeln können. Von den zahl-

Synonyme der bekanntesten Rebsorten:

Blaufränkisch: Lemberger, Kékfrankos, Limberger
Chardonnay: Morillon, Pinot Chardonnay, Beaunois, Melon blanc, Petite Sainte-Marie
Chasselas: Weißer Gutedel, Fendant, Dorin
Gewürztraminer: Traminer, Roter Traminer, Savagnin
Müller-Thurgau: Riesling x Silvaner, Rivaner
Nebbiolo: Spanna, Chiavennasca
Pinot blanc: Weißburgunder, Clevner, Klevner
Pinot gris: Ruländer, Grauburgunder, Pinot grigio, Tokay d'Alsace, Grauklevner, Szürkebarát, Malvoisie
Pinot Meunier: Müllerrebe, Schwarzriesling
Pinot noir: Spätburgunder, Blauer Burgunder, Noirien, Auvernat, Pinot nero, Kék Kisburgundi, Modra Kleványka
Portugieser: Blauer Portugieser, Oportó, Vöslauer, Autrichien
Riesling: Rheinriesling, Johannisberg Riesling
Silvaner: Grüner Sylvaner, Grüner Zierfandl, Johannisberg, Gros Rhin, Zöldszilváni
Trebbiano: Ugni blanc, Saint-Émilion
Vernatsch: Schiava, Trollinger, Meraner Kurtraube, Gros bleu, Black Hamburg, Fleischtraube, Bocksauge, Hammelhoden
Welschriesling: Riesling italico, Olaszriesling, Tocai, Grasevina

reichen Rotweintrauben, die auf der Welt angebaut werden, verdienen drei ganz besondere Beachtung: der Cabernet Sauvignon, der Pinot noir und schließlich der Nebbiolo.

Der »große« Cabernet Sauvignon

Cabernet! Der für viele Weinfreunde magische Name steht meist für Cabernet Sauvignon, die edelste Rotweinsorte des Bordeaux-Gebietes. Wenn der Cabernet Sauvignon heute vielfach als die beste rote Weinrebe der Welt bezeichnet wird, dann bedeutet das sicherlich nicht, daß seine »Konkurrenten« Pinot, Nebbiolo, Syrah, Merlot oder Sangiovese keine großen Weine hervorbringen, doch sie erreichen dies oft nur unter ganz bestimmten Bedingungen und in eng umgrenzten Anbaugebieten. Der »Große« mit den kleinen Beeren von staubig blauer Farbe dagegen paßt sich sehr unterschiedlichen Anbaubedingungen an, nimmt mit sehr kargen Böden vorlieb und bringt, je nach Klima, Bodenart und Tradition der Weinbereitung recht unterschiedliche Weine hervor. Diese Tatsache wird noch dadurch verstärkt, daß er meist mit anderen Rebsorten verschnitten wird.

Die Art der Weine aus Cabernet Sauvignon

Cabernet-Sauvignon-Weine haben eine tiefe, dichte rubin- oder granatrote Farbe, sind in der Jugend würzig und fruchtig und entwickeln im hohen Alter ein atemberaubendes Reifebukett. Von schwarzen Johannisbeeren, Paprikaschoten, Waldbeeren, Gewürzen, Minze, Lakritze, Fell und Wild bis hin zu Süßholz, Harz und Trüffel kann man unendlich viele Aromen und Nuancen in seinen Weinen finden. Im Geschmack sind sie füllig, tanninbetont und fest, in der Jugend sogar ausgesprochen herb.

Ihren Siegeszug durch die Welt des Weinbaus hat die Cabernet-Rebe in den letzten zwei Jahrzehnten im Triumph genommen: In Italien produziert man aus ihr heute einige der besten Weine des Landes ebenso wie in Kalifornien, Australien, Südamerika, Spanien und Osteuropa. Die Beliebtheit des Cabernet war lange Zeit so groß, daß in manchen Anbaugebieten schon eine Überfremdung der einheimischen Sorten und Weintypen befürchtet werden mußte. Diese Tendenz hat sich aber zum Glück inzwischen verlangsamt.

Cabernet franc

Cabernets gibt es in zwei Varianten: Als »kleinen Bruder« des großen Cabernet Sauvignon bezeichnet man gern den Cabernet franc, dessen Weine fruchtiger und weicher, aber im allgemeinen auch weniger konzentriert und nicht so alterungsfähig sind. Auch er wird in Bordeaux angebaut, wo er vor allem in den Weinen von Saint-Émilion den Ton angibt. An der Loire, in den Anbaugebieten Chinon und Bourgueil, wird er ebenso reinsortig verarbeitet wie im Nordosten Italiens. Außerdem kennt man den Cabernet franc vor allem in Osteuropa.

Merlot

Vervollständigt wird das Dreigespann der roten Bordeaux-Reben schließlich durch die Merlottraube, die vor allem im Pomerol-Gebiet auf dem weitaus größten Teil der Rebflächen steht. Merlotweine sind weicher, alkoholreicher und geschmeidiger als die Cabernet-Brüder und entwickeln im Alter ein schönes Fell- und Trüffelbukett. Der Wein des berühmten Château Pétrus, der vielleicht teuerste der Welt, wird fast ausschließlich aus Merlot gekeltert. In jüngster Zeit kommt einer der edelsten reinsortigen Merlots aus der Toskana, wo die Böden ihm den Tanningehalt geben, der ihm in Bordeaux meist fehlt, um ihn zu einer eigenständigen Größe werden zu lassen.

Der sinnliche Pinot noir

Was der Cabernet im Mund hat, das hat der Pinot in der Nase, oder: Der Pinot ist sinnlich, der Cabernet von adligem Blut. Mit diesen griffigen Beschreibungen definiert man häufig den Unterschied zwischen den beiden französischen Rotwein-Spitzensorten. Aber die Wahrheit ist natürlich – wie so oft – weitaus komplizierter. Im Wettstreit mit dem Cabernet Sauvignon ist der Pinot noir oder Blaue Spätburgunder, wie er in Deutschland offiziell genannt wird, so etwas wie der ewige Zweite. Seine Reben und Trauben sind schwieriger in Anbau und Verarbeitung, und wirklich große Weine gelingen selbst in den besten Anbaugebieten nur in guten Jahren. Dann aber können sie zu ähnlichen geschmacklichen »Schwergewichten« reifen wie

Cabernet-Sauvignon-Traube

Trauben vom Pinot noir

die Gewächse aus Bordeaux: fest und füllig am Gaumen, würzig und pikant, mit viel Schmelz und einem nicht enden wollenden aromatischen Nachgeschmack.

Die Eigenschaften der Pinot-Weine

Die roten Pinot-Weine sind gerbstoffärmer und von hellerer Farbe als die des Cabernet und werden deshalb gern als »feminin« bezeichnet. Ihr Duft und ihr Geschmack überwältigen nicht, sie verführen langsam und entfalten nur zögernd ihren gewaltigen Charme. Ihr Aroma erinnert in jungen Jahren an rote Beerenfrüchte, später dann entfalten sich Aromen von Fell und Wild, und die Weine bekommen ihren typischen Alterungsgeschmack, den die Experten mit »süß« umschreiben, obwohl natürlich in Wahrheit kein Gramm Zucker im Wein zu finden ist.

Über allem Prestige, das der Pinot im Burgund genießt, sollte man nicht vergessen, daß seine Trauben bis zu einem Anteil von zwei Dritteln in den meisten Champagnern enthalten sind – hier werden sie »weiß« gekeltert, das heißt, sofort nach Ankunft im Keller abgepreßt. Außerdem bringt sein deutsches Pendant, der Spätburgunder, rechts und links des Rheins einen hellen und fruchtigen, süffigen Wein hervor, der sehr beliebt ist. In jüngster Zeit experimentiert man auch in Italien, Australien, Spanien und Nordamerika mit Pinot-Reben, aber außer einigen achtbaren Resultaten ist von dort noch nichts Grandioses zu vermelden.

Gamay

Als kleinen Bruder des Pinot noir könnte man den Gamay bezeichnen, eine Rebsorte, die vielleicht sogar durch genetische Mutation aus dem Pinot selbst hervorgegangen ist. Sie ist vor allem durch den Beaujolais bekannt geworden, der in seiner Version als »Primeur«-Wein (Beaujolais Nouveau) schon Ende November auf den Markt kommt und sofort in Millionen von Flaschen in die ganze Welt verschickt wird, was ihm in den letzten Jahren zu einem sagenhaften Erfolg verhalf.

Ein anderes Produkt der Verwandlungskünste des genetisch sehr instabilen Pinot noir ist übrigens der in Württemberg beliebte

Schwarzriesling

Schwarzriesling, der in Frankreich »Pinot Meunier« (Müllerrebe) heißt und Bestandteil vieler Champagner ist.

Syrah

Von ganz anderer Natur sind dagegen die Weine der Syrah, die vor allem im Rhônetal eine ungeahnte Klasse erreichen und die unter dem Namen Shiraz auch in Australien Karriere machten. Ihre ausdrucksvollen Weine, vor allem aus den Gebieten Hermitage und Côte Rôtie, mit ihrer dichten, fast violetten Farbe und den fruchtig-pfeffrigen Aromen, in denen auch Spuren von Himbeere, Kirsche und Veilchen auftauchen, können so vielschichtig, elegant und vollmundig sein wie die besten Bordeaux-Gewächse.

Andere französische Rotweinsorten

Die übrigen, vorwiegend südfranzösischen roten Traubensorten sollen an dieser Stelle nur kurz erwähnt werden. Cinsault, Mourvèdre und Carignan prägen die Weine von Languedoc und Roussillon, und aus Malbec oder Cot stammt der einst so berühmte »schwarze Wein« von Cahors im Südwesten.

Die dritte der edlen roten Rebsorten stammt aus dem zweiten klassischen Weinland der Geschichte: Italien. Hier, genauer im

Nebbiolo – der große Piemonteser

Piemont, wächst der Nebbiolo, der leicht als die edelste Sorte der Welt gelten könnte, da seine Weine die Ausdruckskraft und Fülle von Bordeaux-Weinen mit der aromatischen Sinnlichkeit der Burgunder vereinen. Leider aber wachsen wirklich großartige Nebbiolo-Weine nur in einem wenige Quadratkilometer großen Gebiet um die Stadt Alba in den

Nebbiolotraube

Anbaugebieten des Barolo und des Barbaresco, die erst in den letzten Jahrzehnten überhaupt zu internationalem Ansehen gekommen sind.

Die Art der Nebbioloweine

Der Geschmack von Nebbioloweinen ist kräftig und konzentriert, sie sind sehr alkoholbetont und gerbstoffreich und riechen in jungen Jahren nach Kirschen, Pflaumen oder Veilchen, später dann nach Rosen, Teer, Rauch und nach der berühmten weißen Alba-Trüffel, die vor allem im Barolo- und Barbaresco-Gebiet gefunden wird. Barolo Weine sind im allgemeinen etwas wuchtiger und brauchen länger, bis sie zur vollen Reife kommen, während der feinere, elegantere Barbaresco oft schon nach wenigen Jahren vollen Genuß offenbart.

Neben dem großen Nebbiolo gibt es im Piemont noch eine Reihe anderer Sorten, aus denen fast nirgendwo in der Welt so schöne Resultate gekeltert werden wie gerade hier: Dazu gehört vor allem der – oder wie die Piemon-

Barbera

teser sagen, die – Barbera, die in den letzten Jahren durch verbesserte Anbau- und Kellertechniken zu einem wirklichen Spitzenwein geworden ist. Aber auch Dolcetto – seine Weine sind in Wirklichkeit nicht »süß«, wie es der Name vermuten ließe – und Grignolino sowie die jüngst vom Weinpublikum wiederentdeckte Freisa sind im Piemont beliebte Alltagsweine, über ihr Anbaugebiet hinaus jedoch noch wenig bekannt.

Dolcetto, Grignolino, Freisa

Etwas weiter verbreitet als der Nebbiolo ist die zweite klassische Rotweintraube Italiens, der Sangiovese. Er ist verantwortlich für so unterschiedliche Weine wie die einfachen, süffigen Rotspone der Emilia-Romagna und den gewaltigen Brunello di Montalcino, nicht zu vergessen die eleganten Weine des Chianti-, vor allem des Classico-Gebietes, und den Vino Nobile di Montepulciano.

Sangiovese

Andere italienische Rotweinsorten

Italiens Reichtum an Rotweinsorten ist groß: Aglianico, Bracchetto und Corvina, Lagrein, Lambrusco, Marzemino, Montepulciano, Piedirosso und Refosco, Primitivo – das ist der berühmte Zinfandel Kaliforniens –, Teroldego, Vernatsch (in Württemberg Trollinger) und andere würden noch viele Seiten füllen. Doch möchte ich mich statt dessen den verbleibenden roten und blauen Sorten anderer Länder zuwenden, die noch eine ausführliche Erwähnung verdienen.

Tempranillo

Dazu gehört zuallererst der Tempranillo, die Hauptsorte der Weine des Rioja-Gebietes in Nordspanien, dicht an der Grenze zum Baskenland am Fuße der Pyrenäen. Seine feinen, meist granat- bis ziegelroten Weine werden oft mit den Burgundergewächsen verglichen. Da der Tempranillo jedoch allein nicht die erforderliche Struktur und Vielschichtigkeit aufbringt, wird er meist mit dem Garnacho – in Südfrankreich Grenache – verschnitten und zusätzlich noch in kleinen Eichenholzfäßchen ausgebaut, was ihm Kraft und Haltbarkeit gibt.

Trotz all der vielen Namen, durch die der Reigen der weißen und roten Reb- und Weinsorten sich so variantenreich und voller Überraschungen gestaltet, habe ich jetzt bestimmt noch einige vernachlässigt, den Blaufränkisch oder Lemberger zum Beispiel, der in Württemberg und im österreichischen Burgenland sehr feine Weine hervorbringt, oder den Portugieser, aus dem meist einfache, süffige Sorten gekeltert werden, oder die süditalienische Uva di Troia.

Blaufränkisch

Portugieser

Uva di Troia

Blaufränkisch-trauben

Das immer wieder Spannende an der Weinlandschaft ist ja genau diese ständig wechselnde Vielfalt der Sorten, die sich den Landschaften und den Menschen anpassen und auf diese Weise zur wirklichen Bereicherung des Weinfreunds beitragen. Deshalb sollen die Zeilen dieses Kapitels im Grunde nur zu eigenen Entdeckungsreisen in die Welt der Weine anregen und auf ihre Produkte Appetit machen.

DIE HERKUNFT DER WEINE

Die Grenzen des Weinbaus auf der Welt

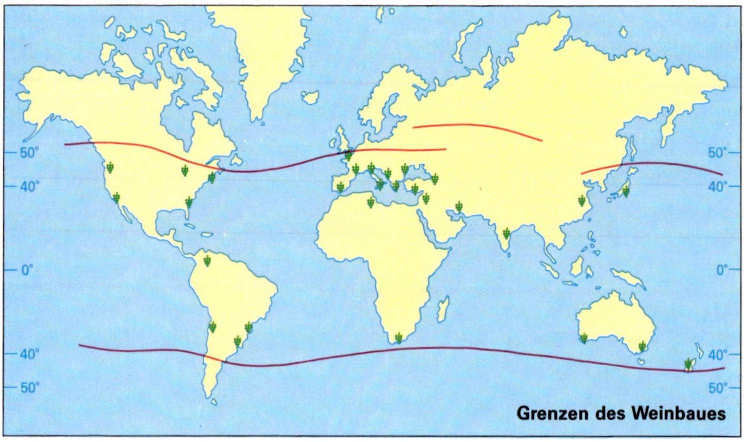

Die Weinbauländer

Mehr als 50 weinbautreibende Länder gibt es auf der Erde, die allesamt in den gemäßigten Klimazonen liegen: zwischen 30 und 50 beziehungsweise 55° nördlicher Breite und zwischen 30 und 45° südlicher Breite. Natürlich kann man auch außerhalb dieser Klimagürtel vereinzelte »Exoten«-Weinberge finden, so zum Beispiel inmitten der australischen Wüste bei Alice Springs oder in gut 1500 Meter Höhe im Krater eines erloschenen Vulkans auf La Réunion mitten im Indischen Ozean, aber deren Weinproduktion läßt sich wohl eher unter dem Oberbegriff »Folklore« einordnen als unter der Rubrik Tafel- und Qualitätsweine. Selbst innerhalb der geeigneten Klimazonen ist der Weinbau nicht überall gleichmäßig verteilt: Europa, der Kontinent mit der jahrtausendealten Tradition, vereint trotz aller Fortschritte der Neuen Welt noch immer den Löwenanteil der Rebflächen und der Produktionsmengen auf sich: von den knapp 9 Millionen Hektar Weinbergen der Welt sind über 6 Millionen auf dem Alten Kontinent angelegt, und die jährliche Weinproduktion stammt zu fast 80 Prozent aus den klassischen europäischen Weinländern.

Feine Gewächse von der nördlichen Weinbaugrenze – Deutschland

Deutschlands Weinbaugebiete gehören zu den nördlichsten der Welt. Ihr mildes Klima mit nicht zu heißen Sommern und selten richtig kalten Wintern begünstigt den Anbau aromareicher, feiner Weißweine. Die Trauben können hier wie sonst fast nirgends Zucker ansammeln, dabei aber ihre jugendliche Säure bewahren und gleichzeitig viele Aromastoffe bilden: Das ist die Grundlage der geheimnisvollen Spannung, die gute deutsche Weißweine zu so außergewöhnlichen Produkten werden läßt.

Hohe Prädikate

Ein zusätzlicher Trumpf deutscher Weine ist ihre Eignung für höhere Prädikatsstufen. Die Anfälligkeit besonders des Rieslings für die Edelfäule Botrytis macht seine Beeren- und Trockenbeerenauslesen zu einer auf der Welt einmaligen Erscheinung. Rotweine dagegen sind in Deutschland, von einigen Anbaugebieten abgesehen, weniger begünstigt. Ihnen fehlt es oft an der nötigen Sonne und Wärme, und selbst die besten unter ihnen können kaum an die Großen des Weltweinbaus heranreichen.

Mosel – Saar – Ruwer

Das Anbaugebiet an Mosel, Saar und Ruwer stellt eine der faszinierendsten vom Menschen geschaffenen Landschaften dar. Vor allem an der mittleren Mosel findet der Besucher steile, dicht bepflanzte und von Mauern gestützte Weinberge, die sich durch die bergige Landschaft ziehen. Schiefer, Buntsandstein, Muschelkalk und mehr tonhaltige Böden bilden die Unterlage, auf der die unverwechselbaren Mosel-Rieslinge wachsen.

Die Moselweine

Von heller, grüngelber Farbe, fruchtig und rassig, elegant oder stahlig im Geschmack, können sie trocken und säurebetont oder auch halbtrocken oder lieblich ausgebaut sein, wenn sie nicht, wie nur in wenigen guten Jahrgängen, gar hohe Auslesequalitäten erreichen.

An der Mosel nimmt der Riesling noch immer über die Hälfte der Rebfläche ein, obwohl er in den letzten Jahren gegenüber dem schlichten Müller-Thurgau an Boden verloren hat. Das Moselgebiet ist sicherlich eines der deutschen Anbaugebiete mit dem höchsten Qualitätspotential, gleichzeitig auch dasjenige, das den Verzicht vieler seiner Winzer auf rigorose Qualitätsproduktion am bittersten erfahren hat. Moselweine waren bei Weinkennern noch nie so schlecht angesehen wie gerade in den letzten zehn bis fünfzehn Jahren. Den schlechten Ruf verdankt das Gebiet den millionenfach verkauften pappsüßen Moseltröpfchen vor allem vom Unterlauf des Flusses.

Die Schieferböden der Lagen der Mittelmosel bringen reiche und fruchtige Rieslinge hervor: Ürziger Würzgarten, Leiwener Laurentiuslay, Erdener Prälat, Brauneberger Juffer und viele andere sind in der ganzen Welt bekannt, und der Bernkasteler Doctor gilt als die teuerste Weinbergslage Deutschlands überhaupt.

Weine von Saar und Ruwer

Ruwer und Saar bieten in guten Jahren und auf guten Lagen das Feinste und Delikateste, was deutsche Weinberge hervorzubringen imstande sind. Zu den Spitzenlagen gehören der Scharzhofberg, die Wiltinger Braune Kupp, der Ockfener Bockstein, der Maximin Grünhäuser Abtsberg, der Ayler Herrenberg und der Wawerner Ritterpfad.

Ahr

Nur unweit nördlich des Zusammenflusses von Mosel und Rhein liegt das Anbaugebiet der Ahr, eines kleinen Flüßchens, dessen knapp 500 Hektar Weinberge ein ähnliches Bild bieten wie die steilen, gemauerten Weinbergsterrassen der Mosel. Im Frühjahr werden die Reben hier mit Öfen, die in regelmäßigen Abständen im Weinberg aufgestellt sind, beheizt, um sie vor dem tödlichen Frost zu schützen. Die Ahr ist eine für Deutschland völlig untypische Weinbauregion, denn hier findet man vorwiegend Rotweinreben. Der Blaue Spätburgunder wird zwar leider in letzter Zeit zunehmend von Portugieser und weißen Sorten verdrängt, bringt aber immer noch die besten Gewächse hervor: feinherbe, samtige, in den besten Fällen auch vollmundige und elegante Weine, die in gewissem Maße alterungs- und reifefähig sind.

Die bestimmten Anbaugebiete in Deutschland

Mittelrhein Dort, wo die Ahr den Rhein erreicht, beginnt der Mittelrhein. Das Gebiet erstreckt sich fast 100 Kilometer rheinaufwärts bis zur Loreley, die den Grenzposten zum Rheingau darstellt. Aus Riesling, Müller-Thurgau und Kerner, die hier auf Schiefer-, Vulkan- und Lößböden wachsen, werden rassige und herzhafte, aber auch säurebetonte Weine gekeltert.

Nahe Nicht viel anders sieht es an der Nahe aus, wo sich eines der noch immer unbekannteren deutschen Anbaugebiete befindet. Das mag daran liegen, daß hier nicht wie an Mosel und Rhein eine einzige Rebe das Bild bestimmt, sondern eine Sortenvielfalt herrscht, die für manchen Verbraucher verwirrend sein muß. Hier hat der Müller-Thurgau schon die Vorherrschaft vor Riesling und Silvaner übernommen. Daß die Weine der Nahe eigentlich ein größeres Interesse verdient hätten, beweisen die Gewächse so hervorragender Lagen wie Kreuznacher Kahlenberg und Brückes, Traisener Bastei, Schloßböckelheimer

Kupfergrube oder Niederhausener Steinberg und Hermannshöhle, die allen eingeweihten Weinfreunden ein wohlbekannter Begriff sind.

Rheingau

Mehr noch als die Mosel ist der Rheingau, das renommierteste deutsche Anbaugebiet, die Riesling-Landschaft schlechthin. Die Weinberge liegen am rechten Rheinufer, wo der Fluß fast genau in Ost-West-Richtung fließt und mit seinem breiten Flußbett ein unschätzbares Wärmereservoir bildet. Dank dieser idealen Lage gedeiht der Riesling hier elegant und rassig, weist aber auch gleichzeitig eine gute Fülle und Frucht auf, so daß in guten Jahren hervorragende Süßweine gekeltert werden können. Die besten Rheingauer Rieslinge sind von einer legendären Alterungsfähigkeit und entwickeln im Laufe der Jahre ein Bukett von großer Konzentration und Feinheit.

Zisterzienser legten hier, wie auch im Burgund, den Grundstein für den Qualitätsweinbau, und nicht umsonst wird der berühmte, vollständig ummauerte 700 Jahre alte »Steinberg« in Hattenheim mit dem burgundischen »Clos Vougeot« verglichen.

Die großen Weingüter

Wie ein Gotha des alten Adels lesen sich noch heute die Namen vieler Weingüter: Prinz von Preußen, Graf Matuschka, Ritter zu Groenesteyn, Fürst Metternich. Auch das Kloster Eberbach mit seinem »Cabinet«-Keller – der Begriff ging 1971 als offizielle Qualitätsbezeichnung »Kabinett« in das deutsche Weingesetz ein – ist ein Stück dieser lebendigen Geschichte. Die ausgezeichneten Lagen der großen Güter wie Hallgartener Würzgarten, Hattenheimer oder Erbacher Marcobrunn, Kiedricher Wasseros und Rauenthaler Baiken, Eltviller Sonnenberg und Rüdesheimer Berg Rottland, Winkeler Hasensprung oder Assmannshäuser Höllenberg – hier kommen ausnahmsweise Rotweine her – sind zahlreich und gehören zu den renommiertesten der Welt.

Schloß Schönborn im Rheingau

Rheinhessen

Rheinhessen liegt nicht, wie man vermuten könnte, im Bundesland Hessen, sondern in Rheinland-Pfalz. Das größte deutsche Anbaugebiet ist die Heimat unzähliger Rebzüchtungen, die im Verlauf dieses Jahrhunderts mit viel Geduld und mehr oder weniger großem Erfolg von seinen Winzern ausgepflanzt wurden. Am bekanntesten ist Rheinhessen aber – leider, muß man sagen – durch einen Wein, der nicht einmal ausschließlich aus dem Gebiet stammt, der aber für einen nach Millionen Flaschen zählenden Export in alle Welt sorgt: die Liebfrauenmilch.

Die Liebfrauenmilch

Ursprünglich war Liebfrauenmilch der Wein eines winzigen Wingerts im Klostergarten des Liebfrauenstifts in Worms – diese Lage trägt heute den Namen Liebfrauenstift-Kirchenstück –, aber schon seit 1910 dürfen sich Weine aus ganz Rheinhessen, seit zwanzig Jahren auch solche von Nahe, Rheingau und Pfalz mit dem bekannten und beliebten Namen schmücken, der aber, das soll hier nicht verschwiegen werden, meist für recht bescheidene, allzu liebliche und charakterlose Getränke herhalten muß.

Der eher traurige Ruf der Liebfrauenmilch soll uns allerdings nicht vergessen lassen, daß in Rheinhessen, und hier vor allem an den Flußufern zwischen Nierstein und Nackenheim, eine Reihe der besten und bekanntesten Rieslinge Deutschlands wachsen.

Hessische Bergstraße

Ganz anders sieht es in der kleinen, aber feinen Hessischen Bergstraße auf der anderen Rheinseite aus. Die blumig-delikaten Rieslinge aus dem nach Baden wärmsten deutschen Klima sind allerdings über die Regionalgrenzen hinaus kaum bekannt. Inmitten der vielen Nebenerwerbswinzer, die ihren »Schoppen« nur für sich und ihre Nachbarn keltern, hat lediglich das Staatsweingut Bergstraße eine gewisse Bedeutung erlangt.

Rheinpfalz

Im Süden schließt sich die Rheinpfalz an Rheinhessen an. Vorwiegend kraftvolle Weißweine werden hier produziert, die oft nicht die schöne Säure der Rheingauer oder Moselaner mitbringen, dafür aber durch Fülle und Substanz überzeugen können. Wenn für fast alle deutschen Anbaugebiete gilt, daß der Riesling, die anspruchsvollste aller weißen Rebsorten, auf dem Rückzug ist, dann ist hier in der Pfalz das Gegenteil wahr. Wunderschöne Beeren- und Trockenbeerenauslesen in guten Weinjahren beweisen das enorme Potential, das in dieser Landschaft verborgen liegt, aber in der Vergangenheit leider nur selten hinter den vielen einfachen Massenweinen hervorschien. Auch die aromatischeren Weißweinsorten wie Gewürztraminer, Morio-Muskat oder der würzige Ruländer finden in dieser warmen Landschaft ein ideales Terrain.

Baden

Noch mehr von diesem vollen, fast schon südländischen Charakter sind die Weine Badens geprägt. Über fast 400 Kilometer erstrecken sich seine Weinberge entlang dem Schwarzwald nach Norden und verzweigen sich im Norden bis nach Tauberfranken und im Süden zum Bodensee hin. So groß die geographische Ausdehnung ist, so unterschiedlich die Böden der Region: vom Moränenschotter am Bodensee über den Löß am Kaiserstuhl, der ein

Drittel des gesamten badischen Weins liefert, Ton, Kalk und Mergel im Markgräflerland, den Muschelkalk des Kraichgaus und das Granitgestein der Ortenau reicht die Palette bis hin zum Porphyr der Badischen Bergstraße, die im Süden an ihre hessische Schwester anschließt.

Baden rühmt sich nicht nur der längsten Sonnenscheindauer in Deutschland, es werden auch die meisten Rebsorten angebaut. Außerdem ist es das zweitgrößte deutsche Rotweingebiet. Bei den weißen Sorten dominiert der Müller-Thurgau, der allein über ein Drittel der Gesamt-Rebfläche einnimmt, vor dem Ruländer, der mit seinen vollen, alkoholreichen Auslesen hier zu seiner wahren Größe aufläuft, und dem Gutedel. Riesling, Silvaner, Weißburgunder – letzterer wird neuerdings immer häufiger in kleinen Eichenholzfäßchen, den »barriques« ausgebaut – und der aromatische Traminer vervollständigen die Liste der weißen Gewächse. Von den roten Sorten findet man hier vor allem Spätburgunder.

Württemberg

Das benachbarte Württemberg ist eine sehr eigenwillige Weinlandschaft. Hier wachsen zu fast 50 Prozent Rotweinsorten: Trollinger vor allem, aber auch Schwarzriesling und Limberger, die zu kräftigen und aromatischen Weinen verarbeitet werden. Die hier ansässigen rund 100 Winzergenossenschaften produzieren fast 90 Prozent des gesamten Weines, der dann fast ausschließlich im »Ländle« selbst getrunken wird.

Franken

Im Taubertal, wo das Anbaugebiet Baden seinen nordöstlichsten Ausläufer hat, beginnen fast übergangslos die Weinberge von Franken. Herb und trocken, stahlig und kernig, so sind die besten Frankenweine in ihrer charakteristischen Bocksbeutelflasche den Weinfreunden bekannt. Die Hänge des Maintals bieten die idealen Böden für den Silvaner, der hier Qualitäten erreicht wie sonst nirgendwo in Deutschland. Leider liefert er aber hier schon dieselben Rückzugsgefechte wie der Riesling in anderen Gebieten, da sein erdig-würziger, spröder Charakter dem Publikumsgeschmack nicht mehr zu entsprechen scheint. Statt dessen sind die Züchtungen auf dem Vormarsch: Müller-Thurgau, Bacchus, Scheurebe, Kerner und Perle. Der berühmteste Wein des Frankenlands kommt aus den einst kirchlichen und heute staatlichen Spitälern der Bischofsstadt Würzburg. Als man vor dreißig Jahren in London eine Flasche der Lage »Stein« des Jahrgangs 1540 öffnete, soll sie Berichten zufolge noch mit Genuß trinkbar gewesen sein.

Elbtal und Saale-Unstrut

Östlicher als Franken liegen in Deutschland nur noch die knapp 700 Hektar Wingerte, um die sich der deutsche Weinbergsbestand mit der Wiedervereinigung vergrößerte. Die Anbaugebiete Elbtal und Saale-Unstrut bringen Weine hervor, die in ihrem Charakter den Frankenweinen ähneln, ohne jedoch bisher deren Qualitäten zu erreichen. Wenn man sich vor Augen hält, daß in diesen Gebieten früher einmal 10000 Hektar Land unter Reben standen, kann man auf eine bessere Zukunft ihrer Weinberge nur hoffen.

Die Weinbau-regionen Frankreichs

Frankreich, das Weinland der Superlative

Frankreich liegt zwar in Bezug auf die Weinbergsfläche weit hinter Spanien und Italien zurück und produziert, abgesehen von Ausnahme-Jahrgängen, auch weniger als letzteres, aber es hat eine von keinem Land der Erde erreichte Anzahl von Spitzenweinen und unterschiedlichen Weintypen vorzuweisen. Champagne, Médoc und Sauternes, Burgund, Rhône oder Loire sind in den letzten zwei- bis dreihundert Jahren in der ganzen Welt zum Inbegriff für Weinqualität schlechthin geworden. Natürlich reichen die Traditionen dieses klassischen Weinlandes noch viel weiter in die Geschichte zurück, wie Sie im Kapitel »Was ist Wein?« gesehen haben.

Vielleicht vor allen anderen – und sicherlich nicht ohne die Hilfe ihres historischen Feindes, der Engländer – haben die Franzosen verstanden, daß Weinmachen nur die eine Seite der Medaille ist, deren andere Wein verkaufen heißt. Oder ist es ein Zufall, daß die teuersten Weine der Welt heute französische Namen tragen, »Romanée Conti«, »Château Pétrus« und »Cheval Blanc« heißen? Das Auf und Ab des Schicksals – und damit auch der Qualität – der französischen Weine ging immer Hand in Hand mit dem Auf und Ab der wirtschaftlichen Entwicklung ihrer Anbaugebiete,

Die teuerste Weine der Welt

und die wiederum hing von ganz anderen Faktoren ab als vom Weinbau und den Leistungen der Winzer.

Kenner des Landes unterteilen die Weinbaugebiete Frankreichs in zwei Zonen: die nördliche und die südliche. In der nördlichen, der die A.O.C. (Appellation d'origine contrôlée)- Gebiete Champagne, Elsaß, der Jura, die Loire, Savoyen, das Burgund und der Nordteil des Rhônetals zuzurechnen sind, herrscht nicht nur ein rauheres Klima, sondern die Weine sind hier mit Ausnahme des Champagners meist jeweils aus einer einzigen Rebsorte gekeltert. Im Süden, im Südwesten und im Bordeaux-Gebiet dagegen entstehen fast alle Weine aus einem Verschnitt verschiedener Sorten. Unsere Betrachtung der wichtigsten Anbaugebiete beginnt in der Champagne, um dann im Uhrzeigersinn über den Osten, den Süden und den Südwesten zur Loire zurückkehren.

…rd und Süd

Die Champagne und der …hampagner

Champagner! Wohl kaum ein anderes Markenprodukt hat jemals in der Geschichte unserer europäischen Kulturen Vorstellungskraft und Phantasie so sehr angeregt wie der noble Schaumwein aus Frankreichs nördlichstem Anbaugebiet, das sich nur knapp 150 Kilometer vor den Toren von Paris um die beiden Zentren Reims und Épernay ausbreitet. Zu Zeiten des berühmten Dom Pérignon, der fälschlich als der Erfinder der Champagner-Methode gilt, wurden die Gewächse des Landstrichs an der Marne allerdings noch als die besten weißen Stillweine des Landes gehandelt – im Idealfall gänzlich ohne Perlen und Schaum. Erst seit Anfang des 19. Jahrhunderts wird der Champagner gezielt einer zweiten, der Flaschengärung, unterworfen, die ihm sein gleichmäßiges, feines »perlage«, seine frische, aber vielschichtige »Nase« mit Aromen von geröstetem Brot, Biskuit oder Haselnuß, seinen milden Schaum, die Kraft und die Harmonie am Gaumen und den langen aromatischen Nachgeschmack verschafft.

Ein Markenprodukt

Der größte Teil der Produktion entsteht aus einem Verschnitt von Weinen mehrerer Jahrgänge und Rebsorten: Sie bilden die »cuvée«, deren Zusammensetzung das Geheimnis jedes Champagnerhauses ist. Die meisten Champagner bestehen zu einem Drittel aus weißen (Chardonnay) und zwei Dritteln aus roten (Pinot noir und meunier) Trauben, die aus verschiedenen Zonen der Region zusammengeholt werden. Unter »blanc de blancs« versteht man Champagner ausschließlich aus Chardonnay, ein »blanc de noirs« besteht aus Pinot noir und/oder Pinot meunier. Rosé-Champagner wird aus einem Verschnitt von weißen und roten Grundweinen hergestellt. Nur wenige Produkte aus den besten Jahren kommen mit der Jahrgangsangabe – als »millésimé« – auf den Markt, und noch seltener sind Champagner, die aus Trauben einer einzigen Weinbergslage gekeltert werden, wie zum Beispiel der berühmte »blanc de blancs« Clos du Mesnil.

Viele bekannte Champagnerhäuser wurden im letzten Jahrhundert von deutschen Auswanderern gegründet, was Namen wie Krug, Mumm, Bollinger oder Deutz noch heute belegen.

Natürlich gibt es in der Champagne nicht nur Champagner: Auch die roten und weißen Coteaux Champenois oder der Rosé des Riceys können charmante und angenehme Begleiter auf einem Ausflug in die Hügel von Reims oder Épernay sein.

Elsaß

Das einzige französische Anbaugebiet, dessen A.O.C-Herkunftsbezeichnungen nach dem deutschen Modell auf Rebsorten – manchmal in Verbindung mit einem Lagennamen – basieren, hat als Opfer der deutsch-französischen Auseinandersetzungen eine bewegte Vergangenheit hinter sich. Erst in den letzten Jahren errangen die Weine des Elsaß wieder das Prestige, das ihnen gebührt: Für die besten Weinberge der Region wurde die Bezeichnung »Alsace Grand Cru«

Gewürztraminertraube, die vor allem im Elsaß aromareiche Weine ergibt

eingeführt, die allerdings nur von Weinen aus den vier noblen Sorten Riesling, Gewürztraminer, Muscat und Tokay Pinot gris geführt werden darf. Die besten der 51 ausgewiesenen Einzellagen mit Namen wie Altenberg, Kastelberg oder Furstentum, Brand und Hengst, Eichberg, Steinert, Zinnkoepfle und Rangen stehen dabei in nichts hinter den prestigereichen Doctor oder Marcobrunn von Mosel und Rhein zurück.

In sonnenreichen Jahren keltern die Winzer zwischen Mulhouse und Strasbourg hochkarätige Auslesen und Beerenauslesen – hier »Vendange tardive« und »Sélection de grains nobles« genannt –, die zu den edelsten Süßweinen der Welt gehören.

Burgund

Das Burgund, die ausgedehnteste und zugleich stark zersplittertste Weinbauregion der »Grande Nation«, ist Heimat zweier der prestigereichsten Rebsorten des Weltweinbaus: des Pinot noir und des Chardonnay. Sie ist aber auch das Anbaugebiet, in dem in den vergangenen fünfhundert Jahren das Konzept der Einzellagen mit ihrem individuellen Weincharakter und ihrer hierarchischen Klassifizierung, die Idee des »cru«, wie man hier sagt, zu einer einmaligen Perfektion entwickelt wurde. Nur knapp 50 Kilometer lang und nie mehr als 20 Kilometer breit, zieht sich das Herzstück der Region, die Côte d'Or, mit ihren beiden Hälften, der Côte de Nuits und der Côte de Beaune, an den Hängen des Saône-Tals entlang von Dijon in Richtung Lyon. Daneben gibt es noch 4 weitere Anbauzonen von Bedeutung: die Gegend zwischen Auxerre und Tonnerre, knapp 160 Kilometer südöstlich von Paris, mit Zentrum Chablis, sowie die Côte Chalonnaise, das Mâconnais und das Beaujolais, die alle südlich der Côte d'Or liegen.

Die heilige Vielfalt des Burgund mit seinen fast 120 verschiedenen

Herkunftsbezeichnungen kommt nicht von ungefähr: Schon im 15. Jahrhundert begannen die Klöster, die hier die größten Weinbergsbesitzer waren, die Unterschiede zwischen den Lagen systematisch zu untersuchen und in einer Klassifizierung zu ordnen: die exklusiven »Grands Crus« wie La Tâche, Richebourg, Le Montrachet oder Le Chambertin, die oft hervorragenden »Premiers Crus«, die Gemeinde-Appellationen, die »Villages« und »Villages-Supérieur«-Wingerte bis hin zu den einfachen »Côtes-de-Nuits«, »Côtes-de-Beaune« oder »Hautes-Côtes« und den meist in der Ebene gelegenen schlichten »Bourgogne«-Anbauflächen.

Die Klassifizierung

Chablis

Chablis, im Norden des Burgund, brachte einst einen der berühmtesten Weine der Welt hervor. Dann gab es eine lange Krise, während der viele Produzenten nur minderwertige Ware anboten, so daß die Preise verfielen und große Weinbergsflächen aufgegeben werden mußten. Vor einigen Jahren schlug das Pendel wieder in die positive Richtung aus: Die »Grand-Cru«-Weine mit den Namen Blanchots, Bougros, Les Clos, Grenouilles, Les Preuses, Valmur und Vaudésir, aber auch viele der »Premiers Crus« und sogar einige einfache »Chablis« haben ihre Frische und Fruchtigkeit bei gleichzeitiger schöner Konzentration des Geschmacks wiedererlangt, egal ob sie in »barriques« oder lediglich im Stahltank ausgebaut werden. Vom erneuten Aufschwung des Chablis profitierten auch die Nachbargebiete: Chitry, Irancy, Saint-Bris und Tonnerre bringen fruchtige Chardonnay- und Pinot-noir-Weine hervor, und auch der Crémant de Bourgogne, ein feinperlender Schaumwein, der in dieser Gegend nach der Champagner-Methode produziert wird, erfreut sich zunehmender Beliebtheit.

Côte d'Or

Die vielen Weinbauorte der Côte d'Or und ihre jeweiligen Eigenarten auch nur ansatzweise zu schildern, würde ein eigenes Kapitel füllen. Deshalb will ich hier nur das Wichtigste in groben Zügen darstellen. Im nördlichen Teil der Anbauzone, der Côte de Nuits, gibt es die besten Rotweine, Burgunder von festem, konzentriertem, aber dennoch elegantem Charakter, die oft einige Jahre benötigen, bis sie sich zur vollen Reife entwickelt haben. Hier liegen Gemeinden wie Gevrey-Chambertin, Morey-Saint-Denis, Chambolle-Musigny, Vosne-Romanée und Nuits-Saint-Georges, deren Namen dem Weinfreund wie Musik im Ohr klingen. Nur Aloxe-Corton und seine Nachbargemeinde Pernand-Vergelesses bringen auch einen hervorragenden Weißen hervor: den Grand Cru Charlemagne. Weiter südlich, an den Hängen um Beaune, dem Weinhandelszentrum der Region, und weiter bis fast nach Chalon findet man weichere, gefälligere, aber immer noch sehr feine Rotweine neben den vielleicht besten und berühmtesten Weißweinen der Welt, die aus der Chardonnay-Traube gekeltert werden: Es sind die »crus« von Meursault und den Nachbardörfern Puligny- und Chassagne-Montrachet.

Côte de Nuits

Côte de Beaune

Côte Chalonnaise

Hinter Santenay geht die Côte d'Or in die Côte Chalonnaise über, in der gute Rot- und Weißweine zu finden sind, die besten von ihnen in Rully, Mercurey und Givry

– der Clos Salomon kann hervorragend duftig sein –, während Montagny und Buxy nur Weißweine keltern. Erwähnenswert sind hier die guten Bourgogne-Aligoté-Weine – besonders die von Bouzeron – und der auch hier produzierte Crémant de Bourgogne.

Mâconnais

Ein anderes Bild bieten die Hänge über Mâcon, das Mâconnais, von denen wunderschöne Weißweine mit Weltruhm stammen: allen voran der Pouilly-Fuissé – nicht zu verwechseln mit dem Loire-Sauvignon Pouilly fumé – und seine Nachbarn Pouilly-Loché, Pouilly-Vinzelles und Saint-Véran.

Seinen Abschluß findet das Burgund in einer Hügellandschaft, die seit zehn, fünfzehn Jahren in aller Munde ist: im Beaujolais.

Beaujolais

Allen Freunden des Beaujolais Primeur sei ins Stammbuch geschrieben, daß es unter dem bei Weinkennern ein wenig in Verruf geratenen Namen auch hervorragende Gewächse gibt, die beileibe nicht gleich am letzten November-Sonntag des Erntejahres ausgetrunken sein müssen. Es sind die Weine aus 10 Gemeinden im Norden des Anbaugebiets, jene 10 »Crus« mit den Namen Moulin-à-Vent, Saint-Amour, Chénas, Juliénas, Fleurie, Morgon, Brouilly, Côte-de Brouilly, Régnié und Chiroubles, die in punkto Feinheit, Vielschichtigkeit und Alterungsfähigkeit so manchem Roten von der Côte d'Or Paroli bieten können.

Jura und Savoyen

Unsere Rundreise führt über den Jura, das Bugey und Savoyen am Fuße der Alpen hin zum Rhônetal. Auf dieser Strecke gibt es eigentlich nur einen besonderen Wein:

Die berühmtesten Lagen der Côte d'Or und ihre Gemeinden von Nord nach Süd:

Fixin: Les Hervelets, Clos-du-Chapitre
Gevrey-Chambertin: Le-Chambertin, Chambertin-Clos-de-Bèze, Latricières-Chambertin, Mazis-Chambertin, Mazoyères-Chambertin, Charmes-Chambertin, Chapelle-Chambertin, Griotte-Chambertin, Ruchottes-Chambertin, Combottes, Cazetiers, Lavaut, Clos Saint-Jacques, Les Véroilles
Morey-Saint-Denis: Clos de Tart, Bonnes-Mares, Clos de la Roche, Clos Saint-Denis, Clos des Lambrays
Chambolle-Musigny: Musigny
Vougeot: Clos de Vougeot
Vosne-Romanée und Flagey-Échézeaux: Romanée-Conti, La Romanée, Richebourg, La Tâche, Romanée Saint-Vivant, Échézeaux, Grands-Échézeaux
Aloxe-Corton und Pernand-Vergelesses: Le Corton, Corton-Charlemagne
Pommard: Les Rugiens, Les Épenots, Clos de la Commaraine
Puligny-Montrachet und Chassagne-Montrachet: Le Montrachet, Chevalier-Montrachet, Bâtard-Montrachet, Bienvenue-Bâtard-Montrachet, Criots-Bâtard-Montrachet
Santenay: Les Gravières

den »Vin jaune«, jenes dem Sherry Fino ähnliche »Überlebenswunder«, von dem bereits die Rede war. Die besten Exemplare dieser Weinart kommen mit dem A.O.C.-Etikett Château Chalon auf den Markt, aber auch die Weine mit den Herkunftsbezeichnungen Arbois oder Arbois Pupillin sind nicht zu verachten. Die anderen roten und weißen Produkte sind meist nur von lokalem Interesse und kommen besonders in Savoyen dem Charakter ihrer Schweizer Nachbarn nahe.

Côtes du Rhône

Wirklich spannend wird es für den Weinkenner erst wieder an der Rhône. Generell haftet den Weinen des Rhônetals der Ruf einfacher, südlicher Alltagsweine an, aber daß das nicht immer der Wirklichkeit entspricht, beweisen schon die ersten, kleinen Anbaugebiete auf unserem Weg. Nur wenig südlich von Lyon befinden sich 3 kleine, aber dafür äußerst interessante A.O.C.-Weinberge: die Côte Rôtie, deren Syrah-Weine auf Seite 53 beschrieben wurden, Condrieu mit seinen frischen und dennoch vollmundigen, reichen Viognier-Weinen und schließlich ein »Anbaugebiet« – wenn man es denn so nennen will –, das nur ein einziges Weingut umfaßt und gerade knapp 3 Hektar groß ist: Château-Grillet. Seine raren, vollgelben und kräftigen, dennoch blumigen und subtilen Viognier-Weine erfreuen sich solcher Beliebtheit, daß man sie im Handel kaum findet, denn sie sind meist schon vor der Ernte ausverkauft.

Hermitage, ein Name, der Weingeschichte gemacht hat und in vielen Ländern der Neuen Welt imitiert worden ist, bezeichnet einen kleinen Hügel nur wenig weiter rhôneabwärts. Auf seinem Granitboden wachsen Rotweine, die in den besten Parzellen an die Qualität der Côte Rôtie heranreichen: von tiefer Farbe, mit Aromen von Gewürzen, Johannisbeeren, Zimt und Leder und fruchtig, aber auch tanninbetont im Geschmack. Um Hermitage her-

Der Weinberg von Hermitage an der Rhône

Die südlichen Côtes du Rhône

um liegen die Weingärten des schlichteren Crozes-Hermitage und auf dem gegenüberliegenden Rhôneufer die Anbaugebiete von Saint-Joseph und Cornas, deren Syrah-Rote ebenfalls imponierend sein können.

Bei Valence ändert sich die Weinlandschaft grundlegend. Statt der kleinen Spitzenweinlagen befinden sich hier die ausgedehnten Rebflächen des normalen »Côtes-du-Rhône«, der als Verschnitt vieler verschiedener Rebsorten, darunter vor allem Grenache und Carignan, gekeltert wird. Die besseren Qualitäten tragen den Zusatz »Villages« und ihren Gemeindenamen, aber wirkliche Spitzenweine kommen nur aus ein paar kleinen, gesondert ausgewiesenen A.O.C.-Zonen knapp nördlich des Rhône-Deltas: So der Châteauneuf-du-Pape, ein dichter, alkoholreicher Wein, der manchmal überragende Qualitäten zeigen kann, ferner der ihm sehr ähnliche Gigondas, der Tavel, ein Rosé, und die Süßweine »Beaumes-de-Venise« und »Rasteau«, von denen der erste aus weißem Muskateller, der zweite dagegen aus roten Trauben gekeltert wird.

Die Provence

Der Süden Frankreichs, aus dem über ein Drittel der jährlichen Weinproduktion stammt, war lange nur als Heimat billigster Massenweine bekannt. Allenfalls die Provence mit ihren feinen Rot- und Roséweinen – man denke an Bandol, Bellet oder Cassis – und Korsika mit seinem roten Patrimonio aus der einheimischen Nielluccio-Traube setzten sich von diesem Negativ-Image etwas ab.

Languedoc und Roussillon

In den letzten zehn Jahren jedoch haben die Regionen Languedoc und Roussillon die vielleicht bedeutsamste Entwicklung des französischen Weinbaus überhaupt erlebt. Ein Name, der für viele andere steht, ist der des Weinguts Mas-de-Daumas-Gaussac mit seinen bordeauxähnlichen Roten und dem feinen Weißen aus Chardonnay und Viognier, die in der Weinwelt für erhebliches Aufsehen sorgten.

Fitou, Saint-Chinian, Faugères und die Süßweine Muscat de Frontignan und Muscat de Lunel sind heutzutage die überzeugendsten Produkte in den Départements Gard und Hérault. Collioure und der schwere, rote Dessertwein aus Banyuls an der spanischen Grenze sind die besten Namen im Roussillon, aber selbst unter den Vins de pays sind inzwischen vielerorts gute Weine zu finden.

Der Südwesten

Auch im Südwesten tut sich einiges. Die Weinbaugebiete rund um die Heimat des Armagnac, von denen einige weit vor den großen Châteaux von Bordeaux Weltruf genossen, gewinnen wieder an Bedeutung, wobei ihnen ein im Vergleich zu den berühmten Nachbarn vorteilhaftes Preis-Leistungs-Verhältnis zugute kommt. Noch dazu gibt man den roten Gaillac, Cahors, Bergerac, Pécharmant, Côtes-de-Buzet, Côte-de-Duras und Madiran immer mehr Feinheit im Stil der Bordeaux-Weine. Auch die angenehm frischen Weißweine von den Pyreneenhängen, der Jurançon und der Pacherenc-du-Vic-Bilh sind inzwischen einer größeren Öffentlichkeit bekannt geworden.

Bordeaux und das Bordelais

Das Anbaugebiet um Bordeaux, das Bordelais, besteht aus mehreren recht unterschiedlichen Zonen, deren gemeinsames Zentrum jedoch schon immer der Hafen- und Finanzstützpunkt Bordeaux war. Sein wirtschaftliches

Der Handel mit England

Glück verdankt der Weinbau dieser Gegend den Engländern, die schon zu Zeiten der alten Römer hier ihren »Falerner« einkauften, bevor sie dann dem vor Ort gekelterten »Claret« den Vorzug gaben. Aus dem Namen, der eher auf einen hellen, leichten Wein hindeutet, kann man schließen, wie weit man damals von den heutigen Spitzenprodukten entfernt war. Der Wein kam außerdem zumeist gar nicht direkt aus dem Bordeaux-Gebiet, sondern war »mountain wine«, Bergwein, der mit Booten die Dordogne und die Garonne heruntergebracht wurde. Erst die Holländer legten im 17. Jahrhundert die Sümpfe des Médoc trocken und bepflanzten Weinberge mit geordneten Rebzeilen. Edelsüße Weine von der Art des Sauternes gab es sogar erst ab Mitte des 18. Jahrhunderts, da man vorher das Wunder der Edelfäule, der Botrytis cinerea, noch nicht entdeckt hatte.

Klima und Böden

Die Bedingungen für den Anbau von Reben sind hier nahezu ideal. Die Meeresnähe sorgt für ein gleichmäßiges, nicht zu heißes und nicht zu kaltes Klima, die Böden sind karg, sehr tief, reich an Mineralien und – dank der Arbeit der Holländer – gut entwässert. Die Arbeit der Engländer, bekannt als »travail à l'anglaise«, wirkte sich dagegen lange Zeit weniger rühmlich aus. Unter diesem Begriff verstand man nämlich die noch bis in die Mitte des 19. Jahrhunderts übliche Panscherei, das heißt, man setzte den einheimischen Produkten ausländischen Wein, Most, Branntwein oder gar Holundersaft zu.

Rechts und links der großen Flüsse

Die besten Weine des Bordelais kommen, geographisch gesehen, von seinen »Flanken«, das heißt, aus den Gebieten rechts der Dordogne (rive droite) und links der Garonne beziehungsweise des Zusammenflusses der beiden, der Gironde (rive gauche). In der Mitte liegt das Gebiet von »Entre-deux-Mers« mit seinen trockenen, recht säurebetonten Weißen, ein paar guten roten Bordeaux Supérieurs und Premières Côtes de Bordeaux sowie den sauternesähnlichen Weinen von Cadillac, Loupiac und Sainte-Croix-du-Mont. Links der Garonne befindet sich das Médoc- und in Bordeaux selbst und südlich davon das Graves-Gebiet, zu dem auch Sauternes gehört. Hier ist das Reich des Cabernet Sauvignon, der in vielen Rotweinen des Gebiets mit dem höchsten Anteil vertreten ist (alle Bordeaux-Weine sind Rebsorten-Verschnitte) und in den Gemeinden Margaux, Pauillac, Saint-Estèphe und Pessac vollendete Meisterwerke hervorbringt.

Die Süßweine

Bei den Süßweinen von Sauternes und Barsac heißt es, genau hinschauen: Nicht alle Weingutsbesitzer leisten sich hier den Luxus eines Château d'Yquem, in dessen Weinbergen bis zu zehnmal in jedem Jahr die Rebzeilen auf edelfaule Beeren abgesucht werden, die allein für das Keltern überragender Produkte verwendet werden dürfen. Im Unterschied zu den deutschen Trockenbeerenauslesen haben diese Weine einen recht hohen Alkoholgehalt und sind deutlich vom Ausbau in neuen Holzfäßchen geprägt.

Weinlandschaft im Gebiet von Saint-Émilion

Pomerol und Saint-Émilion

Rechts der Garonne, in der Gegend von Saint-Émilion und Libourne, liegen die Anbaugebiete Pomerol und Saint-Émilion mit ihren »Satelliten«. Château Pétrus, der teuerste Wein der Welt, regiert hier, doch seine »Untertanen«, Ausone, Cheval Blanc, Trotanoy, Figeac und wie sie alle heißen, brauchen sich beileibe nicht zu verstecken. Von gleicher Qualität und Alterungsfähigkeit wie die Weine des Médoc, sind sie doch meist in der Jugend zugänglicher und nicht so tanninbetont oder hart wie ihre berühmten Vettern.

Die Klassifizierungen

Ein Wort noch zu den weithin bekannten Klassifizierungen der Bordeaux-Weine: Es gibt die offiziellen, die von Zone zu Zone verschieden aussehen und beispielsweise im Médoc zwischen 5 Stufen von »Grands Crus Classés« sowie »Crus Bourgeois« unterscheiden, und es gibt eine ganze Reihe von inoffiziellen, da sich heute fast jeder Weinhändler und Weinschriftsteller zu einer solchen Aufstellung berufen fühlt. Vorsicht ist bei diesen Bewertungen immer angebracht: Sie dienen dem Handel oft zu übertriebenen Preisgestaltungen, die mit der tatsächlichen Qualitätsdifferenz zwischen den Weinen der einzelnen Klassen nicht mehr zu begründen sind.

Über das Produktionsgebiet des Cognac, das im Norden an das Bordelais anschließt, gelangen wir in das Tal der Loire, in eine der bei uns unbekannteren französischen Weinlandschaften, die aber eine lange Weinbautradition besitzt.

Das Loiretal

Von der Mündung des Stroms bei Saint-Nazaire, wo aus dem Gros Plant ein recht einfacher Weißwein produziert wird, geht es flußaufwärts zum Anbaugebiet des Muscadet, eines frischen Weißweins aus der Melon-Rebe. Er kommt oft als Hefeabzug, »sur lie«, leicht perlend auf den Markt. Unter dem Namen Anjou und Saumur werden aus der Chenin-Traube trockene und süße Weißweine und aus der Gamay fruchtige Rote gekeltert. Die bemerkenswertesten Produkte aus dieser Gegend sind jedoch die trockenen, weißen Savennières, besonders wenn sie den Zusatz Coulée-de-Serrant oder Roche-aux-Moines tragen.

Aus der Gegend um Tours kommen einige der bekanntesten Loire-Weine, darunter der Vouvray und der Montlouis, trockene oder liebliche Weiße, und die Cabernet-franc-Gewächse Bourgueil und Chinon. Danach wachsen die Reben spärlicher. In Orléans und Gien, von wo aus einst berühmte Produkte an den Hof nach Paris geschickt wurden, findet man heute nur noch vereinzelte Weinberge.

Erst am Oberlauf der Loire wandelt sich das Bild wieder: Sancerre und Pouilly-sur-Loire produzieren einen der besten Weine aus der Sauvignon-blanc-Traube, der mit seinen erdigen, feuersteinähnlichen Aromen und der würzigen Frische Weltruf genießt.

Italien, das klassische Weinland, im Aufwärtstrend

Oïnotria, Weinland, nannten die alten Griechen das südliche Italien, und dieser Name galt zu Zeiten der Herrschaft Roms in seiner latinisierten Form »Enotria« für die gesamte Apenninen-Halbinsel. Das sonnige Klima, die Vielfalt der Böden und die lange Weinbautradition, die auf ihrem Wege aus dem Mittleren Osten nach Europa hier einen ihrer ersten Brückenköpfe etablierte, bieten ideale Voraussetzungen für eine der bedeutendsten Weinkulturen der Welt.

Ein Weinland der Rekorde

Italien hält, zusammen mit Frankreich, fast alle denkbaren Weinrekorde, ausgenommen den der Rebfläche – da liegt Spanien uneinholbar an der Spitze. Was die jährlich produzierte Weinmenge, den Pro-Kopf-Verbrauch und die Flut unterschiedlicher Weinarten betrifft, liegen die beiden Spitzenreiter des Weltweinbaus etwa gleich. Dabei hat vor allem der Weinkonsum Italiens in den letzten beiden Jahrzehnten eine Wandlung erfahren, die in ihren Auswirkungen noch gar nicht so recht zu ermessen ist. Während Wein einst vor allem für die arme Landbevölkerung ein einfaches und billiges Nahrungsmittel war, von dem man reichlich Gebrauch machte – der Pro-Kopf-Verbrauch betrug 1970 noch 110 Liter –, wird er heute mehr und mehr als Genußmittel betrachtet und entsprechend bewußter und sparsamer getrunken.

Parallel dazu verlief die Entwicklung des Weinbaus und der Kellertechnik, die es jetzt erlaubt,

Die Weinregionen Italiens

das gewaltige Potential der Weinberge auch wirklich für die Produktion großer Qualitätsweine auszunutzen. Manch einer versuchte allerdings auch, den langen, steinigen Weg zum Weinparadies etwas abzukürzen: Statt die einheimischen Rebsorten durch entsprechende Klonenselektion und ein akurates Studium der Anbaumethoden zu verbessern, glaubten viele, den Erfolg der Neuen Welt auf dem einfachsten und schnellsten Wege imitieren zu können, indem sie die renommiertesten Rebsorten, Cabernet und Chardonnay an der Spitze, auspflanzten.

Piemont

Eine der wenigen Regionen Italiens, die an eine gewisse Qualitätstradition anknüpfen können, ist das Piemont im Nordwesten des Landes, und hier insbesondere die Provinzen Asti, Alessandria und Cuneo. Schon vor fast 150 Jahren hatte man hier die Eignung der Nebbiolo-Traube zur Herstellung von trockenen, alterungsfähigen Rotweinen erkannt. Barolo und Barbaresco, die beiden Spitzen-Nebbiolos aus dem Gebiet der Langa (oder Langhe) um das Städtchen Alba gehören heute zu den wenigen absoluten internationalen Spitzenweinen, was sich auch immer häufiger im Preis niederschlägt.

Spitzenweine aus der Nebbiolo-traube

Gewonnen hat das Prestige dieser Weine noch durch die Idee bedeutender Weinbaubetriebe wie Prunotto, Ratti, Fontanafredda und Gaja, die Trauben geeigneter Lagen gesondert zu keltern und diese Einzellagenweine auch als solche abzufüllen. Heute bieten fast alle seriösen Produzenten solche Lagengewächse an, die mehr und mehr an die Stelle der einstigen Riserva-Qualitäten treten.

Natürlich gibt es auch in anderen Teilen des Piemont sehr gute Nebbiolo-Weine, zum Beispiel aus der Gegend von Alba, die nicht zur Produktion von Barolo und Barbaresco zugelassen sind und deren Produkt – immer häufiger in »barriques« ausgebaut – als Nebbiolo d'Alba große Anerkennung findet. Auch die Winzer der Städtchen Gattinara, Ghemme, Sizzano oder Fara im Norden der Region erzeugen manchmal großartige Nebbiolo-Weine, die leider viel zu wenig bekannt sind und sich nur schwer durchsetzen.

Barbera-weine

Der eigentliche Herrscher des Piemont aber ist nicht der Nebbiolo, sondern der – oder die – Barbera von Alba und Asti, die auf rund der Hälfte der gesamten piemontesischen Weinbergsfläche angebaut wird. Bis vor kurzem noch als Sorte für Alltagsweine verschrien, hat die Barbera in den letzten Jahren zu einer spektakulären Karriere angesetzt. Durch Verbesserung der Kellertechnik und den Ausbau in »barriques« ist man der oft zu säurebetonten Art der Weine Herr geworden, und so mancher Beobachter der Weinszene sieht in ihr schon die kommende zweite Spitzenweinsorte des Piemont.

Andere Rebsorten des Piemont

Auch die anderen roten Sorten wie Dolcetto, Grignolino, Freisa und der perlende Bracchetto haben allesamt vom qualitativen Aufschwung der letzten Jahre profitiert. Bei den Weißweinen hingegen scheinen der Entwicklung trotz aller Investitionen in die Kellertechnik Grenzen gesetzt: Abgesehen von einigen wenigen Gavi, Arneis oder Chardonnay-Weinen kommt aus dem Piemont noch nichts Nennenswertes, worüber auch die hohen Preise, die vor allem der Arneis ein paar Jahre lang erzielen konnte, nicht hinwegtäuschen dürfen.

Lombardei

Das restliche Norditalien wird, abgesehen vom Aostatal, wo die Winzer den steilen, terrassierten Hängen einige sehr feine Gewächse in äußerst begrenzten Mengen abringen können, eigentlich erst wieder östlich von Mailand wirklich interessant. Hier liegt das Gebiet von Franciacorta, wo man sich auf Spumante nach der Champagnermethode spezialisiert hat, aber auch einige innovative Winzer sehr feine Weiß- und Rotweine aus französischen Rebsorten erzeugen. Die anderen lombardischen Anbaugebiete, wie das Oltrepò Pavese, sind leider noch immer Massenweinproduzenten und Mostlieferanten für andere und haben sich noch keinen eigenen Namen machen können. Dasselbe gilt auch für die Emilia-Romagna, die produktivste norditalienische Region.

Venetien

Anders sieht es im nördlich anschließenden Venetien aus, wo der Weinfreund einige der besten Weine Italiens findet: zum Beispiel den Amarone, einen alkoholstarken, trockenen Rotwein aus teilgetrockneten Trauben. Auch aus dem früher immer etwas schwächlichen Valpolicella wurde ein gehaltvoller Rotwein, dank der alten Bereitungsmethode des »ripasso«, nach der man den Wein auf den ausgepreßten Trestern des Amarone noch einmal vergären läßt. Im Soave-Classico-Gebiet bauen einige Winzer ihre besten Lagen getrennt aus, und auch erste Versuche mit dem Einsatz der »barrique« – vor allem für den süßen Recioto di Soave – scheinen vielversprechend. Erfolg hatte auch der kleine Ort Breganze bei Vicenza, aus dem auf Initiative eines dynamischen Winzers heute einige der besten Weiß-, Rot- und Dessertweine Italiens aus französischen Rebsorten und im französischen Stil stammen.

Südtirol, Trentino und Friaul

Die autonome Region Südtirol-Trentino und Friaul überzeugen vor allem durch ihre Weißweine, bringen aber auch aus den einheimischen Sorten Lagrein (Südtirol), Teroldego (Trentino) und Refosco (Friaul) durchaus interessante, leider zu wenig bekannte Rotweine hervor. Der rote Kalterersee und mit ihm die Vernatsch-(Trollinger)-Traube, die jahrzehntelang als billige Supermarktware den guten Ruf Südtirols schädigten, sind mengenmäßig auf dem Rückzug, und man findet sogar in letzter Zeit bei einigen Winzergenossenschaften der Region sehr gute Vertreter dieses einstigen Massenweins. Außerdem werden hier und im Friaul vor allem aus Weißburgunder, Chardonnay, Tocai, Sauvignon blanc und Traminer hervorragende Weißweine gekeltert. Die Süßweine des Friaul aus Picolit- und Verduzzo-Trauben dagegen sind lange Zeit als Modeprodukte stark überbewertet worden, und man konnte zum Schluß nicht einmal mehr sicher sein, ob sie wirklich reinsortig hergestellt waren.

Toskana

Die alte Traditionslandschaft Toskana mit den Zentren Florenz, Pisa und Siena ist die bekannteste Weinlandschaft Italiens. Auch hier litt lange Zeit das Renommee unter Fluten billigster und banalster Chianti-Weine, die in der traditionellen Korbflasche, dem »fiasco«, verkauft wurden. Die Wiedergeburt der großen toskanischen Weine in den letzten beiden Jahrzehnten war im wesentlichen vier Faktoren zu verdanken: der Weitsicht und Initiative einiger großer toskanischer Weinhandelshäuser, der schrittweisen Eliminierung des Anteils weißer Trauben aus dem Paradewein Chianti Classico, der Ein-

Chianti im Aufwärtstre

Weingut im Anbaugebiet des Chianti

Tafelweine der Luxusklasse

führung »internationaler« Sorten und schließlich der »Erfindung« von ausgesprochen individualistischen Spitzenweinen außerhalb des engen Korsetts der D.O.C.-Bestimmungen, dic aus Sangiovese oder den französischen Sorten Cabernet und Merlot gekeltert und in »barriques« ausgebaut werden.

Vor allem die Vertreter dieser letzten Kategorie, die »Vini da tavola« der Luxusklasse wie Sassicaia, Solaia, Tignanello oder Cepparello gehören heute zur kleinen Elite der internationalen Weinstars. Auch außerhalb des Chiantigebietes gibt es in der Toskana echte Weinklassiker. Dazu gehören Brunello di Montalcino und Vino Nobile di Montepulciano, aber auch die erst jüngst bekannter gewordenen Morellino di Scansano aus der südlichen Toskana und der Sangiovese-Cabernet-Verschnitt Carmignano aus den Hügeln bei Pistoia erweisen sich – eine sorgfältige Weinbereitung vorausgesetzt – als die önologischen Kostbarkeiten, die sie für eingeweihte Kenner schon lange gewesen waren.

Galestro

Die Erfindung des Markenweins Galestro durch ein privates Konsortium löste das Problem der großen Mengen weißer Trauben, die durch den Stilwandel des Chianti keine Verwendung mehr fanden. Der frische, spritzige und recht alkoholarme Wein hatte in den achtziger Jahren einen unerwarteten Erfolg. Und schließlich profitierte auch der altehrwürdige Vin Santo, eine Art Strohwein aus teilgetrockneten Trauben, von der Innovationsfreudigkeit der Kellermeister und Önologen. Während diese bernsteinfarbenen Süßweine früher oft oxidiert und unharmonisch waren, können einige von ihnen heute im Chor der weltbesten Dessertweine ihren Part würdig vertreten.

Ausgedehnte Rebpflanzungen auf Sizilien

Je mehr der Italienreisende in Richtung Süden vordringt, desto seltener werden die wirklich bemerkenswerten Weine. Zwar bringen die Regionen Apulien und

Sizilien Jahr für Jahr ungeheure Weinmengen hervor, die früher zum größten Teil als Verschnittweine nach Frankreich wanderten, später dann der Destillation zugeführt wurden, aber wirklich Hochklassiges ist meist nur der Initative einzelner, isolierter Weinbauern zu verdanken.

Die Marken

In den Marken findet man noch angenehm zu trinkende Weißweine aus der Verdicchio-Traube, und auch die beiden wichtigsten Rotweine, der Rosso Piceno und der Rosso Cònero können angenehme Begleiter zum Essen sein.

Umbrien

Schon in Umbrien reduziert sich der Qualitätsweinbau auf wenige Betriebe. Der bekannteste hat im kleinen Anbaugebiet des roten Torgiano eine Quasi-Monopolstellung inne, während in Orvieto drei oder vier qualitätsbewußte Weingüter und eine gute Großkellerei ihre Weißweine in die ganze Welt exportieren.

Abruzzen und Latium

Ein wenig anders sieht es in den Abruzzen aus. Die Montepulciano-Rebe – nicht zu verwechseln mit den Sangiovese-Weinen aus der toskanischen Stadt Montepulciano – eignet sich vorzüglich zum Keltern weicher, runder und recht alkoholreicher Weine, die selbst in den großen Genossenschaftskellereien manchmal vorzüglich geraten. Auch im benachbarten Latium, das vor allem durch seinen Frascati bekannt ist, machen neben den Riesenmengen unbekannter und unscheinbarer Produkte ein paar Gewächse von sich reden.

Kampanien und Basilikata

Die beste Rotweintraube der südlichsten Regionen des Stiefels ist der Aglianico, der in Teilen Kampaniens unter dem Namen Solopaca oder Taurasi, in der Basilikata dagegen als Aglianico del Vulture zu mächtigen und dennoch eleganten und vielschichtigen Rotweinen verarbeitet wird. Greco und Fiano heißen die besten weißen Sorten, sieht man einmal vom exzellenten Biancolella auf der Insel Ischia ab.

Apulien

Apulien dagegen wird von der Negroamaro-Traube und der Uva di Troia beherrscht, die den köstlichen Castel del Monte, aber auch Einzelweine wie den alkoholreichen Taurino, einen im Amarone-Stil gekelterten Tropfen hervorbringen. Auch ein sehr angenehmer und frischer Roséwein, der Rosa del Golfo, stammt aus diesen Breitengraden.

Kalabrien

Kalabrien ist die sicherlich desolateste Weinbauregion Italiens. Außer einigen trinkbaren Cirò-Weinen gäbe es fast nichts Berichtenswertes, wären da nicht die manchmal sehr feinen Süßweine aus der Greco-Traube aus Bianco an der Stiefelspitze.

Sizilien

Ganz anders dagegen Sizilien: Die produktivste aller italienischen Regionen unternimmt zur Zeit gewaltige Anstrengungen, um den Qualitätsstandard ihrer Weine zu steigern. Selbst in Marsala, der Heimat jenes Weines, der einst bei den Engländern als billige Alternative zu Sherry und Port galt, produziert man wieder gute Dessertweine, die nichts mit den aromatisierten oder sogar mit Eigelb versetzten »Koch«weinen früherer Jahrzehnte gemeinsam haben. Nachdem die berühmten Muskatweine von Lípari und Pantelleria Weltruf erlangten, haben einige große Kellereien in den letzten Jahren auch trockene, weiße und rote Spitzenweine auf den Markt gebracht.

Sardinien

Dasselbe gilt für Sardinien, wo einige private und genossenschaftliche Großkellereien wieder sehr gute rote Cannonau- und weiße Vermentino-Gewächse anbieten.

Spanien – große Flächen, niedrige Erträge

Spanien hat zwar mit weitem Abstand die größte Weinbergsfläche der Welt, jedoch mit nur 2000 Litern Wein pro Hektar die niedrigsten Durchschnittserträge. Das liegt daran, daß viele Weinberge noch mit sehr alten Reben bepflanzt sind und ohne wirtschaftliches Konzept angelegt wurden. Aus diesem Grund ist hier der geringe Ertrag nicht immer gleichbedeutend mit hoher Qualität.

Die wichtigsten Anbaugebiete

Die wichtigsten Anbaugebiete des Landes sind Penedés und Aragon im Nordosten, Rioja und Navarra in der Nachbarschaft des Baskenlandes, Kastilien und La Mancha im Zentrum, Galicien, das Hinterland von Valencia sowie schließlich der Süden mit Jerez und Malaga. Die Weinproduktion liegt oft in den Händen großer »bodegas«, welche die Trauben von unzähligen Klein- und Kleinstwinzern kaufen und weiterverarbeiten.

Penedés

Penedés, das sich unweit der katalanischen Hauptstadt Barcelona vom Meer bis zu den Bergen über ganz unterschiedliche Klimazonen hinweg erstreckt, ist vor allem als größte Schaumweinregion der Welt bekannt; der Cava wird nach der Champagnermethode produziert. Das größte internationale Prestige haben aber einige seiner Rotweine erlangt, allen voran der Gran Coronas von Miguel Torres, dem Pionier des katalanischen Weinbaus.

Rioja

Als bestes Anbaugebiet Spaniens für große Rotweine gilt allerdings das Ebrotal westlich von Zaragoza. Entdeckt wurde es, als im nahen Bordeaux die Reblaus ihr Unwesen trieb und die dortigen Weinhändler sich nach alternativen Quellen umsehen mußten.

Spätherbst im Riojagebiet

Star des Rioja-Gebiets ist die Tempranillo-Traube, die allerdings immer mit einem gewissen Anteil Garnacha verschnitten wird. Die Rioja-Weine können dabei ganz unterschiedlich ausfallen, je nachdem, ob sie aus Rioja Baja – hier sind die Weine alkoholreicher und etwas plumper –, aus Rioja Alavesa, wo man sehr jung zu trinkende, fruchtige Weine macht, oder Rioja Alta, dem eigentlichen Herz der Qualitätsweinproduktion stammen. Das Spektrum der Rioja-Rotweine wird bereichert durch die Abstufungen von jungen, einfachen Jahrgangsqualitäten (Cosecha) und die Reservas bis zu den Gran Reservas mit ihrem reifen Bukett und dem weichen, gereiften Körper, die manchmal erst nach vielen Jahren Faßlagerung auf Flaschen gefüllt werden.

Galicien

Aus Galicien stammen frische oder auch holzgelagerte Weißweine, aus dem Gebiet von Ribera del Duero Tempranillo-Weine, deren berühmtester, der Vega Sicilia, schon seit hundert Jahren als einer der begehrtesten spanischen Rotweine gilt.

Sherry aus Jerez

Doch der Sherry ist und bleibt das Hauptprodukt Spaniens. Dieser Aperitif- oder Dessertwein aus der Umgebung der südspanischen Stadt Jerez de la Frontera, deren Namen die Engländer zu »Sherry« verballhornten, gilt als der feinste Likörwein der Welt. Der Most der Palomino-Trauben wird in kleinen Holzfässern aus amerikanischer Eiche vergoren und nach Beendigung der Gärung je nach gewünschter Sherry-Art mit Branntwein »verstärkt« oder aufgespritet. Für die hellen, trockenen, leicht salzigen Fino-Sherrys wird der Alkoholgehalt auf 15 Volumenprozent erhöht, für die schwereren Oloroso-Arten auf 18 Volumenprozent. Bei den alkoholschwächeren Versionen entwickelt sich in den nicht spundvoll gefüllten Fässern an der Oberfläche des Weines eine dicke Hefeschicht, die aufgrund ihrer weißen Farbe »flor«, Blume, heißt und die den Wein bei der langen Faßlagerung gegen den

Die spanischen Anbaugebiete mit kontrollierter Herkunft

Sauerstoff der Luft schützt. Bei den alkoholreicheren Weinen dagegen tötet der Alkohol diese Hefen ab und der Wein wird »oxidativ« ausgebaut: Das Endprodukt ist dunkel, hat einen schönen Walnußgeruch und zeigt sich im Geschmack voll und mild.

Die Faßlagerung erfolgt nach dem Solera-Prinzip, einer originellen Methode. Die Fässer liegen in der »criadera«, der Kinderstube, in drei Reihen übereinander, und jedes Jahr wird ein Viertel des Inhalts der untersten in Flaschen abgefüllt. Die entstehende Fehlmenge wird aus der zweiten Reihe nachgefüllt, und dort wiederum gibt man Wein aus der obersten Reihe hinzu.

Die 'herrysorten

In Spanien wird Sherry meist als trockener Fino, als Manzanilla – das ist ein Fino aus der Stadt Sanlúcar, wo er vom Meereswind angeblich noch salziger werden soll – oder als Oloroso getrunken, während die Export-Versionen oft Medium- oder Cream-Qualitäten sind, die mit Most aus den sehr süßen Pedro-Ximénez-Trauben versetzt wurden. Spezialitäten sind auch der Amontillado oder der Manzanilla pasada, die als Kompromiß zwischen Oloroso und Fino ausgebaut werden.

Portugal, nicht nur Heimat des Portweins

Portugal hat von allen west- und südeuropäischen Ländern die ärmsten Weinbautraditionen vorzuweisen – sieht man einmal vom Portwein ab, dessen Erzeugung die Engländer im oberen Douro-Tal förderten. So findet man heute sehr viele Kleinstwinzer und ein paar recht junge Kellereikolosse, während der historisch gewachsene Mittelbau, der in allen anderen Ländern für die überragenden Qualitäten sorgt, hier praktisch nicht existiert.

Portwein

Neben einigen interessanten roten oder weißen Vinhos verdes aus dem Norden des Landes und den international sehr erfolgreichen Roséweinen Lancers und Mateus verdient nach wie vor hauptsächlich der Portwein die Aufmerksamkeit des Weinfreundes. Dieser Dessertwein, der aus über 40 verschiedenen – meist roten – Rebsorten gekeltert wird, darf nur bis zu einem Alkoholgehalt von 8 Volumenprozent vergären, dann wird die Gärung durch Zugabe von Branntwein gestoppt, um die natürliche Süße des Mostes zu bewahren. Wie beim Sherry gibt es viele unterschiedliche Qualitäten: die jungen, billigen Ruby Ports, die faßgealterten Tawny oder Fine Tawny Ports, bei denen sich die Süße im Laufe der Zeit so weit verliert, daß sie wie rote Tischweine zu trinken sind, und schließlich die berühmten Vintage(Jahrgangs)-Portweine, die nach 20 und mehr Jahren zu dichten, fast öligen Dessertweinen mit einem großartigen Bukett werden.

Österreich und seine Spezialitäten

Die Weinbaugebiete Österreichs ziehen sich wie ein gleichmäßig geschwungener Halbmond von Niederösterreich mit der Wachau im Norden über das Weinviertel, Wien, das Burgenland mit dem

Die Weinbaugebiete Österreichs

Neusiedlersee bis in die Steiermark im Süden des Landes. Erst vor wenigen Jahren wurde das Land durch den Skandal der Glykolpanscherei derart aufgerüttelt, daß es eines der strengsten und besten Weingesetze der Welt erließ.

Gleichzeitig machten sich viele der österreichischen Winzer daran, zu beweisen, daß sie hervorragende Weine machen können. Seitdem hat das Land Achtungserfolge in der ganzen Welt errungen und kann heute auch wieder einen Teil seiner Produktion exportieren.

Die besten Kreszenzen

Die Reihe der Gewächse mit großartigem Potential ist lang: Die Rieslinge aus der Wachau und dem benachbarten Kamptal brauchen die Konkurrenz von Rhein und Mosel nicht zu fürchten, und am Neusiedlersee gelingen fast jedes Jahr Beerenauslesen, Ausbruch oder Trockenbeerenauslesen. Die fruchtigen und kräftigen Roten des Mittelburgenlandes aus Blaufränkisch, Cabernet, St. Laurent und Blauem Burgunder zogen besonders mit den letzten Jahrgängen die Aufmerksamkeit auf sich, und schließlich sind die säurebetonten, feingliedrigen

Kellergasse in Niederösterreich

Weißweine sowie der berühmte Roséwein, der Schilcher, aus der Steiermark zu erwähnen.
In Wien, dem kleinsten Anbaugebiet, wurde der Wein früher meist als »gemischter Satz« bereitet, das bedeutet, die Trauben verschiedener Sorten wurden zusammen gelesen und gekeltert und in den Heurigen an die Touristenscharen aus aller Welt ausgeschenkt. Heute gibt es dort eine kleine Zahl von Top-Winzern, deren Weine aus Riesling, Chardonnay oder Grünem Veltliner in den besten Restaurants des Landes zu finden sind.

Ungarn und die Tschechoslowakei

Für Ungarn gilt leider noch das genaue Gegenteil von dem, was gerade über Österreich berichtet wurde. Von allen ehemaligen COMECON-Mitgliedern hat dieses Land den höchsten Anteil an privaten Kellereien, doch die Qualität der Weine ist noch immer von den staatlichen Großkellereien und ihrer Massenproduktion beeinflußt. Die meisten Weine kommen aus der großen ungarischen Ebene Alföld, wo ein paar große Weinkombinate riesige Mengen neutraler, recht uninteressanter Weine keltern. Nur am Nordufer des Balaton, des Plattensees, findet man unter den Namen Badacsony und Balatonfüred-Csopak feine Welschrieslinge, während vom Südufer des Sees aus der jüngsten Zeit interessante Versuche mit Chardonnay, Merlot und Sauvignon zu vermelden sind.

Weine vom Plattensee

Über all dem aber thront, ähnlich wie in Portugal, ein mächtiger Dessertwein. Der Tokajer, vielleicht der erste Wein der Geschichte, der systematisch aus edelfaulen Trauben gekeltert wurde, stammt von den Hängen in der Nähe der ukrainischen und der rumänischen Grenze und wird nach einer besonderen Methode

Tokajer

aus Furmint-Trauben hergestellt. Der Most aus edelfaulen, einzeln ausgelesenen Beeren heißt Esszencia und ist das teuerste und prestigereichste Produkt von Tokaj. Der normale Tokajer dagegen entsteht, indem der trockene Wein – er wird als Szamorodni auch gesondert abgefüllt – der Esszencia-Maische beigegeben und zur Gärung gebracht wird. Je nachdem, wieviele Bütten Esszencia man zu einem Faß Szamorodni gibt, steigt die Qualität des Weines, der als Tokaji Aszú in tiefen Felskellern unter einer Schicht Florhefe jahrelang reifen muß. Der Tokajer hat viel von seiner einstigen Beliebtheit verloren, und für den Weinfreund ist diese Tatsache durchaus von Interesse, denn er kann aus diesem Grund noch recht preiswerte Flaschen bis zurück aus den fünfziger Jahren finden.

Die Tschechoslowakei

Die Weine der ČSFR, die außerhalb der Landesgrenzen kaum bekannt sind, ähneln je nach Anbaugebiet ihren österreichischen oder ungarischen Nachbarn. Die größte Weinbauregion ist die Slowakei, an deren Südgrenze die Weine aus Furmint dem Stil der Tokajer nahekommen, während in Bratislawa mehr »österreichische« Weiße gekeltert werden. Mähren mit seinen modernen Kellereien produziert vor allem »internationale« Weinsorten.

Die übrigen Weinländer Europas und der Mittelmeerraum

Natürlich kommen auch aus den bisher nicht erwähnten europäischen Ländern zum Teil sehr feine, beachtenswerte Weine. Das gilt vor allem für die Schweiz mit ihrem gut organisierten und erfolgreichen Weinbau. Die Weine sind jedoch im Ausland kaum bekannt, da die Schweizer fast die gesamte Produktion selbst verbrauchen. Die wichtigsten Anbaugebiete sind das Wallis mit dem oberen Rhônetal, das Waadtland mit dem Genfer und dem Neuenburger See, die Ostschweiz, und schließlich das Tessin, das auch die »Sonnenstube« des Landes genannt wird.

Schweiz

Die teilweise extremen Weinbergslagen im Wallis und an den Ufern des Genfer Sees gehören zu den spektakulärsten Weinlandschaften der Welt. Hier werden vor allem Weißweine aus dem Chasselas gekeltert, der eigentlich nur hier in der Schweiz wirklich interessante Tropfen hervorbringt. Die Weine heißen im Wallis Fendant und im Waadtland Dorin. Bei den Roten herrscht, vor allem in der Nord- und Ostschweiz, der Blaue Burgunder vor, während das Tessin hauptsächlich vom Merlot geprägt ist.

Luxemburg und England

In den nördlicheren Gefilden sind vor allem Luxemburg und – man höre und staune – England erwähnenswert. Das kleine Herzogtum an der Mosel produziert Weine, die man nur schwer von ihren Nachbarn von der oberen Mosel und der Saar unterscheiden kann, während England, das Land der kultiviertesten Weintrinker der Welt, erst in den letzten Jahren die mittelalterlichen Klosterweingärten wiederbelebt hat.

Die Nachfolgestaaten der Sowjetunion

Im Vergleich zu England mit seinen wenigen »Insider«-Weinen sind die Länder der einstigen UdSSR wahre Wein-Kolosse. Immerhin steht die Ländergemeinschaft in bezug auf die Weinbergsfläche an zweiter, der Weinmenge nach an vierter Stelle in der Welt. Die wichtigsten Anbaugebiete liegen in der Ukraine mit der Halbinsel Krim, wo man ein rationelles Industrie-Verfahren zur Schaumweingewinnung (siehe Seite 39) erfunden hat, ferner in Rußland, Moldavien und Georgien, wo das Keltern vor 8000 Jahren vielleicht sogar erfunden wurde.

Rumänien

Auch Rumänien, der krisengeschüttelte Nachbar Moldaviens, hat eine traditionsreiche Weinkultur, und das Land gehörte zu den wichtigsten Lieferanten der ehemaligen Sowjetunion. Die jahrelange Diktatur hat jedoch nicht nur die Industrie, sondern auch den Weinbau in seinen Grundfesten erschüttert.

Bulgarien

Ganz anders das benachbarte Bulgarien, das eines der größten Weinexportländer der Welt ist, obwohl es mit seiner Produktion nur an 17. Stelle steht. Die Genossenschaften und staatlichen Kellereien haben in den letzten Jahren des öfteren durch ihre ansprechenden Weine aus Cabernet, Merlot und Chardonnay von sich reden gemacht, und ihre preislich interessanten Weine sind besonders bei den britischen Weintrinkern sehr beliebt.

Jugoslawien

Aus dem zerfallenden Jugoslawien ist hierzulande der Amselfelder am besten bekannt, ein sauberer, preiswerter Rotwein, der leider für den deutschen Markt zu lieblich gehalten wird, aber ein interessantes Zeugnis für die technisch gut ausgestatteten Kellereien der Provinz Kosovo ablegt. Weinbau gibt es auch in Serbien und Kroatien, aber die qualitativ beachtenswertesten Produkte kommen sicherlich aus Slowenien, wo man die enge Verbindung zu Österreich und Italien deutlich spürt.

Griechenland

Auch aus Griechenland ist nicht viel zu berichten. Die antike Heimat des europäischen Weinbaus, deren Produkte noch in den zwanziger Jahren sehr beliebt waren, hat außer einigen interessanten Rotweinen aus Naoussa und Goumenissa und vielleicht noch den Süßweinen der Insel Samos hauptsächlich Fluten von Retsina zu bieten. Das ist jener mit Harz geschmacklich »verbesserte« Wein, der auf die antike Methode der Weinkonservierung durch eine Öl-Harz-Schicht zurückgeht.

Zypern

Auch die Insel Zypern ist arm an Qualitätsweinen. Allenfalls der Commandaria, ein öliger, dunkler Süßwein aus der Gegend von Limassol oder noch ein paar sherryartige Produkte können den internationalen Geschmack überzeugen.

Libanon

Da hat der kriegsgeplagte Libanon schon Eindrucksvolleres zu bieten. Aus dem Bekaa-Tal bringt das weltbekannte Château Musar Jahr für Jahr Cabernet- und Chardonnay-Weine in die Hauptstädte der Welt, die Experten und Weinfreunde immer wieder durch ihre Feinheit und Ausgewogenheit überzeugen.

Israel

Israel schließlich hat sich gerade aufgemacht, mit seinen Weinen die internationale Szene zu erobern. Die ersten Kostproben aus diesem Land sind jedenfalls vielversprechend.

Nord- und Südafrika

Wenig ist vom Nordrand des afrikanischen Kontinents zu berichten: Der Wein aus den einstigen Kolonien Frankreichs, der noch bis Anfang der sechziger Jahre den Franzosen als Verschnittwein diente, ist weitgehend bedeutungslos geworden. Heute gibt es noch Weinbau in Tunesien mit seinem Carthage oder Mornag und in Marokko mit den bekannten Sidi Brahim und Boulaouanne. Interessanter wird es im östlichen und südlichen Afrika, wo Kenia und Zimbabwe mit ihren guten »Exoten«-Weinen nach Europa drängen.

Positive Entwicklung in Südafrika

Vor allem aber Südafrika, dessen Weinbau aufgrund seiner langjährigen politischen Isolierung in Europa kaum noch bekannt ist, wird in absehbarer Zeit mit sehr guten, preislich günstigen Weinen von sich reden machen. Noch im letzten Jahrhundert galt der Süßwein aus Groot Constantia in der Kapprovinz als einer der besten der Welt, und erst die Reblaus – im Verbund mit der Aufhebung der englischen Zölle für französische Konkurrenzprodukte – brachte seinen Niedergang. Heute kommen aus Südafrika, das heißt, aus den Weinbergen um Stellenbosch und Paarl in der Nähe von Kapstadt trockene weiße und rote Tischweine, deren Bezeichnungen für den europäischen Weinfreund oft verwirrend sind: Als »Riesling« wird dort ein schlichter Wein aus der Crouchon-Rebe verkauft, ein »Grand Cru« ist ein trockener, aber beileibe nicht immer guter Weißwein, und die Hauptsorte Chenin blanc wird als »Steen« in die Flasche gefüllt.

Kalifornien und das übrige Amerika

Die Weingebiete Kaliforniens

Die amerikanisc Revolution

Eine wahre Weinrevolution fand in den letzten drei Jahrzehnten in Amerika statt. Der Kontinent war zwar seit Urzeiten reich an Gewächsen der Gattung »vitis«, aber keine von ihnen eignete sich so recht dazu, Weine nach europäischem Geschmack zu keltern. Schon 1524 wurde deshalb in Mexiko ein Weinberg mit importierten Reben angelegt, doch diese Pioniertat blieb ohne konkrete Folgen, denn in diesem Land ist noch heute trotz größerer Investitionen spanischer Kellereien in dieser Hinsicht keine Weiterentwicklung zu verzeichnen. Erst in der Mitte des letzten Jahrhunderts »wanderte« die Rebe von Mexiko aus an der Pazifikküste entlang nach Norden und eroberte zuerst Südkalifornien und später die Ufer der San Francisco Bay, wo heute die spektakulärsten Erfolge im Weinbau erreicht werden.

Wechselvolle Geschichte

Schon um 1870 hatte die kalifornische Weinindustrie nach einer kurzen, steilen Karriere solche Ausmaße angenommen, daß man den Bau der damals größten Weinkellerei der Welt in Angriff nehmen wollte. Es blieb bei dem Vorhaben, denn die Reblaus und die gegen Ende des Jahrhunderts einsetzende Prohibition, eine Bewegung für das Verbot von alkoholischen Getränken, wie sie auch in den letzten Jahren in den USA wieder aufgeflackert ist, machten der jungen Weinindustrie schnell den Garaus. In den vierziger und fünfziger Jahren kam es dann zu einem neuen Aufschwung. Die alte Buena-Vista-Kellerei im Sonoma Valley, die der Gründer des kalifornischen Weinbaus, der Ungar Haraszthy, angelegt hatte, wurde wiederbelebt, und heute gibt es in Kalifornien, das immerhin 90 Prozent des Weines in den USA erzeugt, wieder 700 »wineries«, die Produkte von erstaunlich gleichmäßiger Qualität anbieten.

Die Qualitätsweingebiete

Zu Sonoma, dem ältesten Qualitätsweingebiet, gesellte sich das benachbarte Napa Valley, das seinen älteren Bruder sehr schnell in den Schatten stellte, und bald breiteten sich die Rebgärten wieder südwärts aus, von wo sie gekommen waren. Die über 50 bestimmten Anbaugebiete, die A.V.A.'s (American Viticulturel Areas) liegen heute über 4 große Zonen verstreut: in den kleinen Tälern im Norden der San Francisco Bay, entlang der Central Coast, im langgestreckten Central Valley, das von Sacramento in Norden bis fast nach Los Angeles reicht, und in Südkalifornien. Die besten Weine kommen immer noch aus Sonoma und Napa, und hier vor allem aus einem kleinen Landstrich mit Namen Rutherford Bench, einer Art kalifornischer Côte de Nuits.

Im Central Valley bauten die aus Italien stammenden Brüder Gallo schließlich doch die größte Weinkellerei der Welt: 800 Millionen Liter Wein können hier gekeltert und gelagert werden, die eigene Glasfabrik und gigantische Abfüllanlagen sorgen für einen Ausstoß von 600 Millionen Flaschen Wein im Jahr, was immerhin fast der halben Jahresproduktion ganz Deutschlands entspricht.

Andere US-Staaten

Angespornt von der kalifornischen Erfolgsstory haben auch andere Staaten einen eigenen Weinbau entwickelt. Oregon und Washington im Norden experimentieren mit Pinot noir, Sauvignon, Riesling und Sémillon, Texas produziert guten Chardonnay und Cabernet Sauvignon, und selbst in den Wüstenstaaten New Mexico und Arizona gibt es erste Weingüter. Ohio, Virginia, Maryland, Missouri und Pennsylvania, vor allem aber New York und New England setzen die Kette bis an die Ostküste fort, wobei hier allerdings meist die für unsere Gaumen so ungewohnten Amerikanerreben angepflanzt werden.

Lateinamerika

Von der südlichen Hälfte des amerikanischen Kontinents wird gerade in jüngster Zeit häufig gesprochen. Argentinien zum Beispiel ist immerhin der Welt fünftgrößter Weinproduzent, aber seine Weine konnten bisher noch

Kalifornische Weinlandschaft im Napatal

nicht sonderlich überzeugen. Dasselbe gilt für Peru und Brasilien, obwohl gerade dort große internationale Getränkekonzerne viel in den Weinbau investiert haben. Besser sieht es schon in Uruguay aus.

Das Weinland par execellence des lateinamerikanischen Kontinents aber ist Chile. Das Land ist nie von der Reblaus heimgesucht worden, und so konnte sich der Weinbau hier langsam und harmonisch entwickeln. Chile bringt sehr gute Cabernet-Weine hervor, deren berühmtester, der Santa Rita, schon auf einigen internationalen Vergleichsverkostungen bemerkenswerte Ergebnisse erzielen konnte. Der chilenische Weinbau, an dem vor allem spanische Firmen Anteile besitzen, wird hauptsächlich im Maipo-Tal bei Santiago und weiter im Süden des Landes betrieben.

Australien, Neuseeland und der Ferne Osten

Die besten Gewächse der östlichen Erdhälfte findet der Reisende in Australien, wobei die weite Reise dorthin heute nicht mehr nötig ist, da viele Produkte des Landes inzwischen auch bei uns angeboten werden. Schon 1788, als die britische Krone den Kontinent zur Kolonie erklärte, wurden die ersten Reben ausgepflanzt. Im Jahre 1820, kaum 32 Jahre später, wurde ein Wein von Gregory Blaxland, einem der ersten Weinbaupioniere, in England bereits mit Preismünzen prämiert. Das Hunter Valley im Staat New South Wales wurde zum ersten geschlossenen Anbaugebiet entwickelt, Victoria, Süd- und Westaustralien, wo am Swan River die älteste noch bestehende Weinkellerei arbeitet, folgten sehr bald nach.

Mit dem Zustrom südeuropäischer Einwanderer nach dem

Weingut in Südaustralien

Zweiten Weltkrieg wurde Australien zur regelrechten Weintrinkernation. Zwar sank der Pro-Kopf-Verbrauch in den letzten Jahren im Gefolge der wirtschaftlichen Krisen wieder ab, aber dafür konnte der Weinbau jetzt vermehrt Hoffnungen auf die Exportmärkte setzen.

Australischer Hermitage

Australiens berühmtester Wein ist der Grange Hermitage aus den Weinbergen von Adelaide und Barossa Valley aus der Kellerei Penfold's, ein Werk des deutschstämmigen Kellermeisters Max Schubert. Hermitage ist, wie wir schon gesehen haben, ein anderer Name für die Syrah-Traube von der Rhône, die hier auch den Namen Shiraz trägt. Nachdem dieser Wein in einem Wettbewerb selbst Premier-Cru-Gewächse aus Bordeaux hinter sich lassen konnte, wurde man auch in Europa auf die Produkte des Landes aufmerksam.

Neben den beliebten Shiraz-Rotweinen sind auch in Australien vor allem Cabernet und Chardonnay in Mode gekommen, aber gerade im Hunter Valley gibt es auch feine Sémillon-Tropfen, die hier manchmal Riesling genannt werden, und wirkliche Rieslinge, die dann Rhineriesling heißen. Interessante Weine kommen außerdem aus dem Barossa Valley, Coonawarra und Southern Wales in Südaustralien und aus dem Yarra und dem Goulbourn Valley in Victoria. Im noch relativ jungen Weinbaugebiet am Murray River, das sich über die drei Staaten Südaustralien, New South Wales und Victoria erstreckt, wird heute immerhin schon fast die Hälfte der australischen Trauben geerntet.

Neuseeland

In Neuseeland befinden sich die östlichsten und – zusammen mit Chile – südlichsten Weinberge der Welt. Auch hier gab es nach dem Zweiten Weltkrieg eine explosionsartige Entwicklung des Weinbaus, während sich die Rebfläche im Verlauf von dreißig Jahren verfünfzehnfachte. Allerdings ist die Szene noch recht übersichtlich, da es lediglich 90 weinproduzierende Betriebe mit nur 60 verschiedenen Besitzern gibt. Aufgrund des kühlen Klimas hat man sich früher leider dazu verleiten lassen, nach deutschem Muster vor allem Müller-Thurgau zu pflanzen, aber in den letzten Jahren entstanden viele Weinberge mit anderen Sorten: Chardonnay, Sauvignon blanc, Riesling und auch Rotweine bereichern heute die Angebotspalette des Landes. Von den 4 wichtigen Anbaugebieten der Nordinsel – Huapai Valley/Kumeu River, Gisborne/Poverty Bay, Hawkes Bay und Martinborough – ist der Rebanbau jetzt auch auf die Südinsel übergegangen, wo in der Marlborough-Gegend und bei Christchurch interessante Weine erwartet werden.

China und Japan

Last but not least, möchte ich noch einen kurzen Abstecher in den Fernen Osten machen. Chinesische und japanische Weine sind den europäischen Weintrinkern bestimmt am allerwenigsten bekannt. Zwar wurden hier schon im 2. beziehungsweise im 8. Jahrhundert Trauben gekeltert, doch daraus entwickelte sich keine Tradition und schon gar keine Weinindustrie. Chinas Weinberge erlebten erst in den achtziger Jahren wieder eine neue Blüte, als hier französische Cognac-Firmen tätig wurden. Der berühmteste chinesische Wein, der Dynasty, machte sogar Weltgeschichte, als er in der Zeit der sogenannten »Ping-pong-Diplomatie« bei einem Empfang des amerikanischen Präsidenten serviert wurde.

Japan dagegen scheint sich mit Riesenschritten zu einem interessanten Verbraucherland zu entwickeln, und japanische Einkäufer tauchen immer häufiger auf Weinmessen und in Weingütern auf. Nicht zuletzt haben japanische Firmen auch eine Reihe der prestigeträchtigsten europäischen Weingüter aufgekauft. Auch im Land selbst gibt es Weinbau, doch die Produkte werden oft mit Importweinen aus aller Herren Länder verschnitten.

WIE ERKENNT MAN EINEN GUTEN WEIN?

WIE ERKENNT MAN EINEN GUTEN WEIN?

Ein feiner, ein großer Wein enthält unendlich viele Aroma- und Geschmacksnuancen und zeigt sich im Glas nur von seiner besten Seite. Er hat eine attraktive Farbe, verschafft von Minute zu Minute subtilere und aufregendere Eindrücke und klingt dann in seiner vollen aromatischen Vielfalt am Gaumen noch lange nach, wenn der Schluck den Mund schon verlassen hat. Natürlich sollte ein solcher Wein ein typischer Vertreter seiner Rebsorte und seines Anbaugebietes sein und dem Kenner vielleicht auch den Jahrgang seiner Entstehung, die Böden und das Klima, die sein

Einen guten Wein erkennt man durch Probieren

Wachstum ermöglichen, verraten. Und schließlich soll er – last but not least – die feine »Handschrift« seines Winzers zu erkennen geben.

Weinnovizen fragen sich oft in falscher Ehrfurcht, ob nicht zur korrekten Beurteilung der seltenen und berühmten Tropfen ein besonderes Talent gehöre, das man sozusagen in die Wiege gelegt bekommen müsse. Dem ist nicht so! Einmal abgesehen von den wenigen Menschen, die unter akuten Erkrankungen der Atemwege leiden, ist jeder Normalverbraucher in der Lage, die meisten Weine einigermaßen korrekt zu beurteilen. Zum Beweis dieser These habe ich selbst bei vielen Gelegenheiten Freunden und Bekannten Weine »verdeckt« – das heißt, so daß das Etikett nicht sichtbar war – kredenzt und mußte immer wieder feststellen, daß ihr Urteil sich von dem der Fachleute gar nicht so stark unterschied. Vorausgesetzt natürlich, daß sie sich ein wenig Mühe gaben und nicht nach dem ersten, flüchtigen Eindruck losplapperten. Die wirkliche Schwierigkeit, die die meisten von ihnen hatten, bestand nicht darin, die Weine richtig zu bewerten, sondern darin, die geschmacklichen Wahrnehmungen in Worte zu fassen, und genau das will ich Ihnen mit diesem Kapitel ermöglichen.

Das Weinverkosten

Über das Weinverkosten wurden schon viele dicke und weise Bücher geschrieben. Wissenschaftler untersuchen seit Jahrzehnten die Wirkungsweise der menschlichen Sinnesorgane auf der einen und die Inhaltsstoffe des Weines auf der anderen Seite, und was sie zutage förderten, ist oft mehr als erstaunlich. Dennoch bestätigte es in den meisten Fällen nur das, was erfahrene Verkoster auch ohne den ganzen wissenschaftlichen Apparat in eigener, jahre- und jahrzehntelanger empirischer Arbeit über den Wein und seine Qualitäten herausfinden konnten, und was – in rudimentärer Form vielleicht, aber noch heute von großer Gültigkeit –

schon die Gelehrten des alten Rom ausgetüftelt hatten.
In diesem Kapitel will ich versuchen, auf einfache und verständliche Weise zu erzählen, wie Profis und erfahrene Amateure ihren »Stoff« analysieren und beurteilen. Daß dabei auch ein paar auf den ersten Anhieb schwierig erscheinende Fakten und Zusammenhänge erörtert werden müssen, sollte Sie nicht abschrecken. So manches wird jedem Weinfreund spätestens nach den ersten Versuchen, selbst einmal zu den geschilderten Methoden zu greifen, einfach und transparent vorkommen, und natürlich empfiehlt es sich auch für Fortgeschrittene, zur Auffrischung des eigenen Wissens vom Wein die folgenden Abschnitte immer wieder zu lesen.

Warum Wein verkostet wird

Warum verkostet man eigentlich Wein? Um seine Qualitäten kennenzulernen und seine Fehler zu entdecken, wird jeder spontan antworten. Doch kann die Motivation, bewußt und konzentriert Wein zu »degustieren«, recht unterschiedlich sein. Da sind zum

Die Profis

einen Profis: Winzer, Kellermeister und Önologen (das sind die studierten Kellermeister) lassen die einzelnen Phasen während der Herstellung ihres Weines zwar im Labor kontrollieren, dennoch ist auch für sie die regelmäßige Verkostung ihrer Produkte das sicherste Mittel, eventuelle Weinfehler zu entdecken und Entscheidungen über Behandlungsmethoden, über die einzelnen Schritte des Kelterns und des Ausbaus oder über den Moment der Flaschenabfüllung zu treffen. Dann gibt es die Verkoster von Prüfkommissionen: Sie verleihen in vielen Ländern Gütesiegel, Prüfnummern, Herkunftsbezeichnungen oder ähnliche amtliche Auszeichnungen. Und schließlich degustieren Weinhändler, Gastronomen, Weinkellner und Vertreter der Getränkeindustrie, um aus der Vielfalt des Angebots eine Auswahl nach ihren eigenen Qualitäts- und Preiskriterien zu treffen. Im übrigen ist das Degustieren auch nicht auf das Weinmilieu beschränkt. Verkostet werden – in langen Prozeduren und von spezialisierten Profis – auch Tee, Kaffee, Whisky und sogar Kakao, bevor sie in den Handel gelangen.

Die Amateure

Auf der anderen Seite stehen die Hobby- und Amateurverkoster. Sie degustieren, um sich einen schönen Weinkeller zusammenzustellen und dabei sicherzugehen, daß sie nur gute Qualität kaufen, oder um im Kreis von Freunden und Gleichgesinnten das Gespräch über die Weine, den Austausch von Wissen als intellektuelles und soziales Vergnügen zu genießen. Zwischen den beiden Lagern schließlich stehen wir Weinschriftsteller und -journalisten, die einerseits versuchen, den Verbrauchern die Auswahl aus der verheerenden Flut von Etiketten zu erleichtern, andererseits aber auch die Weinmacher der Qualität ihrer Produkte versichern, beziehungsweise sie auf Probleme hinweisen können.

Wein beurteilen ist nicht schwer

Trotz der unterschiedlichen Ansprüche und Absichten ist das Instrumentarium, sind die Methoden der Verkostung fast immer

Die Methoden

dieselben. Die Kriterien der Beurteilung sind bei allen Variationsmöglichkeiten im subjektiven Urteil, bei allen unterschiedlichen Geschmackstraditionen – beispielsweise zwischen Engländern und Italienern oder Franzosen, zwischen Liebhabern junger oder alter, süßer oder trockener Weine – »objektiv«, das heißt, sie können von allen Verkostern in gewissem Maße nachvollzogen werden. Voraussetzung dafür ist natürlich, daß derjenige, der den Wein verkostet, ihm wirklich Aufmerksamkeit schenkt, daß er ihm zuhört, ihn zu Wort kommen läßt und ihm Zeit gibt, seinen Standpunkt zu vertreten, sich im Dialog zu behaupten.

Objektivität im Urteil

Wer Weine mit ihren guten und ihren schlechten Seiten verstehen will, muß vor allen Dingen ein gutes Maß Ehrlichkeit gegenüber sich selbst und gegenüber seiner eigenen Urteilskraft mitbringen. »Un goût imaginé est déjà à moitié perçu« (einen Geschmack, den man sich vorstellt, hat man auch schon fast wahrgenommen), hat einmal ein bekannter französischer Weinjournalist geschrieben und damit den Nagel auf den Kopf getroffen. Jeder professionelle Verkoster wird selbst schon die Erfahrung gemacht haben, wie sehr Vorurteile das Verkostungsresultat beeinflussen können. Das gute oder schlechte Renommee eines Weingutes, ein schönes oder häßliches Etikett, ein bekannter Name, das freundliche oder mürrische Gesicht des Winzers, der uns den Wein verkosten läßt: All das trägt zur Bildung von meist unbewußten Vorurteilen bei. Deshalb und nur deshalb muß bei einer ernstzunehmenden Weinprobe unbedingt auf weitgehend »neutrale« Bedingungen, wie ich sie später schildere, Wert gelegt werden.

Bei der Weinprobe

Wenn sich auch Weinmacher, trotz aller Möglichkeiten, ihre Produkte mit den modernsten Labormethoden durchleuchten lassen, immer wieder auf ihren Geschmack verlassen, so gilt das noch mehr für den Weinamateur. Es ist in jüngster Zeit Mode geworden, den Winzer oder Produzenten um Angaben über Säuregehalt, Restzucker, Trockenextrakte und vieles mehr zu bitten, in der vagen Hoffnung, aus diesen Analysewerten auf die Qualitäten des gerade probierten Weines schließen zu können. In einigen Ländern sind die Weinmacher schon dazu übergegangen, diese Informationen in ihre Prospekte oder sogar auf die Etiketten zu drucken. Ich kann vor einer Überbewertung ihrer Aussagekraft nur warnen. Die chemische Analyse kann allenfalls dem Fachmann Hinweise – und beileibe nicht immer eindeutige – geben, die die-

Die Analysewerte

ser dann gemeinsam mit dem Ergebnis seiner Verkostungen zu einem komplizierten Puzzle zusammensetzt, um so ein annähernd genaues Bild vom Gesundheitszustand, von der Alterungsfähigkeit oder von Fehlern seiner Weine zu erhalten. Jede kurzschlüssige Interpretation von einzelnen Analysedaten aber bringt den Weinfreund unweigerlich auf den Holzweg.

Weinraten ist schwierig

Auf denselben gerät auch meist, wer sich an das allseits so beliebte Weinraten macht. Dieses besonders bei den Angelsachsen verbreitete Spiel besteht darin, bei Weinen, deren Etiketten man nicht sieht, die Traubensorte, das Herkunftsgebiet, den Jahrgang und vielleicht auch noch den Erzeuger zu erraten. Das bringt sicher Stimmung in so manches gesellige Beisammensein, vor allem, wenn es nicht tierisch ernst genommen wird. Man sollte aber nicht vergessen, daß diese Art von Spielen aus einer Zeit stammen, in der große Weine selten und meist unverwechselbar waren. Leider – oder zum Glück, sollte ich besser sagen – kommen exzellente Weine zum Beispiel aus der Cabernet-Sauvignon-Traube heute nicht mehr nur aus Bordeaux, sondern auch aus Südfrankreich, aus Italien und Spanien, aus Österreich, Australien, Chile und den Vereinigten Staaten. Wann immer in der jüngeren Vergangenheit Weinmuster all dieser Länder in internationalen Vergleichsverkostungen gemeinsam bewertet wurden, stellte es sich heraus, daß es sehr schwierig, wenn nicht unmöglich war, die einzelnen Proben dem jeweiligen Ursprungsland zuzuordnen.

Die englische Zeitschrift »Decanter« hat aus dieser Problematik eine ihrer amüsantesten Rubriken gemacht. Jeden Monat erzählt dort ein Amateur, ein Winzer oder ein bekannter Weinschriftsteller unter dem Titel »Worst Wine Moment« eine selbstironische Anekdote, und oft hat diese eine schreckliche Blamage des Erzählers zum Inhalt: Da verwechselte eine ganze Runde von Weinexperten einen großen Burgunder mit einem Bordeaux-Wein, oder ein Fachmann, der glaubte, einen Wein richtig »erraten« zu haben, kommentierte diesen nicht mehr auf der Grundlage dessen, was er sah, roch und schmeckte, sondern auf der Basis seines gesammelten Wissens über die vermeintliche Probe im Glas und mußte sich beim Aufdecken des Etiketts belehren lassen, daß er kompletten Unsinn erzählt hatte. Die Fälle aus meiner eigenen Arbeit, in denen bei »Blind«proben Winzer ihre eigenen Weine nicht erkannten – und nicht selten noch dazu ganz entsetzlich kritisch bewerteten –, würden ein ganzes Kapitel füllen, und ich selbst wäre in ähnlichen Situationen am Ende schon einige Male am liebsten vor Scham im Boden versunken, auch wenn ein paar richtige »Treffer« bei anderer Gelegenheit mein Selbstbewußtsein wieder aufrichten konnten.

Gefahr der Blamage beim Weinraten

Weinraten ist um so schwieriger und auch unsinniger, je banaler, neutraler und schlechter das »Objekt« der Bemühungen ist. Wirklich eindeutig identifizieren kann man zum Beispiel eine Rebsorte – ganz zu schweigen von Anbaugebiet, Jahrgang und Produzent – nur dann, wenn der Wein ein typischer und guter Vertreter seiner

Das ungeeignete Objekt

Die Trefferquote ist gering

Gattung ist. Bei allen anderen können Fremdtöne, unreife Noten oder Fehler in dem Maße überwiegen, daß die Gewächse auch dem erfahrensten Verkoster ihre Identität nicht offenbaren.

Natürlich gibt es im Weingeschäft einige Talente, die eine erstaunlich große Trefferquote vorweisen können, weil ihr Gedächtnis in fast unglaublicher Weise auf das Speichern von Geruchs- und Geschmackseindrükken in Kombination mit lexikalischen Informationen trainiert ist. Und sicher wird jeder Weinfreund, der einen bestimmten Wein besonders oft verkostet hat, diesen eventuell auch »blind« wiedererkennen können. Aber solche Fälle sind im Grunde doch so etwas wie ein »Sechser« im Lotto.

Die optimalen Bedingungen einer Verkostung

An guten Weinen lernen

Diese Überlegungen haben auch Konsequenzen für den Weinfreund, der zum Weinkenner werden will: Die Weine dieser Welt, die Rebsorten und die Typologien der verschiedenen Länder und Regionen lernt man nur dann wirklich kennen, wenn man möglichst viele ihrer besten Vertreter verkostet. Jeder Versuch mit billigen Massenweinen muß im Desaster enden, und es geschieht fast zwangsläufig das, was in vielen Anbaugebieten zweit- oder drittrangiger Weine selbst den Winzern und Weinmachern häufig passiert: Man fängt an, Fehler und Schwächen bestimmter Weine für deren eigentliche Charakteristika zu halten und sich an sie zu gewöhnen. Wer richtiges Verkosten lernen will, muß dies an guten Beispielen tun! Nur so wird er verstehen, was ein »komplexes Bukett« ist oder wie schön ein großer und reifer Wein in »feiner Süße nachklingen« kann. Vor allem aber muß er die Praxis des Verkostens beherrschen und sich die wichtigsten Begriffe der Weinbeschreibung einprägen. Auch ist eine gewisse Kenntnis der Rebsorten, Anbaugebiete und Ausbauarten absolut unumgänglich. Die Grundlage für diese Kenntnisse habe ich in den vorhergehenden Kapiteln geliefert, die dem Anfänger den Einstieg in die Materie und dem Fortgeschrittenen das Auffrischen und Erweitern seines Wissens ermöglichen.

Das geeignete Objekt

Wein probieren – ein Vergnügen

Erst wenn diese Basis gesichert ist, wird das »Degustieren« zu einem wirklichen Vergnügen und liefert sowohl wichtige Hinweise zum Kauf, zur Lagerung und zum Genuß des Weines als auch die Möglichkeit, sich mit Gleichgesinnten über die Sinneswahrnehmungen austauschen zu können. Erst dann werden wir nicht mehr »süß« oder »trocken« als weltanschauliche Prinzipienfrage in die Diskussion werfen müssen, werden nicht mehr »trocken« und »herb« verwechseln, sondern jeden einzelnen Wein in voller Würdigung seiner Qualitäten beurteilen und genießen können.

Der geeignete Rahmen

Wie bereits angedeutet, muß bei einer sinnvollen Weinverkostung zunächst einmal der Rahmen stimmen. Vorurteile und ungünstige Rahmenbedingungen könnten sonst unsere Wahrnehmung und unser Urteil derart verfälschen, daß dessen Aussagekraft

Vor der Weinprobe werden die Etiketten unsichtbar gemacht

faktisch annulliert wird. Die Folge wäre eine bittere Enttäuschung, wenn ein nach einer solchen Verkostung teuer erstandener Wein zu Hause oder im Freundeskreis geöffnet wird. Als wichtigste Regel ist zu beachten, daß alle Weine zunächst »anonym« serviert werden: Man schenkt sie entweder in Abwesenheit der Verkoster ein oder wickelt die Flaschen in Alufolie oder Papier ein oder steckt sie in speziell vorbereitete Säckchen und teilt den Verkostern nur das Thema der Reihe mit, das heißt: Anbaugebiet, Sorte und eventuell Jahrgang, nicht aber Lage, Produzent und andere Merkmale. Ein Blick auf das Etikett ist schon die Hälfte des Urteils, heißt es, und wer wollte sich schon freiwillig mit nur einer Hälfte des Lohns seiner Mühen begnügen?

Was vor der Verkostung verraten wird

Gutes Licht

Ein neutraler, hell gehaltener Raum mit viel Tageslicht und ohne dominierende Farbtöne bietet die günstigsten Voraussetzungen, um die Sichtprüfung des Weins korrekt vorzunehmen. Geradezu betrügerisch ist Neonlicht, da es durch seine Spektralzusammensetzung, an die sich unser Auge nicht gewöhnen kann, die Farbe vor allem von Rotweinen absurd verfälscht. Normale Glühlampen sind da schon viel geeigneter, auch wenn durch ihr warmes, rötliches Licht so manche Weinfarbe »geschönt« wird. Natürlich sind Idealbedingungen selten, und der eifrige Verkoster wird deshalb im Laufe der Zeit lernen müssen, seine Wahrnehmungen bei schlechtem Licht zu relativieren. Im Zweifelsfall zögere ich selbst keinen Moment, mit meinem Glas ans Fenster zu gehen oder den Winzer in seinem dunklen Keller allein zu lassen, um sein Produkt bei Tageslicht einmal genauer unter die Lupe zu nehmen.

Reine Luft

Absolut zu vermeiden sind Fremdgerüche wie Küchendüfte, Zigarettenrauch oder zu starkes Parfüm. Bei allem Verständnis für die Eitelkeit seiner Mitmenschen sollte man zumindest während der Weinprobe auf Distanz zu auffällig duftenden Zeitgenossen gehen. Bei einer professionellen Weinprobe zu rauchen oder sich parfümiert an einen Tisch konzentriert arbeitender Verkoster zu setzen, spricht nicht unbedingt für eine gute Kinderstube, und es kommt nicht selten vor, daß die anderen Teilnehmer an solchen Sitzungen darauf mehr als unwirsch reagieren. Aber auch auf eventuell angebotenen Käse verzichte ich bei solchen Gelegenheiten immer dankend, wohl wissend, daß mit dem Käsegeschmack im Mund auch minderwertige Weine gut munden.

Die beste Zeit

Der beste Zeitpunkt für die Verkostung ist der Vormittag, möglichst nicht direkt nach dem Frühstück oder nach dem Genuß von starkem Kaffee. Vormittags ist der Gaumen nämlich sowohl neutral als auch ausgeruht und erlaubt ein langes, konzentriertes und »objektives« Degustieren. Vor allem aber sollte man vor der Veranstaltung nichts Süßes oder Saures, keine Eier, Minze oder gepfefferte Speisen zu sich nehmen. Noch besser ist es, vor dem Beginn der eigentlichen Verkostung zur Neutralisierung des Gaumens einen Schluck einfachen Weines zu trinken. Das hat zusätzlich den Vorteil, daß man an diesem ersten Beispiel auch die verschiedenen Wahrnehmungen der Gruppe einmal miteinander vergleichen und die unterschiedlichen Urteile ein wenig abstimmen kann. Bei der Probe selbst

Absolute Ruhe

sollte dann allerdings Ruhe herrschen. Jeder Kommentar, jede Meinungsäußerung kann die Mitverkoster so stark beeinflussen, daß sie zu einem eigenem Urteil nicht mehr fähig sind, zumindest aber verunsichert werden.

Für ein ausgefeiltes und sicheres Urteil ist noch eine weitere Voraussetzung zu erfüllen:

Die Beschaffenheit der Gläser

Die Gläser müssen sauber und geruchlos sein. Am besten spült man sie mit einer winzigen Menge des zu verkostenden Weines kurz an, denn Gläser, die lange im Schrank gestanden haben, können entsetzlich nach altem Holz riechen. Vor allem aber müssen sie für Verkostungen geeignet sein, das heißt, eine genaue Inspektion von Farbe und Geruch des Weines zulassen. Dies ist bei dickwandigen Bechergläsern, bei nach oben hin trichterförmig offenen, bei kunstvoll geschliffenen, bei zu großen oder bei zu kleinen Gläsern sicherlich nicht der Fall. Es kommt darauf an, daß das Glas glatt- und dünnwandig ist, um nicht durch die eigenen Reflexe die Farbbetrachtung zu verfälschen. Außerdem müssen die Verdunstungsfläche des Weines einerseits und der Raum oberhalb dieser Fläche, in dem sich die verdunstenden Aromastoffe sammeln und konzentrieren können andererseits, in einem richtigen Verhältnis stehen. Es würde zu weit gehen, diese Idealform – die ja im Grunde für jeden Weintyp verschieden ausfallen müßte – hier zu erklären:

Das ideale Glas

Sie ist am besten in jenem Allround-Normglas realisiert, welches das französische Institut National des Appellations d'Origine geschaffen hat und das deshalb auch INAO-Glas genannt wird.

Ich verwende meistens Gläser, die ich auch bei Tisch benutzen kann – was mit dem schmucklosen, kleinen INAO-Glas doch recht ärmlich aussehen würde –

In einem Nebenraum werden die Probegläser eingeschenkt

und die gewöhnlich unter den Namen »Bordeauxglas« (etwas größer) oder »Chardonnayglas« (ähnlich, aber kleiner) in guten Glaswarengeschäften zu erhalten sind.

Die empfehlenswerte Anzahl der Proben

Die Anzahl der Proben, die man sinnvollerweise verkosten kann, ohne in seinem Urteilsvermögen nachzulassen, hängt allein von der Routine des Verkosters oder der Gruppe ab. Profis »schaffen« ohne weiteres 60 oder 80 Proben am Tag, und es gibt Weinjournalisten, die behaupten von sich, auch nach 200 innerhalb weniger Stunden verkosteten Weinen noch korrekt bewerten zu können. Für jeden Amateur wäre dies eine ungeheure Überforderung. Andererseits fehlen bei einer zu kleinen Anzahl von Weinen die Vergleichsmöglichkeiten. Ich empfehle deshalb für den Anfang 10 oder 12 Proben, bei Fortgeschrittenen auch einmal 20. Voraussetzung für das Bewältigen einer solch großen Anzahl von Weinen ist natürlich, daß man jeden Schluck nur so lange im Mund behält, bis man ihn ausreichend analysiert hat und ihn dann rigoros wieder ausspuckt. Andernfalls sinkt durch den Alkohol die Aufnahmefähigkeit der Sinne des Verkosters schon nach wenigen Weinen rapide.

Die sinnliche Wahrnehmung und wie man sie ausdrückt

Die Sinnenprüfung

Jede Degustation spielt sich in vier Schritten ab. Der erste umfaßt die sogenannte »sensorische« oder »organoleptische«, das heißt, die Sinnen- oder Geschmacksprüfung mit Hilfe von vier der sechs menschlichen Sinne: Gesichtssinn, Geruch, Tastsinn und Geschmack wurden schon von dem römischen Dichter und Tribun Quintus Horatius Flaccus, besser bekannt als Horaz (65–8 v. Chr.), als entscheidende Elemente der Weinanalyse mit der Formel C-O-S, Color-Odor-Sapor, in mustergültiger Weise beschrieben.

Die Beschreibung

Als zweiter Schritt folgt dann die Beschreibung dieser Wahrnehmungen: Dies ist zugestandenermaßen die schwierigste Phase der Verkostung. Das Wichtigste hierbei ist, alle Eindrücke genau aufzuschreiben, ebenso natürlich später auch die Daten über den Jahrgang, das Anbaugebiet, die Weinart, eventuelle Einzellagen, Erzeuger und anderes.

Der Vergleich

Als dritter Schritt muß das, was der Verkoster in jedem einzelnen Wein gesehen, gerochen, gefühlt und geschmeckt hat, mit dem gespeicherten Wissen und der Erinnerung verglichen werden.

Die Bewertung

Schließlich ergibt sich als Folge dieser drei ersten Schritte ein Urteil, eine Bewertung oder gar eine Benotung des Weines.

Das offensichtlich Paradoxe von Weinbenotungen, wie sie in vielen Zeitschriften und Büchern immer wieder veröffentlicht werden, liegt im Versuch, objektive und allgemein anwendbare Aussagen machen zu wollen, die doch im Grunde einen subjektiven Inhalt haben: die Wahrnehmungen unserer Sinnesorgane.

Die Schwierigkeit der Bewertung

Eine zusätzliche Schwierigkeit ergibt sich aus der Tatsache, daß jede Benotung eine »absolute« und eine »relative« Wertung zugleich ist. Eigentlich dürfte man nur Weine ein und desselben Typs – oder sogar nur ein und desselben Jahrgangs – miteinander vergleichen, und der beste müßte im Idealfall immer die höchstmögliche Punktezahl erreichen. Aber das ist wohl ebenso illusorisch wie die Annahme, auch in einer Schulklasse voller schlechter Schüler müsse der Beste – eben weil er der Beste ist – für seine Leistungen auch mit einer »Eins« gewürdigt werden. So wird wohl fast zwangsläufig der beste Spätburgunder von der Ahr in jedem Bewertungssystem schlechter benotet werden als der beste Pinot noir aus Vosne-Romanée oder der beste Bordeaux-Rotspon. Gleichzeitig kann es passieren, daß ein kleiner Valpolicella, der in seiner Gruppe recht gut aussieht, höhere Benotungen erhält als ein ausgezeichneter kalifornischer Chardonnay, der unter seinesgleichen mit einer Reihe noch besserer Weine konfrontiert ist. Die Erwartungshaltung und die Meßlatte bei renommierten Weintypen liegen eben doch höher als bei ihren nicht so berühmten »Kollegen«.

Trotz dieser Vorbehalte ist die »Note« im gleichen Maß wie die Weinbeschreibung ein wichtiges Informationselement. Dabei spielt es gar keine Rolle, ob man jetzt das französische System mit maximal 20 Punkten, das amerikanische mit 100 Punkten oder das der »drei Sterne« bevorzugt.

Wer all diese Aspekte im Kopf behält und keine Angst hat, sich durch eventuell kontroverse Bewertungen und Beschreibungen bei den Mitverkostern zu blamieren, wird bei seinen Weinproben, aber auch bei der Lektüre von Weinzeitschriften und Weinführern, nicht ins Schleudern geraten.

Was wird bewertet?

Was soll nun bei der Verkostung genau bewertet werden? Dies ist eine wichtige Frage, denn im Grunde könnte eine sehr subjektive Verkostung auch in der schlichten Entscheidung münden: Gefällt mir, gefällt mir nicht! So einfach geht es jedoch nicht, denn verkostet wird genau deshalb, um über eine momentane Laune hinaus für uns selbst und für andere nachvollziehbare – und das heißt wiederholbare – Qualitätsurteile abgeben zu können. Denn wer hätte etwas von einer Verkostung, bei der uns ein Wein »ganz nett« vorkommt, den wir aber schon bei der nächsten Gelegenheit nicht mehr trinken mögen?

Bewertet werden, das habe ich schon angedeutet, Farbe, Geruch und Geschmack eines Weines, wobei die sechs wichtigsten Kriterien für die Qualität aller Sinneseindrücke immer und bei jedem Wein dieselben sind: Intensität, Feinheit, Komplexität, Harmonie, Typizität und Individualität. Was diese im einzelnen bedeuten, wird in den folgenden Abschnitten klarer werden.

Die wichtigen Kriterien

Was das Auge wahrnimmt

Die Farbe eines Weines und sein gesamtes äußeres Erscheinungsbild bergen viele Informationen, die für ein korrektes Urteil wichtig sind. Selbst ein ungeschulter Weintrinker, der mit Weinverkostungen nicht viel im Sinn hat, wird unbewußt durch das Auge auf den Wein vor sich eingestimmt.

Dem trainierten Verkoster dagegen gibt die Sichtprüfung genaue Hinweise darauf, was ihn im Glas erwartet: So kann er aus der Farbe Rückschlüsse auf das Alter des Weines, auf seinen Gesundheitszustand und in begrenztem Umfang auch auf eventuelle geruchliche und geschmackliche Fehler ziehen.

Dabei wird auf ganz verschiedene Aspekte geachtet: auf ein frisches Aussehen, das einen ausreichenden Säuregehalt signalisiert, auf die Konsistenz – das heißt, ob der Wein leicht- oder schwerflüssig ist, ob eventuell Perlen an die Oberfläche steigen – und schließlich auf Klarheit und Transparenz. Außerdem untersucht man aufs genaueste seine Brillanz – die Oberfläche muß glitzern und glänzen –, den Farbton sowie die Tiefe und Dichte der Färbung.

Natürlich sollte man die Farbe nicht überbewerten und nach der visuellen Probe nicht voreinge-

Der erste Eindruck: Farbe und Klarheit

nommen sein. Der französische Önologe Émile Peynaud hat einmal gezeigt, wie sehr das Urteil einer Personengruppe über ein und denselben Wein variieren kann und im Extremfall sogar verfälscht wird, je nachdem, ob die Verkoster die Farbe vorher sehen konnten oder nicht. Denn so sehr es wahr ist, daß die Farbe auf eventuelle Fehler eines Weines hinweisen kann, so ist ein schönes Äußeres nicht die mindeste Garantie für einen großartigen Wein. Deshalb sollte man nach der Sichtprüfung die gewonnenen Eindrücke notieren, das Ganze dann möglichst schnell vergessen und sich an Geruch und Geschmack wagen. Ein guter Trick, um das zu bewerkstelligen, bietet sich in einer seriösen Verkostung fast von alleine an: Wer viele Gläser gleichzeitig vor sich stehen hat und bei sämtlichen Proben zuerst die Farbe beurteilt und die visuellen Eindrücke sofort notiert, wird danach das einigermaßen unvoreingenommene Herangehen an den Geruch nicht schwierig finden.

Am einfachsten zu beurteilen sind Klarheit, Brillanz und Viskosität – der Duden sagt dazu Zähflüssigkeit, aber dieser eher negativ klingende Begriff trifft beim Wein die Sache überhaupt nicht. Der Wein darf bei der Durchsicht keine Trübung oder gar wolkige Flocken aufweisen: Dies gilt für junge Weißweine natürlich noch viel mehr als für gealterte Rotweine. Die Oberfläche sollte das Licht zurückspiegeln, und der Gesamteindruck muß leuchtend und frisch sein. Großzügigkeit ist bei der kritischen Beurteilung allerdings dann geboten, wenn im Rotwein durch unsanfte Behandlung der Flasche ein »Depot« aufgewirbelt wurde: Dieser Bodensatz besteht aus schweren Tannin-Farbstoffmolekülen, die sich nicht mehr in Lösung halten, sondern auf den Flaschenboden absinken. Dann sollte man dem Wein in aufrechter Position einige Stunden Ruhe gönnen, und das »Problem« wird von alleine verschwinden. Kristalle am Boden der Flasche oder im Glas sind Weinstein – ein natürliches Produkt der im Wein enthaltenen Weinsäure –, der völlig harmlos ist und keine Veränderung des Geschmacks zur Folge hat. Dasselbe gilt für die weinsteinähnliche, aber eher schleimige, weiße Substanz am Boden hochwertiger, edelsüßer Weißweine: Schleimsäure, die von der Edelfäule gebildet wurde. Auch sie ist kein Grund zur Beunruhigung.

Die Klarheit

Das Gegenteil gilt allerdings für jedes matte oder dumpfe Aussehen eines Weines, das auf einen Säuremangel oder auf frühzeitiges Altern des Weines zurückzuführen ist und deshalb auch meist auf eine Beeinträchtigung der geschmacklichen Qualität hinweist.

> Zur Beschreibung von Klarheit und Lebendigkeit eines Weines werden für Weiß- und Rotweine folgende Begriffe benutzt (vom Positiven zum Negativen fortschreitend):
>
> *strahlend/leuchtend, glänzend/brillant, funkelnd, glanzhell, lebendig, frisch, transparent, klar, sauber – gebrochen, stumpf, glanzlos, fahl, verblaßt/verblichen, verschleiert, unsauber, schmierig, schmutzig, matt, trüb, wolkig, milchig, düster/dunkel.*
>
> Weine, auf die die letzten drei oder vier Beschreibungen zutreffen, sind wahrscheinlich untrinkbar.

Die Viskosität

Nach der Klarheit wird die Viskosität beurteilt, indem man den Inhalt des Glases einmal leicht umherschwenkt. Dabei bilden sich an den Wänden Schlieren, auch »Kirchenfenster« oder französisch, »jambes«, Beine, genannt, die nach unten ablaufen. Je langsamer sich diese bewegen, je dicker, gleichmäßiger und zahlreicher die Tropfen – das heißt, je enger die von ihnen gebildeten »Bögen« – sind, desto mehr Alkohol und/oder Zucker enthält der Wein. Eine übertriebene Zähflüssigkeit deutet aber – ausgenommen sehr alkoholreiche und edelsüße Weine – auf ein krankes Produkt hin.

Ein anderer Aspekt des Kapitels Viskosität sind eventuell auftretende Bläschen oder Perlen im Wein – ich spreche selbstverständlich von Stillweinen und nicht von Sekt oder Champagner –, die auf verschiedene Weinfehler (Nachgärung in der Flasche, zu hohe Kohlensäurezugabe beim Abfüllen oder endgültiger Verfall bei alten Rotweinen) hindeuten können. Auf jeden Fall heißt es hier: Aufgepaßt! Die vermuteten Weinfehler werden sich aller Wahrscheinlichkeit gleich anschließend in Nase und Mund bemerkbar machen. Bei Schaumweinen sind die Perlen natürlich ein Qualitätsmerkmal: Das »perlage«, wie die Franzosen sagen, muß fein, regelmäßig und langanhaltend sein, und der Schaum, der sich beim Eingießen bildet, darf aus nicht zu groben Bläschen bestehen.

Die Farbe

Die Farbe des Weins stammt zum größten Teil aus den Häuten der Weinbeeren. Bei Rotweinen ist sie stark ausgeprägt und für die Beurteilung wichtiger als bei Weißweinen. Rotweine werden ja auch erst gekeltert, nachdem man den Traubensaft zusammen mit den zerquetschten Schalen hat gären lassen, so daß die Farbintensität und der Farbton von der Traubensorte, aber auch von der Dauer der Gärung auf der Maische und schließlich vom weiteren Ausbau des Weins abhängen. Bei Weißweinen hingegen, die meist direkt abgepreßt werden, stammt die Farbe in der Jugend entweder vom Chlorophyll der Pflanzen – daher der grünliche Schimmer vieler Weine –, oder von verschiedenen in der Jugend noch ungefärbten Pigmenten, die erst mit zunehmender Reife sichtbar werden, sowie vom Karotin, das für die gelben und goldenen Farbtöne verantwortlich ist. Im Alter wird eine intensivere Färbung des Weißweins auch durch die Oxidation einiger seiner Bestandteile hervorgerufen. Eine dichtere gelbe Farbe zeigen Weißweine, die eine gewisse »Standzeit« auf der Maische hinter sich haben, deren Trauben bei der Kelterung stärker ausgepreßt oder die in Eichenholzfäßchen ausgebaut wurden, ebenso wie Weine aus voll- und überreifen Trauben.

Die Farbdichte von Rotweinen

Die Farbdichte von Weinen aus roten und blauen Trauben (Rotweine und Rosés) ist ein erster Indikator für die Konzentration von Aroma- und Geschmacksstoffen des Traubenguts und eventuell auch für eine lange Maischegärung. Natürlich ist sie immer nur in Abhängigkeit von Traubensorte und Anbaugebiet zu beurteilen: Ein Wein aus Cabernet-Sauvignon-Trauben kann zum Beispiel für seine Art viel zu hell sein und dennoch dunkler wirken als ein italienischer Bardolino, der gemessen an seinem Potential die dichtestmögliche Farbe besitzt. Ein Pinot noir oder Spätburgunder wird meist eine mittlere Farbdichte aufweisen, wenn er aus dem Burgund kommt. Ein deutscher Spätburgunder dagegen sieht meist recht hell aus. Weine südlicherer Herkunft, zum Beispiel Châteauneuf-du-Pape oder Cahors aus Frankreich, aber auch Negroamaro-Weine aus Süditalien sind oft farblich so dicht, daß sie undurchsichtig bis schwarz aussehen. Schließlich spielt auch das Alter des Weines eine Rolle. Bei der Alterung lagern sich nämlich die Wein-Tannine an die Farbstoffe an, und die derart größer werdenden Moleküle sinken mit der Zeit zum Flaschenboden ab: Der Wein wird heller.

Die Terminologie zur Beurteilung der Farbdichte (vom Positiven zum Negativen fortschreitend):
undurchsichtig, sehr dicht, mittlere Dichte, hell, wäßrig.

Der Farbton

Die Farbtönung ist am unmittelbarsten zugänglich, jedoch ein äußerst schwierig einzuschätzendes Kriterium von Weinqualität. Um mit einem meist unbeachteten Problem zu beginnen: Man sollte sich unbedingt angewöhnen, immer Gläser mit ungefähr gleichem Füllstand zu beurteilen. Oder wußten Sie, daß ein Weißwein, von einer Glühbirne beleuchtet und durch ein Flüssigkeit von 50 cm Tiefe hindurch – das ist zugegebenermaßen mehr, als irgendein Glas Ihres Haushalts faßt – betrachtet, eine tiefrote Farbe annimmt? Wenn auch unter professionellen Weinverkostern die weitverbreitete Meinung herrscht, die Beurteilung der Aromen sei eine subjektive, die der Farbe aber eine »objektive« Angelegenheit, kann man die Tatsache nicht leugnen, daß die Einschätzung der Farbe auch subjektiv und vom Moment bestimmt ist. Die Lichtfarbe der Umgebung spielt wie in dem erwähnten Beispiel eine Rolle, die Wahrnehmungsfähigkeit des Auges für bestimmte Lichtfrequenzen, unterschiedliche Gewohnheiten und subjektive Farbdefinitionen kommen hinzu. »Was ist Rubinrot«, hat der bekannte französische Önologe Émile Peynaud einmal gefragt, »ein tiefes Rot, ein Rot mit violettem Ton, ein Rot, das zum Rosa tendiert?« Die Antwort sind wir ihm noch schuldig.

Farbnuancen

Ein Urteil über die Farbe erfordert besonders bei Rotweinen die Beachtung der Gesamttönung und die der Farbnuancen, die sich vom Mittelpunkt des Glases – der Seele oder dem Herz, wie man gerne sagt – zu seinem Rand hin zeigen. Der Farbeindruck sollte sich bis fast an die Glaswand hin gleichmäßig fortsetzen, denn ein breiter wäßriger Rand ist ein untrügliches Zeichen für zu dünne, extraktarme Weine oder für einen schwächeren Jahrgang. Dann fragen wir uns: Ist die Farbe noch frisch, das heißt bei Weißweinen grünlich, hellgelb oder strohfarben, bei Rotweinen violett oder pupur, oder entspricht sie einem schon reifen Wein, zeigt sie eventuell gar die typischen Orange- und Braunschimmer fortgeschrittener Alterung?

Farbe und Alter von Weißweinen

Die Farbe von Weißweinen durchläuft einen Zyklus, der sich mit den entsprechenden Abweichungen für die einzelnen Sorten und Gebiete immer ähnlich darstellt: farblos, bleiches Gelbgrün (zum Beispiel Chablis, Mosel), weißgold, helles Strohgelb (Meursault, Traminer), zitronengelb, strohgelb, goldgelb (reife, süße Rieslinge, Gewürztraminer), grüngold (Mosel-Beerenauslese), tiefgold (reifer Süßwein, alter Burgunder), altgold, rotgold, gelbbraun, kupferfarben, bernsteinfarben, braun. Im letzten Stadium angekommen, dürfte jeder Wein untrinkbar geworden sein, während »kupferfarben« bei einigen edelsüßen Weinen das Stadium höchster Vollendung anzeigen kann und »bernsteinfarben« der ideale Alterungston von Jahrgangsportwein ist. Generell gilt, daß in dieser Farbskala leichtere, trockene Weine weit vorne beginnen und schon bei Erreichen der letzten vier Farbstufen ungenießbar werden, während süße und schwere Weine meist schon zitronen- oder goldgelb beginnen, um dann mit fortschreitender Reife die schönsten schillernden und leuchtenden Goldtöne zu erreichen.

Farbe und Alter von Rotweinen

Auch bei Rotweinen hängt die Farbtönung von der Traubenart und vom Alter des Weins ab. Weine aus der Nebbiolo-Traube entwickeln sehr schnell Orange- und gar Brauntöne, ohne daß ihnen dies schaden würde. Cabernet-Sauvignon-Weine dagegen zeigen in ihrer Jugend ein wunderschönes Rubinrot mit Purpurschimmern und werden dann langsam granat- bis ziegelrot. Experimente haben gezeigt, daß die meisten Rotweine in ihren verschiedenen Entwicklungsstufen folgende Farbtöne annehmen: violett, karmesin, rubin, granat, kirschrot, klatschmohnfarben, feuerrot, scharlachrot, goldrot. Für die Weinbeschreibung empfehlen sich folgende Begriffe: violett (Dolcetto), purpurrot (Barbera), rubinrot (junger Portwein/Bordeaux/Burgunder), wein/kirsch-rot (reiferer Bordeaux), granatrot (reifer Chianti/Barolo), ziegelrot, orange, rotbraun (sehr alter Bordeaux), bernsteinfarben, zwiebelfarben, braun (meist untrinkbar).
Rosés sind diejenigen Weine, an die man gemeinhin die geringsten

Die Technik der Sichtprüfung:

Wählen Sie eine gut beleuchtete weiße, hellbeige oder pastellfarbene Umgebung. Tageslicht ist die beste Lichtquelle, Glühbirnen sind akzeptabel, Neonlicht ist zu vermeiden. Betrachten Sie zuerst den Farbton und die Farbintensität. Halten Sie das Glas schräg, damit sich eine möglichst große Fläche ergibt, die auch eine Einschätzung der Brillanz erlaubt. Es folgen die Beurteilung der Transparenz (am besten im Gegenlicht) und der Klarheit (im Streiflicht, das heißt mit einer seitlichen Lichtquelle).
Weitere wichtige Aspekte: Hat der Wein Kohlensäure-Perlen, ist die Farbe typisch für die Rebsorten und das Alter? Notieren Sie die Eindrücke. Schwenken Sie das Glas, beobachten Sie die »Tränen«. Bei Schaumweinen beobachten Sie als erstes den Schaum und die Perlen. Ein feiner Schaumkranz, der lange »stehenbleibt« und ein feines, regelmäßiges und anhaltendes »perlage« sind Zeichen für Qualität.

Die Farbe von Roséweinen

Ansprüche bezüglich der Farbe stellt. Sie sollten korall- oder altrosa sein, eventuell mit leichten Orangetönen bei südfranzösischen Provenienzen. Eine zu starke Orangefärbung weist auf Oxidation und Überalterung hin, deutliche Blautöne dagegen auf metallische Verunreinigungen des Weins. Hier ist größte Vorsicht geboten! Die zur Beschreibung der Farbe von Rosés verwendeten Adjektive sind: blaßrosa, hellrosa, violettrosa, pfingstrosenfarben, kirschrosa, himbeerrosa, karminrosa, gelbrosa, orangerosa, aprikosenfarben, zwiebelhautfarben, orange, bräunlichrosa.

Die feine Nase des Verkosters

Die Geruchsprobe

Die Geruchsprobe ist ein äußerst wichtiger Bestandteil der Verkostung. Sie hilft, das Alter des Weins einzuschätzen – dazu unterscheidet man primäre, sekundäre und tertiäre Aromen, wie wir weiter unten noch sehen werden –, die Rebsorte und eventuell sogar das Anbaugebiet zu erkennen und dementsprechend die Typizität des Weines zu beurteilen. Außerdem gibt sie Hinweise auf Fehler, auch auf solche, die sich im Mund vielleicht noch nicht bemerkbar machen, den Wein aber über kurz oder lang zerstören können: Alles was nach Kraut, Essig, aufdringlicher Bittermandel, Joghurt, Knoblauch, Zwiebel, Moder oder ähnlichem riecht, muß deshalb Verdacht erregen.

Aber das ist nicht alles. Das Vergnügen beim Weintrinken stammt zum überwiegenden Teil von den Aromen und dem Bukett, und die Empfindungen, die man zum Beispiel beim Einatmen des Dufts einer Blume verspürt, sind ähnlich denen, die ein großer Wein verursachen kann. Der Geruchssinn funktioniert etwas anders als Gaumen und Auge. Jeder wird schon einmal vor der Aufgabe gestanden haben, einen Geruch präzise beschreiben zu müssen und hat dies wahrscheinlich als sehr schwierig empfunden. Das liegt nicht nur an der kulturbedingten Verkümmerung des Geruchssinns in unserer modernen Gesellschaft – erinnern wir uns nur daran, wie auf dem Lande oder bei unseren Großeltern die Qualität von Lebensmitteln »mit der Nase beurteilt« wurde, ein im Zeitalter der »Verfallsdaten« fast unwirklich scheinendes Unterfangen. Es liegt vor allem auch daran, daß der Geruchssinn entwicklungsgeschichtlich zu den primären Sinnen gehört, die schon vor Millionen von Jahren den Tieren zur Kommunikation dienten. Die unzähligen »Fühler«, die Chemorezeptoren, in der Nasenhöhle sind im Unterschied zu den anderen Sinnen mit dem Vorderhirn verbunden, das schon bei niedrigen Wirbeltieren ein ausgesprochenes »Riechhirn« ist. Geruchseindrücke sind deshalb zuallererst emotionale Eindrücke – weshalb sie auch bei Tieren so wichtige sexuelle und Warnfunktionen besitzen – und können nur schwer »intellektuell« verarbeitet werden. Wann immer Sie versuchen sollten, einen Geruch zu beschreiben, werden Sie nicht mehr als »Es riecht wie . . .« herausbringen, nicht aber eindeutige Eigenschaftswörter wie »rot«, »laut«, »heiß«, »weich«. Es gibt keine »spezifischen« Adjektive, die den

Die Beschreibung der Geruchseindrücke

Der Geruchssinn

Geruch betreffen, sieht man von einigen allgemeinen Qualitätsbeschreibungen (gut, schlecht, angenehm) einmal ab. Es bedarf erst einer Übersetzung von einem Zentrum des Hirns in ein anderes, gepaart mit einer oft anstrengenden Erinnerungsleistung, um Gerüche richtig identifizieren und definieren zu können.

Und noch eine Eigenschaft dieser Riechfühler sollte man sich vergegenwärtigen: Sie sind jeweils immer nur für ein bestimmtes Geruchsmolekül zuständig. Haben sie einmal darauf angesprochen, so verschließen sie sich und werden unempfindlich. Das ist auch die Ursache dafür, daß man oft selbst extremen Gestank nach einer Weile nicht mehr wahrnimmt. Der Verkoster muß aus diesem Grund den ersten Eindruck beim Riechen sehr schnell und aufmerksam verarbeiten, »übersetzen« und notieren: eine Fähigkeit, die gelernt sein will.

Der Geruchssinn, ein »emotionaler« Sinn

Da der Geruchssinn ein »emotionaler« Sinn ist, bietet er dem Weingourmet ungeheure Möglichkeiten der sinnlichen Befriedigung, zu der sich die intellektuelle Befriedigung, das Wiedererkennen von Aromen, das Aufspüren von Feinheiten und von Vielschichtigem, gesellt. Dennoch gilt es auch hier, das Kind nicht mit dem Bade auszuschütten: Schließlich will man den Wein trinken und nicht nur riechen, was leider immer noch viele Verkoster bei Weinproben tun. So manche Gewächse, vor allem ältere Rote, können in der Nase noch ein wunderschönes Bukett zeigen, doch fehlt es ihnen im Geschmack an der nötigen Kraft, und sie sind vielleicht schon vom Alter ausgezehrt und brüchig geworden. Solche Weine sind manchmal ausgesprochen talentierte Bluffer!

Natürlich sind auch die Aromen und Gerüche, noch mehr als die Farben, von Wein zu Wein verschieden. Das Traubenmaterial und seine Anbau- und Reifebedingungen, die Art der zur Gärung benutzten Hefen und die Keltermethoden, die Ausbauformen und die Reifezeit – all das formt und bestimmt das Aroma oder Bukett, aber auch die Fehlgerüche eines Weines.

Die Geruchsstoffe

Dabei muß man verschiedene Arten von Geruchsstoffen unterscheiden: Sie können entweder schon in der Traube vorhanden sein, bei der Gärung entstehen oder sich durch einen langen Reifeprozeß im Faß, besonders aber in der Flasche bilden. Ein junger Wein hat meist einen noch unentwickelten Geruch: Bei Weißweinen ist er ganz schwach, bei Rotweinen spürt man noch den ursprünglichen Geruch der Trauben in der Nase. Man sagt in diesem Fall, der Wein sei noch »verschlossen«. In

eruchsprobe

diesem frühen Entwicklungsstadium des Weins sind Farbe und Geschmack die wichtigeren Bestandteile des Qualitätsurteils. Später, beim alternden und reifenden Wein wird das Aroma – das »offene« und »entfaltete« Bukett – immer wichtiger und komplexer, vor allem, wenn es sich um eine große Kreszenz handelt.

Die Aromastufen

So wie es drei Möglichkeiten gibt, wie Gerüche im Wein entstehen können, unterscheidet man auch zwischen drei Aromatypen oder besser -stufen: den primären, den sekundären und den tertiären.

Primäre Aromen werden durch Geruchsstoffe hervorgerufen, die schon in der Traube vorhanden und dort meist innen an die Beerenhäute angelagert sind. Sie bringen den typischen Duft der jeweiligen Rebsorte zum Ausdruck, und man unterteilt manchmal die verschiedenen Reben in Gruppen, die ähnliche Primäraromen besitzen, egal ob sie nun blaue oder

Reife Merlottraube

Die Primäraromen der Traubensorten

gelbe Trauben tragen: In Frankreich gibt es die »Carmenets« (Sauvignon blanc, Cabernet Sauvignon, Cabernet franc, Sémillon, Merlot), die vor allem im Bordeauxgebiet und an der Loire heimisch sind und sich durch den Duft von schwarzen Johannisbeeren, zerriebenen Blättern, Kräutern oder auch Paprikaschoten auszeichnen. Aus dem nordöstlichen Frankreich stammt die Gruppe der »Noiriens«, zu denen der Pinot noir, der Gamay sowie Chardonnay, Ruländer und Weißburgunder gehören. Eine ähnliche Gruppeneinteilung wird im deutschen Weinbau vorgenommen: Hier bilden der Riesling und seine »Satelliten« eine Kategorie, deren Weine häufig nach Ginster, Pfirsich, Zitrone oder Rosen riechen. Eine andere Gruppe besteht aus Silvaner, Weißburgunder, Elbling und anderen, eine dritte aus Müller-Thurgau, Gutedel, Faber und Bacchus, eine vierte aus Morio-Muskat, Ortega und Siegerrebe und die letzte aus Muskateller, Ruländer, Scheurebe und Traminer. So bedeutend die Primäraromen für einen Wein sind, denn ohne sie kann sich später kein komplexes Bukett entfalten, so banal und uninteressant sind Weine, die nur den einfachen »Traubenduft« haben. Zum Hochgenuß fehlen noch zwei weitere Stufen.

Sekundäre Aromen durch die Gärung

Die sekundären Aromen entstehen durch die Arbeit der Hefen bei der Gärung. Chemisch sind sie Substanzen wie Aldehyden, Acetalen, Estern oder Diacetyl geschuldet, doch das brauchen Sie sich nicht unbedingt zu merken. Die Hefe erzeugt ja, wie schon erwähnt, aus dem Zucker nicht nur Alkohol und Kohlensäuregas, sondern auch mehrere Dutzend Nebenprodukte, unter ihnen die erwähnten Geruchssubstanzen, aber auch geschmacklich wahrnehmbare Stoffe wie die Bernstein- oder die Essigsäure. Weitere Sekundäraromen, aber leider oft auch eine Reihe von Fehlgerüchen, wie Milch-, Käse-, Kraut- und Stearinstiche, entstehen beim biologischen Säureabbau. Die Produktion von Sekundäraromen bei der Gärung hängt entscheidend von einem hohen Zuckergehalt der Trauben und von ihrer physiologischen Zusammensetzung ab. Stickstoff, Aminosäuren, Vitamine und andere Bestandteile der Beere beeinflussen nämlich die Arbeit der Hefen und sorgen so für die Bildung von immer anderen Aromastoffen. Darüber hinaus geht auch jede Hefeart anders mit dem vorgefundenen »Rohmaterial« um, und ein komplexes Jungweinbukett setzt im Grunde schon die Arbeit mehrerer verschiedener Hefestämme voraus. Leider wird im modernen Weinbau allzu oft nicht mehr mit den natürlichen Hefen von der Beerenschale, sondern mit Zuchthefen aus dem Labor gearbeitet, die den Weinen meist ein zwar sauberes, aber recht eindimensionales und banales Aroma verleihen.

Sekundäre Aromen durch Säureabbau

Primäre und sekundäre Aromen machen den Charme eines Weines in seiner Jugend aus, lassen aber schon nach wenigen Monaten in ihrer Intensität nach. Sie können sogar ganz verschwinden, wenn der Wein nicht durch seine Anlage, aber auch durch einen adäquaten Ausbau tertiäre Aromen, das eigentliche Lager- oder Reifebukett, bildet. Diese tertiären Noten erinnern oft an Pilze, Trüffel, Leder, Fell, Teer oder auch an Petroleum. Sie entstehen zum geringen Teil schon während der Faßlagerung, hauptsächlich aber in der Flasche, wo sich im Laufe der Jahre unter Luftabschluß – der gute Korken einer liegenden Flasche läßt so gut wie keinerlei Luftaustausch zu – bestimmte chemische Substanzen verändern, und das um so mehr, je vollkommener der Luftabschluß ist. Bei diesen Vorgängen können zum Beispiel die Tannine eines Rotweins von Geschmacks- zu Farb- und Geruchsstoffen werden. Auch die Stoffe, die aus der Edelfäule eines Süßweines (Sauternes, Trockenbeerenauslesen) entstehen, und die sich auch im »primären« und »sekundären« Stadium schon bemerkbar machen, verwandeln sich im Laufe der Zeit und treten immer charakteristischer und intensiver hervor.

Tertiäre Aromen durch Lagerung und Reife

Einige Begriffe zur Beschreibung der Qualität des Aromas und des Buketts:
üppig, reich, ausdrucksvoll, warm, voll, komplex, fein, leicht, sauber, weinig, oberflächlich, einfach, banal, ausdruckslos, ordinär, fehlerhaft.

Neben den drei Aromastufen, die zur Einschätzung des Alters und der Entwicklung eines Weines wichtig sind, muß man bei der Verkostung vor allem auch auf Geruchsfehler achten: Sie sind ein untrügliches Zeichen dafür, daß mit dem Wein etwas nicht stimmt. Zu den Fehlern gehört zuallererst der Korkton oder Korkgeschmack, den man auch im Mund feststellen kann und der jeden Weinfreund zum direkten Weg zum Ausguß (für den Inhalt der

Geruchsfehler

Korkton

Flasche) oder zum Ruf nach dem Kellner (für eine neue Flasche) veranlaßt. Etwas subtiler und nicht immer leicht festzustellen sind Muff- und Modergerüche, die meist von unsauberen alten Fässern stammen und mit dem Korkgeschmack verwechselt werden können: Spätestens, wenn die zweite Flasche denselben Fehler zeigt, ist es Zeit, den Wein zu wechseln. Einfacher festzustellen sind dagegen ranzige Gerüche, faulige Aromen, medizinisch-chemische »Düfte«, die meist von faulem Traubengut verursacht werden, und die schon erwähnten Käse- und Krautstiche eines mißglückten biologischen Säureabbaus. Solche Geruchsfehler muß man bei der Verkostung schnell aufspüren und notieren, denn die Nase hat ja, wie oben geschildert, die Eigenschaft, sich gegenüber einzelnen Gerüchen zu »verschließen«. Sonst gewöhnt man sich bei mehrmaligem Riechen an die Fehler des Weines.

Modergeruch

Böckser

Die häufigste Beanstandung bei der Geruchsprüfung betrifft allerdings den sogenannten Böckser, einen Fehler, der in unterschiedlichen Formen auftritt. Der Geruch nach faulen Eiern, chemisch Schwefelwasserstoff (H_2S), entsteht vor allem beim Ausbau von Weißweinen unter vollständigem Luftabschluß bei gleichzeitig falsch dosierter Schwefelzugabe. Stellt der Winzer diesen Fehler noch vor der Flaschenabfüllung fest, so kann er ihn manchmal durch einfaches »Lüften« des Weines entfernen, indem er ihn in ein anderes Faß umpumpt. Ist der Wein erst einmal »auf der Flasche«, so ist oft nichts mehr zu machen. Der Schwefelwasserstoff wird sich allmählich mit dem Alkohol zu Äthylmercaptan verbinden, und dieser für sich allein schon übelriechende Stoff steigert seine Wirkung bei fortschreitender Alterung des Weines zu einem knoblauch- und zwiebelartigen Gestank. Natürlich muß man nicht bei jedem leichten Böckser den Inhalt der Flasche gleich wegschütten. Ausgiebiges Lüften des Weines – sei es, daß man ihn »dekantiert«, sei es, daß man ihn eine Weile offen stehenläßt oder ihn im Glas kräftig schwenkt – kann den Schaden oft noch beheben.

Wenn bisher von »Johannisbeeren«, »Knoblauch« oder »Leder« die Rede war, dann heißt das natürlich nicht, daß der Wein mit diesen Aromen künstlich »angereichert« wurde. Es heißt nicht einmal, daß er zwangsläufig dieselben chemischen Substanzen enthalten muß, die in der Johannisbeere oder im Leder einen bestimmten Geruchseindruck erwecken. Es gibt »echte« Aromen im Wein, das heißt, der Aromastoff der jeweiligen Frucht oder Blume kommt wirklich im Wein vor, wie zum Beispiel Vanillegeruch, hervorgerufen durch das Äthylvanillin neuer Eichenholzfässer. Es gibt aber auch »assoziierte« Aromen, und das sind die meisten der von Verkostern wahrgenommenen Düfte. Sie sind natürlich recht persönlicher Art und auch meist sehr schwer in Worte zu fassen. Wenn man dazu noch weiß, daß der Duft einer Rose von verschiedenen Testpersonen bei ein und demselben Versuch als Estragon, Pfeffer, Heu, Leder, Nelken, Melone, Aprikose, Alkohol oder Erdbeere wahrgenommen werden kann, wird man

»Echte« und »assoziierte« Aromen

bei der Beschreibung der Weinaromen große Toleranz walten lassen müssen. Ein häufiger Fehler besteht darin, Listen der in einem Weintyp möglicherweise auftauchenden Gerüche auswendig zu lernen, und diese dann bei jeder Gelegenheit abzuspulen. Hier gilt die Regel – wie beim Wein generell: »Weniger ist besser!« Es ist wahr, daß wir theoretisch mehrere tausend Geruchseindrücke voneinander unterscheiden können, und »Spürnasen« der Parfümindustrie sind in der Lage, bis zu 150 einzelne Bestandteile in ihren »Wässerchen« zu erschnüffeln, aber beim Wein ist das nicht annähernd so einfach, wie manch einer gerne glauben möchte. Viel wichtiger ist es, daß man sich eine klare Meinung darüber bildet, ob ein Wein einfach oder komplex, sauber oder fehlerhaft, jung oder gereift, abstoßend oder aufregend ist.

Gaumen und Zunge erschließen den Reichtum des Weines

Die Geschmackskomponenten

Erst im Mund erschließt sich der volle Reichtum eines Weines, von dem die Nase gekündet hat. Beurteilt werden hier Frische, Dichte, Komplexität, Extraktfülle, Feinheit, Harmonie, Alkoholgehalt, Restsüße und Dauer der Empfindungen. Dennoch: Wenn Weinfreunde sich über den guten Geschmack eines ihrer edlen Tropfen unterhalten, meinen sie

Die Technik der Geruchsprüfung:

Riechen Sie zuerst einmal kurz und behutsam am unbewegten Glas. Einige der Geruchsstoffe vor allem reiferer Weine sind so flüchtig, daß jede heftige Bewegung sie »verwirbeln« würde. Bei diesem ersten Eindruck werden Sie auch schnell auf unsaubere Aromen, auf Gärtöne oder Böckser stoßen. Notieren Sie diese Eindrücke.
Schwenken Sie dann das Glas gegen den Uhrzeigersinn: Erstens ist das zumindest für Rechtshänder praktischer, zweitens behaupten Physiker, diese Drehung verändere den Energiezustand des Weines so, daß er seine Aromen leichter freigibt. Sicher ist, daß die Verdunstung der weniger flüchtigen Aromastoffe durch das Schwenken und die damit verbundene Erwärmung des Weines gefördert werden. Schnüffeln Sie anschließend intensiver als beim ersten Mal am Glas, und wiederholen Sie den ganzen Vorgang gegebenenfalls mehrmals. Wenn ein Verdacht auf zuviel freien Schwefel besteht, ziehen Sie die Luft scharf durch die Nase ein: Ein Beißen in der Nasenhöhle wird Ihre Vermutung bestätigen.
Eine weitere Beurteilung der Aromen können Sie vornehmen, nachdem der Wein ein paar Stunden im offenen Glas gestanden hat. Dabei wird dann deutlich, ob er eine Tendenz zur schnellen Oxidation hat, das heißt, ob Sie Ihren Bestand im Keller möglichst rasch leertrinken sollten.

in 80 Prozent der Fälle den Geruch. Und das hat eine ganz einfache Erklärung. Erinnern Sie sich, wie Kinder den schlechten Geschmack von Medikamenten überwinden! Indem sie sich die Nase zuhalten! Durch Ausschalten des Riechorgans wird gleichzeitig auch die Geschmackswahrnehmung eliminiert. So paradox es klingt, ist das in Wirklichkeit gar nicht. Denn was gemeinhin als Geschmack verstanden wird, ist nichts anderes als das, was die Riechsensoren der Nase über die Verbindung zwischen Rachen und Nasenhöhle wahrnehmen. Versuchen Sie es selbst! Halten Sie sich die Nase zu und beschreiben Sie dann einen Wein: Das Ergebnis wird Sie überzeugen!

Die vier Geschmacksempfindungen

Der Mund unterscheidet nur vier Geschmacksempfindungen: süß, sauer, salzig und bitter. Dazu kommen noch die Wahrnehmungen des Tastsinns, mit dessen Hilfe wir zum Beispiel die Temperatur und die Konsistenz einer Flüssigkeit feststellen können. Der Geschmackssinn bedient sich der Weichteile im Gaumenbereich – vor allem der Zunge –, die mit mehreren tausend empfindlichen Geschmacksknospen besetzt sind.

Die Geschmackszonen der Zunge

Da bestimmte »Zonen« auf jeweils eine der Geschmacksarten besonders ansprechen – die Zungenspitze auf Süßes, die vorderen Zungenränder auf Salziges, der Zungenhintergrund auf Bitteres und die mittleren Zungenränder auf Saures –, kommt es beim Verkosten darauf an, den Wein mehrfach über die Zunge zu »rollen«.

Die Süße

Der Eindruck der Süße im Wein entsteht nicht allein durch Zucker, obwohl Fruktose und Glukose, die im Wein als »Restzucker« noch von der Traube her enthalten sind, natürlich zuallererst dazu beitragen. Auch der Alkohol ist eine wichtige Süßquelle, und man sagt, 4 Volumenprozent (knapp 32 Gramm pro Liter) Alkohol hätten denselben Effekt wie 20 Gramm Zucker. Deshalb kann es durchaus vorkommen, daß uns knochentrockene südliche Weine lieblich vorkommen. Glyzerin, ein höherwertiger Alkohol, der in edelfaulen Trauben vorkommt und bei der Gärung entsteht, hat sogar dieselbe Süßwirkung wie Glukose, aber meist ist nur sehr wenig davon im Wein enthalten. Abgemildert wird der Eindruck der Süße dagegen durch die Säure des Weins... und umgekehrt. Sie können das selbst feststellen, wenn Sie in ein Glas Zuckerwasser ein wenig Zitrone träufeln oder umgekehrt Ihrem Zitronensaft einen Löffel Zucker hinzufügen. Tatsächlich bedarf es einer geübten Zunge, um in einem säurereichen Wein den exakten Zuckergehalt zu »erschmecken«. Bei einem guten Wein befinden sich die beiden Elemente in einem harmonischen Gleichgewicht.

Die Säure

Der saure Geschmack von Weinen entsteht durch eine Reihe von Säuren, die zum größten Teil schon in der Traube enthalten sind. Zur Wein-, Apfel-(Äpfel-) und Zitronensäure aus der Beere gesellen sich während der Gärung noch erwünschte und weniger erwünschte Säuren wie die Bernstein- und die Essigsäure. Die Säuren verleihen dem Wein seine Frische und – zusammen mit dem Alkohol – seine »Nervosität«; sie tragen zu seiner »Struktur« bei. Ein hoher Säuregehalt verringert, wie schon erwähnt, den Eindruck der Süße, verstärkt aber den bitteren und rauhen Geschmack der Tannine, weshalb besonders bei tanninreichen Rotweinen der biologische Säureabbau höchst erwünscht ist. Ein Säuremangel hingegen führt zu flachen, ausdruckslosen Weinen. Allerdings ist Säure nicht gleich Säure. Die verschiedenen Säuregrade, ausgedrückt als pH-Wert, machen sich natürlich auch am Gaumen unterschiedlich bemerkbar. Die Apfelsäure zum Beispiel hat einen niedrigen pH-Wert, ist also sehr sauer, und hat deshalb meist einen »grüneren« oder »härteren« Geschmack als die Weinsäure. Die Essigsäure zeigt sich vor allem im Rachen: Weine mit hohem Essigsäuregehalt schmecken besonders unangenehm, mager und dürr und haben einen brennenden und kratzenden Nachgeschmack. Man hält die Essigsäure häufig für den Essigstich eines Weines verantwortlich. Das ist nicht ganz korrekt, denn dieser Geruchsfehler, den man übrigens durch Verreiben eines Tropfens Wein auf dem Handrücken klar und deutlich feststellen kann, wird durch Zwischenprodukte bei der Essigsäurebildung hervorgerufen.

Salzgeschmack

Richtig salzig schmeckt eigentlich kaum ein Wein. Allenfalls kann ein hoher Salzgehalt, der ja auch von den Säuren herrührt, den Eindruck von Frische verstärken und erhöht im Gaumen die Speichelproduktion, was wiederum als angenehm empfunden wird.

Bitterkeit

Ganz anders die Bitterkeit. Sie kann recht garstig wirken. Der bittere Geschmack im Wein stammt meist von den Tanninen, die durch das Pressen und Maischen aus den Häuten, Kernen und Stielen der Traube in den Most gelangen. Tannine schmecken vor allem dann »grün«, bitter, »hart« oder »spitz«, wenn sie aus unreifen Trauben, aus nicht verholzten Stielen und zu stark ausgequetschten Traubenkernen stammen. »Gute« Tannine dagegen sind viel feiner, edler, weicher und »fruchtiger«, auch wenn sie eine gerbende, zusammenziehende (»adstringierende«) Wirkung auf Zunge und Gaumen hinterlassen, die erst mit der Alterung des Weines nachläßt.

Der Tastsinn

Die adstringierende Wirkung der Tannine betrifft nicht mehr den Geschmack im eigentlichen Sinne, sondern eher den Tastsinn. Mit ihm wird die Konsistenz eines Weines beurteilt. Ist der Wein rund, fett, dick und deutet auf diese Weise hohe Alkohol- und Zuckerwerte an? Ist er mager, dünn, hart, kratzig und enthält er zuviel Säure oder Tannine? Der Tastsinn ist vor allem für zwei Qualitätsmerkmale des Weins zuständig: für den Körper und die Struktur.

Körper und Struktur des Weines

Mit Körper oder Fülle beschreibt man die Summe von Zucker, Alkohol und Extrakten, der organischen Materie, die nach dem Verdampfen des Wassers und des Alkohols übrigbleibt. Unter Struktur versteht man meist eine Kombination aus Körperfülle und Säure beziehungsweise Tanningehalt, die den Wein fest oder weich, hart oder samtig, rauh oder geschmeidig wirken läßt. Der Tastsinn kann andererseits auch die Wahrnehmung der Geschmackseindrücke beeinflussen: So wirkt ein kalter Wein säurebetonter, ein warmer wird süßer erscheinen.

Wichtig ist, bei der Beurteilung auf die Entwicklung und die Harmonie zwischen diesen Eindrük-

Die Geschmackseindrücke:

(Überschneidungen bedeuten, daß derselbe Eindruck zwei Ursachen haben kann)
Frische: ausdruckslos, fade, flach, weich, zart, frisch, lebhaft, kräftig, fest, nervös, eckig, hart, grün, spitz, sauer, schneidend, beißend, aggressiv.
Süße: staubtrocken, trocken, süffig, geschmeidig, halbtrocken, lieblich, süß, likörartig, sirupartig.
Adstringenz und Bitterkeit: amorph, samtig, geschmeidig, weich, fest, herb, leicht adstringierend, tannisch, hart, rauh, ausgetrocknet, bitter, adstringierend.
Struktur: skelettartig, mager, solide, glatt, rund, geschmeidig, samtig, stoffig, körperlich, robust, massiv, grobschlächtig.
Körper – Alkohol: schwach, dünn, wäßrig, klein, leicht, kräftig, weinig, warm, voll, wuchtig, alkoholisch, brandig.
Körper – Extrakte: fleischlos, hohl, leer, mager, süffig, voll, dicht, fruchtig, rund, intensiv, konzentriert, fleischig, fett, dick, schwer, zäh.

Die Harmonie

ken zu achten. Ein Wein hat dann eine große Harmonie, wenn er eine Fülle von Geschmackswahrnehmungen ermöglicht, die sich im Gleichgewicht befinden. Ein Überschuß an Süße, Säure, Bitterkeit oder Adstringenz muß zur Abwertung in der Verkostung führen. Natürlich ist dieses Gleichgewicht kein »absoluter« Wert, sondern hängt stark von den Erwartungshaltungen an einen Weintyp ab: Bei einem Rotwein aus Châteauneuf-du-Pape wird man mehr Alkohol tolerieren als bei einem Riesling vom Rhein, und sicher wird auch niemand bei einer Trockenbeerenauslese dasselbe Verhältnis von Süße und Säure suchen wie bei einem Chablis.

Der Geschmacks- und der Tastsinn sind, wie schon erwähnt, nur für einen kleinen Teil der Geschmackseindrücke verantwortlich. Den Rest steuert der durch den Rachen wahrgenommene Geruch bei. Beim Schlucken und mehr noch beim »Rollen« des Weins auf der Zunge oder beim »Kauen« – zwei typische Mundbewegungen erfahrener Verkoster – entstehen im Rachenraum Luftwirbel, die Geruchsstoffe in die Nasenhöhle tragen, während gleichzeitig die Körperwärme für eine schnelle Verdunstung aller flüchtigen Bestandteile des Weins sorgt. Die Aromen, die so spürbar werden, sollten mit denen der Geruchsprüfung in Einklang stehen, um Vollendung und Größe erkennbar werden zu lassen. Ein Wein, der auf diese Weise keine Empfindungen auslöst, ist leer und banal.

Der Geruch im Rachen

Die geschmacklichen Empfindungen und die retronasalen Aromen wirken auch nach dem Hinunterschlucken oder Ausspucken noch eine Weile im Rachen und der Nasenhöhle nach. Vor allem bei sehr guten Weinen kann im Auskosten dieses »Abgangs« ein großer Genuß liegen. Schon beim Schlucken darf nichts kratzen oder beißen, der Wein muß die Seitenwände des Rachens quasi

Der »Abgang«

»streicheln« und dann die ganze Fülle und Vielfalt seiner Aromen als »Erbe« hinterlassen. Die Zeit, während der man diese noch wahrnehmen kann, nennt man die »Länge« des Abgangs oder Nachgeschmacks, und es gibt Verkoster, die diese Länge mit der Uhr in der Hand bestimmen – eine meiner Meinung nach unsinnige Übertreibung. Wenn jemand behauptet, er habe einen Wein noch stundenlang, ja sogar noch am nächsten Tag »gespürt«, frage ich ihn meist einfach, ob er sich denn nie die Zähne putze. Natürlich zählt auch nicht die reine Zeitspanne für ein korrektes Qualitätsurteil: Es gibt Weine, deren Tannine oder Säuren sich in der Tat noch lange bemerkbar machen, aber das ist nicht unbedingt das, was man unter einem schönen Abgang versteht.

Der beste Wein?

Welches ist der beste Wein, wird sich so mancher Leser nach diesem Trommelfeuer von Eindrükken und Empfindungen fragen. Angelsächsische Weinfreunde beantworten diese Frage oft mit einem sehr einfachen Credo: Der beste ist derjenige mit der größten Alterungsfähigkeit. Aber das hängt wohl eher mit der Gewohn-

Die Technik der Geschmacksprüfung:

Ich persönlich nehme zu Beginn einen ausreichenden Schluck, der es mir erlaubt, den Wein eine Weile zu »kauen«, ohne daß der Geschmack durch Vermischung mit dem Speichel gleich verwässert wird. Das »Rollen« oder »Kauen« üben Sie am besten eine Weile zu Hause, bevor Sie sich damit in die Öffentlichkeit wagen.
Dasselbe gilt noch viel mehr für die folgende Stufe, das Ansaugen von Luft durch die spaltbreit geöffneten Lippen. Es dient dazu, die Verdunstung der Aromabestandteile im Mund noch mehr zu fördern. Hier brauchen Sie schon eine gewisse Routine, bevor Sie sich in eine Verkostergruppe wagen sollten – und im Restaurant ist dieses Schlürfen ohnehin unangebracht. Bei Verkostungen wird der Wein nach ein paar Sekunden ausgespuckt.
Ein zweiter Schluck kann helfen, die Eindrücke zu überprüfen und sich ganz auf den Abgang zu konzentrieren.
Eventuell sollten Sie nun eine winzige Menge des Weines wirklich schlucken. Ich persönlich komme meist ohne diesen Mini-Schluck aus. Sorgfältiges Notieren der gewonnenen Eindrücke und ihr Vergleich mit dem Ergebnis der Farb- und Geruchsprobe schließen die Verkostung ab. Jetzt fehlt nur noch das abschließende Urteil oder die Note. Ob jetzt eine Note wie »3 von 5 möglichen« oder »87/100« oder ein Kommentar im Stile von »großer Wein von feiner Eleganz und guter Alterungsfähigkeit, typisch für seine Art« folgt, muß jeder mit sich selbst ausmachen. Eine aufmerksame Lektüre von Weinzeitschriften liefert dem angehenden Weinkenner hierzu gute – und auch schlechte – Beispiele, an denen er sich orientieren kann.

Die Eigenschaften eines großen Weines

heit zusammen, auch stark überalterte Weine zu trinken und diese sogar für das A und O des Weingenusses zu halten. Ich für meinen Teil antworte auf die Frage mit den sechs bereits erläuterten Begriffen, die sich in einem großen Wein zur Vollendung vereinen müssen: Intensität, Feinheit, Komplexität, Harmonie, Typizität und individueller Charakter der Wahrnehmungen – und das alles in größtmöglicher Harmonie untereinander.

Diese Harmonie ist natürlich kein absoluter Maßstab: Es gibt eine Harmonie auf dem niedrigen Niveau der harmonisierenden Elemente und eine auf hohem Niveau! Nur in der letzten Kategorie sind die Spitzengewächse des Weltweinbaus anzutreffen. Zeigen sich bei einem Jungwein die einzelnen Elemente – Aroma, Säure, Süße, Extrakte oder Tannine, Körper oder Struktur – noch zu stark isoliert voneinander und bilden statt eines Miteinanders ein Nacheinander oder gar Gegeneinander, so sollte man den Wein aufmerksam auf die Kraft und Intensität seiner einzelnen Bestandteile hin untersuchen. Ist viel von ihnen allen vorhanden, so hat er die allerbesten Chancen, einmal ein ganz Großer zu werden.

Eine einfache Antwort

Nach diesen ausführlichen Überlegungen kann die Ausgangsfrage dieses Kapitels »Wie erkennt man einen guten Wein?« wohl als beantwortet gelten.

Aber eigentlich hätte ich auf die gestellte Frage noch einfacher antworten können: Der beste Wein ist der, der Ihnen immer wieder am besten gefällt! So einfach ist das! Letztlich!!

Regeln für die Weinbeurteilung:

Bei gut organisierten Weinproben sind die Etiketten der Flaschen nicht sichtbar, die Rahmenbedingungen neutral, das Licht gut und die Verkoster ausgeruht.

Die Kriterien der Weinbeurteilung sind Intensität, Feinheit, Komplexität, Harmonie, Typizität und individueller Charakter von Farbe, Geruch und Geschmack.

Zur Beurteilung eines Weines betrachtet man zuerst Klarheit und Farbe, riecht dann vorsichtig am unbewegten Glas, schwenkt dieses, betrachtet die Schlieren am Rand, riecht erneut daran und nimmt einen angemessenen Schluck, der so lange auf der Zunge »gerollt« wird, bis seine Aromen die Mundhöhle füllen. Nach dem Ausspucken beobachtet man die Länge und die Qualität des Nachgeschmacks.

Alle Angaben über den Wein und alle Eindrücke sind sorgfältig zu notieren, um die Entwicklung des Weines später nachvollziehen zu können und Verwechslungen auszuschließen.

WEIN EINKAUFEN

»Reiner Wein«

Haben Sie sich nicht schon einmal sehnlichst gewünscht, daß man Ihnen »reinen Wein einschenken« möge? Spaß beiseite: Die alte Metapher hat durchaus ihren Sinn! Daß man ihnen reinen und nicht gepanschten Wein einschenkte, lag schon den Herrschern und Gesetzgebern vergangener Epochen am Herzen. Die ältesten Weingesetze, eine Vorstufe unserer heutigen garantierten Herkunftsbezeichnungen, stammen immerhin schon aus dem 18. Jahrhundert, genauer gesagt von 1716 (für 4 toskanische Weine, darunter die heutigen Chianti und Carmignano) beziehungsweise von 1756 (für Portwein). Da aber das beste Weingesetz nur so viel wert ist wie die Sicherheit, die es dem Verbraucher wirklich bietet, erfand man das Etikett!

Der Schilderwald

Und so steht der arme »König Verbraucher« heute vor einem Wald von Schildern, deren Namen, Bezeichnungen, Kürzel und andere »Inhaltsangaben« ihm eigentlich helfen sollen, ihn aber – seien wir ehrlich! – in der Mehrheit der Fälle eher verwirren. Allein der deutsche Weinbau kennt zum Beispiel etwa 2750 Lagennamen, 2590 Einzel- und 160 Großlagen, zwischen denen aber leider kein Etikett einen Unterschied macht. Dazu kommen noch 36 Bereiche und 13 Anbaugebiete. In Frankreich gibt es fast 300 Weine mit der Herkunftsgarantie A.O.C. (Appellation d'origine contrôlée) beziehungsweise V.D.Q.S. (Vins délimités de qualité supérieure) und den entsprechenden Unterdefinitionen (zum Beispiel Cru, Premier Cru). Italien besitzt 240 D.O.C.- und D.O.C.G.-Gewächse mit insgesamt etwa 900 bis 1000 Unterbezeichnungen. Und das ist nur die Spitze des Eisbergs, denn in Frankreich repräsentieren die A.O.C.-Weine gerade mal 50 Prozent, in Italien weniger als 15 Prozent und in Spanien 4 Prozent des gesamten Weinangebots. Der »Rest« entfällt auf Tafel- und Landweine, so daß die ellenlange Liste möglicher Herkunftsbezeichnungen und Weinnamen vollkommen unüberschaubar wird.

Die Qualitätsstufen

Qualitative und geographische Kennzeichnungen

Trotz dieser etwas pessimistischen Vorbemerkung muß betont werden, daß Grundkenntnisse der jeweiligen nationalen Weinkennzeichnungen für den engagierten Weinamateur unerläßlich sind. Beginnen wir bei Deutschland und Frankreich: Das deutsche Gesetz kennt, wie auch das französische, zwei Arten der Ordnung und Klassifizierung der unübersichtlichen Weinflut: eine geographische und eine qualitative. Den geographischen Rahmen bilden Anbaugebiete, Bereiche, Gemeinden und Lagen, den qualitativen die Qualitätsstufen: in Frankreich »Vin de table«, »Vin de pays« und »A.O.C.« und in Deutschland Tafel-, Land-, oder Qualitätswein bestimmter Anbaugebiete (Q.b.A.) ohne oder mit Prädikat. Die A.O.C.- und Qualitätsweine werden im europäischen Normensystem als V.Q.P.R.D. (Vins de qualité produits dans des régions déterminées, Qualitätsweine bestimmter Herkunftsgebiete, also nichts anderes als das deutsche Q.b.A.) bezeichnet. In der konkreten Ausgestaltung dieser Ordnungsmuster unterscheiden sich Deutschland und Frankreich dann allerdings gründlich. Wichtigster Unterschied: Während in Frankreich nur etwa 50 Prozent der Weinbaufläche in der höchsten »Spielklasse«, der A.O.C., »Platzrecht« hat, trifft dies in Deutschland auf rund 95 Prozent der Wingerte (Lagen) zu.

Tafelwein

Tafelwein ohne nähere Bezeichnung ist der einfachste Verschnittwein, der praktisch aus jedem Anbaugebiet innerhalb Europas stammen kann und für den es keine besonderen Qualitätsprüfverfahren gibt. Tafelweine mit einer geographischen Angabe auf dem Etikett müssen zu 100 Prozent aus dem angegebenen Land oder Gebiet stammen. In Deutschland gibt es darüber hinaus »Weinbaugebiete für Tafelwein«, die geographisch nicht mit den »bestimmten Anbaugebieten für Qualitätsweine« identisch sind.

Landwein

Beim Landwein – eine Bezeichnung, die es in Deutschland erst seit 1982 gibt – werden die Qualitätsvorschriften schon genauer: Landwein muß mehr Alkohol aufweisen als Tafelwein, in jedem Fall aus einem fest definierten geographischen Landweingebiet stammen und darf nicht mehr Restzucker enthalten, als für »halbtrockene« Qualitätsweine zulässig ist.

Qualitätswein

Die große Masse der deutschen Weine jedoch kommt als »Q.b.A.«, als Qualitätswein bestimmter Anbaugebiete, mit oder ohne Prädikat, auf die Welt. Für sie gelten bestimmte Mindestmostgewichte, die von Anbaugebiet zu Anbaugebiet schwanken. Nur die einfachste Klasse, die der Q.b.A.-Weine ohne Prädikat, darf bis zu einer bestimmten Höchstmenge vor der Gärung mit Zucker angereichert werden. Alle Qualitätsweine müssen eine amtliche Prüfung absolvieren, die aus einer Leseprüfung, das heißt, Prüfung der Reife des Leseguts, einer che-

Etikett eines deutschen Qualitätsweines mit Prädikat

Die deutschen Weinbaugebiete für Tafelwein:

Rhein-Mosel mit Rhein, Mosel, Saar; Bayern mit Main, Donau, Lindau; Neckar; Oberrhein mit Römertor,Burgengau.

Die deutschen Landweine nach Gebieten:

Ahrtaler, Starkenburger, Rheinburgen-Nahegauer, Altrheingauer, Rheinischer, Pfälzer, Mosel, Ruwer, Saar, Fränkischer, Regensburger, Bayerischer Bodensee, Südbadischer, Unterbadischer, Taubertäler, Sächsischer, Anhaltiner Landwein.

Etikett eines französischen Spitzenweines »Grand Cru«

mischen Analyse und einer Verkostung besteht und als deren Ergebnis der Wein eine »amtliche Prüfnummer« (A.P.Nr.) erhält. Außerdem müssen sie aus einem der 13 »bestimmten Anbaugebiete« stammen, wobei zusätzlich der Bereich oder die Gemeinde in Verbindung mit der Lage auf dem Etikett vermerkt sein können. Ist auf dem Etikett eine Rebsorte angegeben, so muß der Wein zu 85 Prozent aus dieser Sorte gekeltert sein; bei Angabe von 2 Rebsorten steigt dieses Soll auf 100 Prozent.

Bis hierher unterscheiden sich das deutsche und das französische Weingesetz schon in vielen Punkten. Frankreich kennt nur wenige A.O.C.-Bezeichnungen, in denen Rebsortennamen überhaupt zur Geltung kommen, und außerdem werden die A.O.C.-Weine weit nicht alle einer Geschmacksprüfung unterzogen.

Die Qualitätskriterien

In der Ausdifferenzierung der höheren Qualitätsstufen liegt der eigentliche Unterschied zwischen dem französischen und dem deutschen System: Während in Frankreich die geographische Herkunft Qualitätskriterium ist, gilt in Deutschland der Reifegrad der Trauben, ausgedrückt im Zuckergehalt, das heißt, das Mostgewicht, als Maßstab für die Einstufung als Kabinett, Spätlese, Auslese, Beerenauslese, Trockenbeerenauslese und – etwas abseits dieser Reihe – Eiswein. Dabei wird noch die Tatsache berücksichtigt, ob die Trauben bei der Ernte von Edelfäule befallen waren. Bei den Franzosen dagegen heißt es, daß ein Wein um so höher qualifiziert ist, je enger und präziser die geographische Definition der jeweiligen »A.O.C.« gewählt ist: Die allgemeine Bezeichnung »Burgund« ist eine niedrige Qualitätsstufe, »Côte-de-Nuits«, »Côte-de-Nuits-Villages«, der Gemeinde- oder ein Lagenname (»Grand Cru«) sind der Reihenfolge nach immer höherwertiger. Das drückt sich auch in strengeren Produktionsvorschriften – niedrigere Hektarerträge, höherer Alkoholgehalt – aus. Im Grunde wäre eine solche hierarchische Staffelung auch innerhalb des deutschen Systems von Bereichen, Großlagen und Einzellagen denkbar, aber dem deutschen Weinbau ist die Idee, daß jede Lage und jeder Bereich vor dem Gesetz gleich (gut) sein sollen, nicht auszureden.

Geschmacksangaben

Zusätzlich zu den geographischen Bezeichnungen und den Prädikaten findet man auf deutschen Etiketten noch Angaben zum Restzuckergehalt. »Trocken« heißt, daß der Wein nur 4 Gramm unvergorenen Zucker enthält, eine Grenze, die sich auf 9 Gramm erhöhen kann, wenn der Wein sehr säurehaltig ist. »Halbtrocken« weist auf einen Restzuckeranteil von höchstens 18 Gramm hin, der aber nicht mehr als 10 Gramm pro Liter über dem Säuregehalt liegen darf. »Lieblich« und »süß« sind Weine, die noch mehr als die ge-

Die Qualitätsstufen der deutschen Prädikatsweine:

Kabinett (je nach Anbaugebiet und Rebsorte) mindestens 70–85 Grad Oechsle;
Spätlese mindestens 76–95 Grad Oechsle, Erntebeginn frühestens 7 Tage nach dem allgemeinen Lesebeginn, vollreife Trauben;
Auslese mindestens 83–105 Grad Oechsle, ausgelesen werden nur ganze, vollreife und gesunde Trauben, eventuell mit Edelfäule;
Beerenauslese mindestens 110–128 Grad Oechsle, überreife oder edelfaule, einzeln verlesene Traubenbeeren;
Trockenbeerenauslese mindestens 150–154 Grad Oechsle, eingeschrumpfte, edelfaule und einzeln verlesene Beeren;
Eiswein wird aus Trauben gekeltert, die am Rebstock eingefroren waren und dies bis zur Kelter bleiben. Die Außentemperatur bei der Lese muß mindestens –7 °C betragen, das Mostgewicht muß dem einer Beerenauslese entsprechen.

Ähnliche Einstufungen gelten auch in Österreich.

nannten Zuckeranteile besitzen, wobei es für diese Begriffe keine gesetzliche Definition gibt. Ein Diabetikerwein darf höchstens 4 Gramm Zucker, 40 Milligramm freie schweflige Säure, 150 Milligramm Gesamtschwefel und 12 Volumenprozent Alkohol aufweisen.

Das italienische System

Noch etwas anders als in Deutschland und Frankreich stellt sich das italienische Weinklassensystem dar. Auch hier findet man auf der untersten Stufe die »Vini da tavola« – von den Ausnahmen wird noch zu reden sein –, darauf folgen die »Vini tipici con indicazione geografica« (J.g.t.) und ganz oben die beiden V.Q.P.R.D.-Klassen »D.O.C.« (Denominazione di origine controllata) und D.O.C.G. (Denominazione di origine controllata e garantita). Im Detail ist jedoch vieles anders: Die übergeordneten geographischen Einheiten sind, anders als in Frankreich und Deutschland, mit den politischen Regionen (zum Beispiel Piemont, Venetien) identisch. Außerdem gibt es innerhalb der V.Q.P.R.D.-Spitzenklasse die Unterscheidung in D.O.C.- und D.O.C.G.-Weine, wobei diese nicht, wie in Frankreich und Deutschland, verschiedene Qualitätsniveaus desselben Weintyps bezeichnen, sondern sich jeweils auf eigenständige Anbaugebiete beziehen. Innerhalb der einzelnen Anbaugebiete

Etikett eines italienischen D.O.C.-Weines

existiert dann allerdings kaum noch eine mit den französischen oder den deutschen Qualitätsstufen vergleichbare Unterscheidung.

Deshalb ist das italienische System im Grunde auch recht gleichmacherisch: Es kennt nur wenige Zusatzbezeichnungen wie »riserva« oder »superiore« (beide beziehen sich meist auf einen höheren Alkoholgehalt und eine längere Faßreife) beziehungsweise »classico«, womit meist der historisch älteste oder beste Teil eines Anbaugebietes gemeint ist.

Ähnliche Systeme geschützter Herkunftsbezeichnungen sind in den letzten zehn, fünfzehn Jahren auch in anderen Ländern eingeführt worden: In den USA heißt der Kürzel A.V.A. (für American viticultural area) und in Spanien D.O. (für Denominación de origen), in Südafrika »Wines of Origin«, in Bulgarien »Controliran«, in Griechenland »Onomasias Proelevseos Elegchomeni« und in Portugal »Denominacão« oder »Selos de origem«.

Qualitätsbezeichnungen anderer Länder

Andererseits aber existiert in vielen Weinbauländern der Erde auch ein unbeschreibliches Namens- und Bezeichnungs-Chaos: So ist zum Beispiel in Südafrika ein »Grand Cru« das Letzte, wofür man Geld ausgeben sollte, in Australien gibt es einen Wein namens »Pinot Riesling«, der nichts anderes als Chardonnay und Sémillon enthält, und Hermitage steht in Australien für Syrah/Shiraz-Weine, in Südafrika dagegen für Cinsault. Was die Kalifornier wiederum so alles als »Chablis« und »Fumé blanc« verkaufen, spottet jeder Beschreibung.

Was Etiketten aussagen und was sie verschweigen

Geben die amtlichen und die folkloristischen Namen, Herkunftsbezeichnungen und Klassifizierungen dem Verbraucher wirklich verläßliche Hinweise und Hilfen beim Einkauf? Die Antwort auf diese Frage ist recht schwierig. Wissen nicht beispielsweise Eingeweihte, daß die berühmten Weine des »Clos de Vougeot« im Burgund auch gelegentlich recht mickrig sein können, je nachdem, welcher Winzer für die betreffende Flasche verantwortlich zeichnet? Haben wir nicht schon erlebt, wie hervorragenden Weinen in deutschen Prüfkommissionen die Prüfnummer verweigert wurde, nur weil sie nicht den Geschmacksgewohnheiten der Verkoster entsprachen... vielleicht weil der eine oder andere Wein in den hierzulande lange verpönten kleinen Fässern aus neuem Eichenholz vergoren worden war? Und werden nicht noch heute, trotz aller Verkostungen und Prüfungen, gelegentlich auch fehlerhafte Brunello- oder Chianti-Weine in großen Mengen vermarktet?

Die Auskunft des Etiketts

Verweigerung der Prüfnummmer

Das Dilemma, daß eben die Etikettierung eines Weines als A.O.C., D.O.C. oder Q.b.A. letztlich doch nicht alles über seine tatsächliche Qualität aussagt, spiegelt sich in der weitverbreiteten Manie wider, neben den »amtlichen« Anerkennungen noch weitere Preise, Goldmünzen, Kammermünzen, Diplome und ähnlichen »Glitzerkram« zu verleihen. Noch mehr aber spiegelt sich die Problematik in der steigenden Zahl von Weinzeitschriften, Weinführern, Bildbänden und Informationsschriften wider, die alle ihre eigenen Weinbewertungen aufstellen und denen von Verbraucherseite offenbar sehr viel mehr Vertrauen entgegengebracht wird als sämtlichen behördlichen Versicherungen dieser Welt.

Erfolge von italienischen Tafelweinen

Das vielleicht deutlichste Beispiel für das gesunde Mißtrauen der Verbraucher in die amtlich dekretierten Qualitätsstufen stellt der jüngste Erfolg vieler »Vini da tavola« Italiens, insbesondere aus der Toskana, dar. Hier hatte sich der »klassische« D.O.C.-Wein, der Chianti, in den sechziger Jahren durch seine kläglichen Qualitäten so diskreditiert, daß die wenigen toskanischen Weinproduzenten, die ganz bewußt auf Spitzenqualitäten setzen wollten, ihre Weine lieber als simplen »Vino da tavola« deklarierten und bei der Vermarktung mehr auf die Kraft ihres eigenen (guten) Namens setzten, als sich auf die offizielle Qualitätsweingarantie zu verlassen. Heute werden wahrscheinlich mehr als 50 Prozent der toskanischen Top-Gewächse unter dieser etwas irreführenden »Massenwein«-Bezeichnung verkauft.

Keine Garantie für Qualität

Man kann also, und das gilt heute noch viel mehr als vor ein, zwei Generationen, vom Etikett eines Weines nicht direkt auf seine Qualität schließen. Allenfalls garantieren die Herkunftsbezeichnungen, das amtliche Siegel oder die Prüfnummer dem Verbraucher einen bestimmten Weintyp und vielleicht auch noch eine gewisse Mindestqualität des Weines.

Die Orientierung wird heute um so schwieriger, als sich neben den Weinbürokraten inzwischen auch die Werbedesigner der Weinflasche und ihrer Ausstattung angenommen haben und versuchen, unabhängig von offiziellen Auszeichnungen, Siegeln und Nummern, Image zu kreieren und Eindruck zu schinden. Mehr noch! Früher einmal waren Flaschenform und Etikettenstil ein fast untrügliches Erkennungszeichen für einen Weintyp, ein Anbaugebiet, eine Domaine oder ein Château. Das hat sich gründlich geändert, und zwar vor allem in den »neuen« Qualitätsweinländern Italien, Australien, Vereinigte Staaten, zuletzt aber auch in Deutschland und beim Traditionshüter Frankreich selbst. Bordeaux-, Burgund-, Rheinweinflaschen oder sogar Bocksbeutel stehen oft nicht mehr für das, was sie einmal waren. Jeder füllt heute jeden Wein in jedwede Flasche, und wer das Geld (seiner Kunden!) und die Phantasie hat, läßt sich besonders schöne schlanke, konische, doppelt schwere oder blauphosphoreszierende Weinbehälter anfertigen und verziert sie dann mit Etiketten, die zwar keinerlei Informationsgehalt mehr haben, aber dafür dem Graphikergewerbe alle Ehre machen.

Das trügerische Design

Ein Irrtum wäre es allerdings, von der besonderen Flasche, dem besonderen Etikett (und dem besonderen Preis!) auch auf besondere (besonders gute) Qualität schließen zu wollen. Weit gefehlt! Ich selbst bin schon so manches Mal gründlich von bekannten Winzern ent- (oder ge-)täuscht worden, die ihre mittelmäßigen Weine in eine schicke Flasche gossen, sie für das doppelte Geld anboten und das ganze dann auch noch als einen Geniestreich gelobt wissen wollten.

Die Flaschengrößen und ihre oft sehr malerischen Namen:

Piccolo = 0,187 Liter, halbe Flasche = 0,375 Liter, Tokajer = 0,5 Liter, Normalflasche = 0,75 Liter, Magnum = 2 Normalflaschen/1,5 Liter, Doppel-Magnum/Jeroboam/Jereboam (Champagne) = 4 Normalflaschen/3 Liter, Jeroboam (Bordeaux) = 6 Normalflaschen/4,5 Liter. Aber es gibt auch noch größere Flaschen, mit den schönen Namen Rehoboam/Rejoboam, Impériale, Mathusalem/Methusclah, Salmanazar, Balthazar und Nebuchadnezar/Nabuchodonosor (= 20 Normalflaschen oder 16 Liter Fassungsvermögen), die bis zu 1 Meter hohe Giganten sein können.

Was sagt das Etikett wirklich aus?

Wie soll man nun – trotz allem – ein Etikett lesen? Zuerst werden sicherlich der Weintyp und die Rebsorte, soweit sie angegeben sind, interessieren. Auch das Anbaugebiet, das Land und gegebenenfalls die Art des Ausbaus – trocken, halbtrocken, süß – gehören zu den ersten Informationen, die man suchen sollte. Spätestens dann – manchmal in Wirklichkeit aber schon vorher – schaue ich direkt nach dem Namen des Winzers, denn er ist der einzige wirkliche Garant für die Qualität eines Weines. Anschließend interessieren mich geographische Präzisierungen (zum Beispiel die Lage) und der Jahrgang. Schließlich vergewissere ich mich, ob es sich wirklich um eine »Erzeugerabfüllung« handelt – manchmal ist diese Angabe allerdings erst auf dem Korken vermerkt (»Mise en bouteilles au château«, »Imbottigliato all'origine« oder ähnliches ist da eingebrannt) – und lese vielleicht auch noch den Alkoholgehalt und all die vielen schönen beschreibenden Worte, die so manchem Rückenetikett zu wahrhaft komischer Grandeur verhelfen.

Der gute Erzeugernam

Bei der Vielfalt von Wein-, Herkunfts- und Lagennamen, die nicht einmal Experten annähernd vollständig kennen, ist es vor allem für den Wein-Novizen sinnvoll, sich ein oder zwei Dutzend Erzeugernamen zu merken. Natürlich gibt es auch beim besten Winzer einmal einen enttäuschenden Wein, aber die Sicherheit, wirklich Qualität fürs Geld zu bekommen, ist doch auf diese Weise sehr viel größer, als wenn man sich nur nach »offiziellen« Titeln und Auszeichnungen richtet.

Weinkauf beim Winzer

Einen Großteil der Probleme, die mit der Weinauswahl und dem Weinkauf verbunden sind, können Sie sich sparen, wenn Sie treu sind: Treue Kunden fahren nämlich zum Weinkauf direkt zu »ihren« Winzern und kennen drei, fünf oder zehn von ihnen so gut, daß sie deren Produkte über Jahre hinweg immer wieder »vor Ort« erwerben. Der Direktverkauf vom Keller an den Endverbraucher ist auch in ökonomischer Hinsicht sehr wichtig: Manche Weinbaugebiete tätigen so den Großteil ihres Absatzes. Allerdings bietet nicht jede Weinkellerei die Möglichkeit des Direkteinkaufs, und im Falle einiger berühmter Châteaux oder Domaines ist das sogar verständlich, denn der vorhersehbare Andrang an »Verkostern«, die keinerlei Absicht hegen, von den teuren Weinen auch nur eine einzige Flasche zu erstehen, würde die Besitzer wahrscheinlich in absehbarer Zeit in den Ruin treiben.

Das Gespräch

Der Besuch beim Winzer ist, abgesehen von der Möglichkeit, den Wein direkt an der Quelle zu beziehen, eine gute Sache: Man lernt im Gespräch etwas über seine Philosophie und seine Methoden, über die Lagen und die Charakteristika seiner Weine, man faßt Vertrauen zu ihm, bringt es vielleicht sogar fertig, ihm einige Flaschen seiner seltensten Abfüllungen zu »entführen« und kann sich alles in allem ein Urteil über die Seriosität seiner Arbeitsweise bilden.

Denn schließlich gilt gerade beim Wein: »Vertrauen ist gut, Kontrolle besser!« Wenn Ihnen ein Winzer »biologischen« Wein verkauft, in seinem Hof aber sackweise Chemikalien aufbewahrt, dann dürfen Sie ihm zumindest ein paar kritische Fragen stellen.

Besuch von Keller und Weinberg

Schauen Sie sich im Keller um! Ist der sauber? Ist er gut ausgestattet, so daß er sorgfältiges und kontrolliertes Arbeiten überhaupt ermöglicht?

Und der Weinberg? Stehen die Stöcke weit auseinander und wuchern wild in die Landschaft oder sind sie dicht an dicht gepflanzt, sorgfältig geschnitten und an den Drahtrahmen gebunden? Weist die völlig nackte Bodenkrume vielleicht auf einen übertriebenen Gebrauch von Unkrautvernichtungsmitteln hin? Oder ist der Wingert statt dessen begrünt? Hängen die Stöcke noch kurz vor der Lese dicht gepackt, voll von dicken, großen Trauben oder hat der Winzer im Winter die Triebe so kurz angeschnitten und im Sommer die Trauben so rechtzeitig ausgedünnt, daß die geringere Ernte (der Hektarertrag!) eine gute Qualität der Weine vorhersagen läßt?

Kleiner Weinbaubetrieb in Niederösterreich bei Krems

Château d'Isembourg in Rouffach inmitten von Weinbergen

Ein Winzer, der eventuelle Geschmacksfehler seiner Weine nicht zugibt, ist wenig zuverlässig. Es besteht die Gefahr, daß er aus Gewohnheit bestimmte Fehlaromen gar nicht mehr wahrnimmt. »Gewöhnung löscht den Fehler aus«, hat der große französische Önologe Émile Peynaud einmal gesagt, aber das heißt natürlich nicht, daß ein solcher Winzer unehrlich wäre. Er ist nur kein Garant mehr für Qualität.

Einige Grundregeln für den Besuch beim Winzer

Bei einem Besuch im Weinbaubetrieb sollten Sie allerdings ein paar Grundregeln beachten. Respektieren Sie vor allem die Besuchszeiten und seien Sie bei vereinbarten Besuchen pünktlich, denn auch der Winzer hat eine Familie, und irgendwann ist überall Feierabend. Auch besserwisserisch sollten Sie ihm nicht kommen, denn immerhin steht der Mann mit seiner Person und mit seiner harten Arbeit für seine Produkte ein. Wer's nicht glaubt, braucht nur einmal eine Weinernte und die anschließende Periode im Keller mitzuerleben. Aber bleiben Sie dennoch kritisch! Ein paar Gläschen zuviel, ein paar belegte Brote und jede Menge Käsewürfel »schaffen« auch die Urteilsfähigkeit des erfahrensten Weinverkosters. Die Enttäuschung zu Hause, wenn Sie Ihre »eroberten« Flaschen entkorken, ist nach Weinkäufen in zu euphorischer Stimmung fast schon vorprogrammiert. Am besten nehmen Sie sich von den interessanten Weinen jeweils ein, zwei Muster mit, trinken diese in Ruhe zu Hause und lassen dann per Spedition oder Post die gewünschte Ladung nachkommen.

Einkauf im Handel

Aber nehmen wir einmal an, Sie haben keine Gelegenheit zu einem Besuch im Rheingau, in Bordeaux oder in der Toskana. Dann werden Sie zwangsläufig im Einzelhandel oder bei Direktversendern einkaufen müssen. Eine sehr gute Nase und ein kritisches Auge brauchen Sie vor allem, wenn Sie im Supermarkt oder im normalen Lebensmittelgeschäft einkaufen. Da locken oft angeblich vorteilhafte Sonderangebote, die es jedoch in sich haben können. Ganz vorn im Regal stehen manchmal die vermeintlich billigen Flaschen eines guten Jahrgangs, aber wenn Sie in die Reihe dahinter greifen, steht da plötzlich ein weniger guter Jahrgang. Kaufen Sie vor allem nie große (teure) oder alte Weine vom hell erleuchteten, warmen Regalbrett, denn die könnten unter den schlechten Bedingungen extrem gelitten haben. Lassen Sie sich nach Möglichkeit statt dessen »Ihre« Flaschen frisch aus dem Keller holen, auch wenn der Händler noch so sehr meckert, und achten Sie bei den alten Jahrgängen auf das Füllniveau: Wenn der Flüssigkeitsspiegel deutlich unterhalb der »Schulter« liegt, ist der Wein mit großer Sicherheit verdorben.

Supermarkt und Lebensmittelgeschäft

Der Fachhändler

Ein Weinhändler Ihres Vertrauens ist fast ebenso viel wert wie ein Winzer Ihres Vertrauens. Entscheidend ist, daß er Ihnen zusätzlich zur kompetenten und ausführlichen Beratung auch Gelegenheit gibt, die Weine vor dem Erwerb zu verkosten, ein Service, den auch größere, anonyme Weinhandelsketten zunehmend anbieten. Die großen Unternehmen mit ihren Läden »auf der grünen Wiese«, die oft nur geringe Mieten einkalkulieren müssen und ihre Weine im Originalkarton aus dem Großregal heraus verkaufen, können meist viel günstigere Preise verlangen als das kleine Weinfachhandelsgeschäft mit Citylage. Eine wirkliche Beratung, die auf Ihren individuellen Geschmack Rücksicht nimmt, die Ihre Probleme und Wünsche beachtet und Ihnen auch einmal Appetit auf Neues zu machen versteht, können aber diese Discounter oder Weindepots genausowenig bieten wie die Direktversender, bei denen Sie per Katalog bestellen. Um solche Bezugsquellen zu nutzen, sollten Sie sich Ihrer Kaufentscheidung sehr sicher sein und den gewünschten Weintyp, den Produzenten, eventuell auch seine Einzellagen und Jahrgänge schon sehr genau kennen.

Discounter

Direktversender

Die Bestellung im Restaurant

Wein wird heute auch in den klassischen »Bierländern« zu vielen verschiedenen Gelegenheiten getrunken, besonders gern aber zur Mahlzeit im Restaurant. Ein guter Wein und nette Gesellschaft machen das Essen im Restaurant zu einem angenehmen Erlebnis. Natürlich ist Wein nicht nur in teuren, schicken Restaurants erhältlich oder genießbar. Gerade in den Weinbaugebieten führen auch die meisten einfachen Gaststätten oft anständige Schoppenweine der einheimischen Winzer auf der Karte, und wo gar der Buschenschank oder der Heurige, Weinstuben, in denen der Winzer nur Selbstgekelterten ausschenkt, zum festen Inventar der Weindörfer gehört, kann man sogar manchmal Spitzenweine zur deftig-volkstümlichen Küche genießen.

Buschenschank, Heuriger

Auch in den europäischen Großstädten haben in den letzten zehn Jahren Weinstuben und Weinbars, in denen man einfache oder raffinierte Gerichte zusammen mit meist glasweise ausgeschenkten, oft sehr guten Weinen genießen kann, große Verbreitung gefunden. Die modischen »bars au vin« in Paris, die einst traditionellen, heute wieder aufgemöbelten »osterie« Italiens, die gemütlichen »Wystub« des Elsaß, aber auch die klassischen Weinkeller Deutschlands, Österreichs und der Schweiz bieten heute oft eine interessante Auswahl von Weinen aus einem oder auch mehreren Anbaugebieten – besonders, wenn der Wirt selbst ein Weinfreund und -kenner ist.

Weinstuben, Weinbars

Leidvoll sind allerdings manchmal die Erfahrungen, die man mit Weinkarten in vielen Restaurants, selbst der gehobenen Preisklasse, machen muß. Da sind Jahrgänge nicht ausgewiesen, oft nicht einmal der Produzent, die Lagenangaben sind ungenau, und wenn einmal alles – theoretisch – gestimmt hat, ist

Die Weinkarte

Eine gute Weinkarte erleichtert die Bestellung

der Wein, für den Sie sich vielleicht nach vielem Hin und Her entschieden haben, gerade ausverkauft. Das hat meist damit zutun, daß vielen Gastronomen die Lagerhaltung zu aufwendig und zu teuer geworden ist.

Im Burgund zum Beispiel klagen die Winzer darüber, daß selbst die Spitzenrestaurants der Region die Weine morgens bei ihnen bestellen, um sie noch am selben Abend zu verkaufen. Natürlich bekommt man auf diese Art kaum noch ausgereifte Weine auf dem Höhepunkt ihrer Entwicklung, und oft werden sogar Spitzenweine schon ein, zwei Jahre nach der Flaschenabfüllung zu Wucherpreisen angeboten.

Zu junge Weine

Wenn Sie etwas an der Weinkarte auszusetzen haben, sollten Sie, besonders wenn es sich um ein teures Restaurant handelt, ruhig laut und vernehmlich meckern. Sie haben ein Recht auf eine präzise Weinkarte, auf der Anbaugebiet, Weintyp, Jahrgang, Lagen und Produzent genau vermerkt sind. Achten Sie, besonders bei jüngeren Jahrgängen, ruhig ein wenig auf Ihren Geldbeutel. Bestellen Sie halbe Flaschen (0,375 l), wenn es sie gibt. Wenn Sie wirklich zu jedem Gang Ihres Menüs einen anderen Wein trinken wollen, werden Sie sich kaum eine Batterie von vier oder fünf 0,75-Liter-Flaschen auffahren lassen. Bestellen Sie das Mineralwasser gleich mit, denn es ist unsinnig, den ersten großen Durst mit einem teuren Chassagne-Montrachet oder einem Rheingauer Riesling löschen zu wollen.

Zu alte Weine

Wenn ich zuvor vor zu jungen Weinen gewarnt habe, gilt das gleiche natürlich auch für zu alte Flaschen! Oft findet man scheinbar attraktive Ladenhüter auf der Weinkarte, von denen das Restaurant vielleicht noch ein paar Flaschen im Keller hat. Auch wenn der Weinkellner mit all seiner Überredungskunst versuchen sollte, Ihnen einen solchen Wein schmackhaft zu machen, bleiben Sie vorsichtig! Die Gefahr, überalterte und ausgezehrte Weine – natürlich auf eigenes Risiko – serviert zu bekommen, ist tatsächlich sehr groß, da die Lagerbedingungen nicht überall optimal sind. Weine sehr alter Jahrgänge können auch von Flasche zu Flasche extrem unterschiedlich ausfallen, und die Enttäuschung, wenn Sie einen schlecht gealterten, teuren Tropfen serviert bekommen, ist dann sehr groß.

Ein guter Wein hat seinen Preis

Noch einmal zu den Preisen: Sie stellen das vielleicht leidvollste Kapitel für jeden wirklichen Weinfreund dar. Denn so sehr auch heute Supermärkte und Kaufhausketten mit Sonderangeboten von Massenweinen locken, die manchmal so billig sind, daß man sich fragt, ob da für den Produzenten, den Importeur oder Zwischenhändler überhaupt noch ein Gewinn möglich ist, so sehr ist es auch wahr, daß die guten und sehr guten Flaschen etwas kosten... und zwar nicht zu wenig. Die hohen Preise sind natürlich auch durch höhere Produktionskosten bedingt. Wer einen guten Wein machen will, muß geringere Mengen ernten, über eine aufwendigere Kellertechnologie verfügen, muß den Wein längere Zeit in neuen oder zumindest gut gepflegten Holzfässern ausbauen, seine Flaschen mit sehr guten Korken verschließen, kurz, der gesamte Aufwand ist höher bei geringerem Ertrag. Aber all dies rechtfertigt höhere Preise nur bis zu einem gewissen Grad. Die ganz großen Spitzenweingüter der Welt regulieren ihre Preise beileibe nicht mehr nur nach den Herstellungskosten ihres Produktes, sondern lassen sich Liebhabersummen bezahlen. Was andererseits Weine zu niedrigeren Preisen angeht, so streiten sich die Franzosen schon seit Jahrzehnten darüber, ob es nun sinnvoller sei, kleine Châteaux (Domaines, Lagen) großer Jahrgänge oder große Châteaux kleiner Jahrgänge zu kaufen. Wie alle »allgemeingültigen« Wein-

Sonderangebote

Hohe Produktionskosten bedingen höhere Preise

Liebhaberpreise

regeln wäre auch jede Antwort auf diese Frage von vornherein mit dem Makel der Oberflächlichkeit behaftet. Denn erstens einmal ist ja die Definition des guten und des schlechten Jahrgangs durchaus nicht einheitlich. So gibt es im italienischen Barolo-Gebiet Winzer, die im »schlechten« 87er Jahr bessere Weine produzieren konnten als vom »sehr guten« 88er, wobei wir die Gründe dafür hier einmal beiseite lassen wollen. In jüngster Zeit veröffentlichte eine amerikanische Zeitschrift zu diesem Thema das

Einkauf nach dem Jahrgang

Ein edler Bordeauxwein kostet seinen Preis

Ergebnis von ausgiebigen Vertikalverkostungen, das heißt, Weinproben, bei denen mehrere Jahrgänge ein und desselben Weines in chronologischer Reihenfolge verkostet werden: Der »schlechte« 50er Jahrgang entpuppte sich bei zwei berühmten Bordeaux-Weinen (Château Pétrus und Cheval Blanc) als absoluter Jahrhundert-Jahrgang.
Außerdem sind die obigen Überlegungen ohnehin nur in wenigen Anbaugebieten anwendbar, wo tatsächlich für weniger »glückliche« Jahrgänge deutlich geringere Preise als für Spitzenjahrgänge verlangt werden. In Italien beispielsweise, wo seit fast einem Jahrzehnt die Preise der besten Weine jahrein, jahraus gestiegen sind, wäre es unsinnig, wollte man für sein teures Geld weniger gelungene Jahrgänge eines Weines kaufen, wenn gleichzeitig und zum selben Preis auch hervorragende Jahrgänge erhältlich sind.

Preisverfall

Insgesamt aber sollten die hohen Preise für Spitzenprodukte uns nicht vergessen lassen, daß der Weinbau in vielen Ländern noch immer – oder schon wieder – nur äußerst unbefriedigende Preise erzielt. Diese Preise sind von Seiten der Produzenten überhaupt nur dadurch zu halten, daß sie Menge und damit natürlich auch schlechtere Qualität produzieren: Ein teuflischer Kreislauf, der keinem echten Weinfreund gefallen kann.

Wein(ver)führer

Wer nun über den Winzer seines Vertrauens und den Händler oder das Restaurant seiner Wahl hinaus noch Informationsquellen sucht, die ihm die Auswahl unter den Tausenden von Flaschen aus aller Herren Ländern erleichtern, dem bleibt nur das bedruckte Papier. Weinzeitschriften und Weinbücher oder -führer haben nicht umsonst mit der explosionsartig gestiegenen Menge von Etiketten, die seit ein, zwei Jahrzehnten auf den wichtigsten Märkten der Welt aufgetaucht sind, einen ebenso explosionsartigen Zulauf an neuen Lesern gefunden.

Die Weinführer haben von dieser Entwicklung am meisten profitiert. In fast allen wichtigen Weinbauländern gibt es heute einen oder zwei renommierte Verlage, die jedes Jahr einen Führer der besten Weinbaubetriebe mit genauer Bewertung von deren Weinen, oft auch einer Beschreibung des Betriebes und technischen Angaben zur Weinherstellung herausgeben. Die bekannteste französische Publikation dieser Art ist sicherlich der »Guide Hachette«, in dem Tausende von Einzelweinen – jeweils einzelner Jahrgänge – beschrieben und mit 1, 2 oder 3 Sternen ausgezeichnet werden. Zudem noch werden ihre Preise angegeben, und Weine mit einem besonders guten Preis-Leistungs-Verhältnis farbig hervorgehoben. Der »Gault/Millau«, von demselben Verlag herausgegeben wie der gleichnamige Gastronomieführer, ist dagegen nach Weinbaubetrieben gegliedert, die recht ausführlich beschrieben werden. Eine Bewertung der Einzelweine fehlt jedoch fast vollständig.

Weinführer mit Bewertungen in Frankreich

... in Italien

In Italien hat sich seit einigen Jahren der Führer der Zeitschrift »Gambero Rosso« als verläßliches Instrument für den Weinkauf einen Namen gemacht. In der Konzeption ist er eine Mischung aus den beiden französischen Werken. Das heißt, auch er ist nach Weinbaubetrieben gegliedert, wobei allerdings zusätzlich auch Tausende von Einzelweinen und Einzeljahrgängen in ihrer Qualität beurteilt werden und besonders preisgünstige Produkte mit einem Sternchen gekennzeichnet sind. Etwas unbefriedigender stellt sich der Weinführer des Altmeisters der italienischen Weinjournalisten, Luigi Veronelli, dar. In ihm werden die Betriebe nur stichwortartig erwähnt und die Weine nur summarisch, das heißt, über viele Jahrgänge hinweg beurteilt. Ärgerlich ist vor allem, daß man ein zweites Büchlein kaufen muß, um genaueres über die Art und Herstellung der einzelnen Weine zu erfahren, und daß viele der Angaben nicht auf dem neuesten Stand sind. Zu den beiden Werken hat sich in jüngster Zeit noch ein Bändchen der Vereinigung Arcigola Slow Food gesellt, das nur Weine unterhalb eines gewissen Preislimits zusammenstellt.

... in den USA und Großbritannien

Erwähnen möchte ich an dieser Stelle aber auch die Publikationen der englischen und amerikanischen Verlage, allen voran die Bücher von Hugh Johnson und Michael Broadbent, die auch in deutschen Übersetzungen erhältlich sind. Außerdem gibt es eine Reihe schöner Bände über die einzelnen französischen Anbaugebiete, die Bernard Ginestet (Verlag Jacques Legrand) herausgegeben hat, und in der auch die einzelnen Weinbaubetriebe sehr genau beschrieben und bewertet werden. Einer der renommiertesten Einkaufsführer ist schließlich der »Wine Buyer's Guide« des amerikanischen Weinjournalisten Robert Parker jr., der als Amerikas Weinpapst gilt und dessen Weinbeurteilungen auf dem amerikanischen Markt ein enormes kommerzielles Gewicht haben, weil fast alle Weinfreunde sich in ihren Kaufentscheidungen zumindest teilweise von ihnen leiten lassen.

Weingut in der Neuen Welt: Château Saint-Jean in Sonoma/Kalifornien

Weinzeitschriften

Ein wenig unfreundlicher als auf dem Buchmarkt sieht es bei den Weinzeitschriften aus. Sie leiden meist an einer überdeutlichen Abhängigkeit von ihrer Finanzierung durch die Anzeigenkunden, was sich oft auch auf den redaktionellen Inhalt niederschlägt.

Ernstzunehmen sind wohl vor allem die angelsächsischen Publikationen (»The Wine Spectator«, »Decanter«) und Zeitschriften, die nicht über Werbung finanziert werden, wie der »Wine Advocate« des bereits erwähnten R. Parker jr.

Die französischen Revuen zeichnen sich meist eher durch Geschwätzigkeit als durch präzise Weinbeurteilung aus und was die deutschsprachigen Veröffentlichungen betrifft, haben sie allesamt in den letzten Jahren sehr an Niveau verloren.

Dennoch: Wer auf dem sich ständig verändernden Weinmarkt auch nur einigermaßen »am Ball« bleiben will, wird nicht umhin können, zumindest eine dieser Revuen regelmäßig zu lesen. Auch die Auflistung der zuverlässigen Winzer im Anhang basiert zum Teil auf den gerade beschriebenen Quellen und kann nur der groben Orientierung dienen. Die Aktualität von Zeitschriften und Informationsbriefen ist dadurch nicht zu ersetzen.

WEIN LAGERN UND SERVIEREN

Gute Gründe, Wein einzulagern

Ein eigener Keller ist Goldes wert. Das gilt beim Wein nicht nur im übertragenen, sondern im wortwörtlichen Sinne. Wer seinen Wein möglichst bald nach der Abfüllung und vielleicht sogar während er noch im Faß reift – »en primeur«, wie die Franzosen sagen – direkt vom Erzeuger bezieht, kauft meist billiger. Zudem kann er seinen Lieblingstropfen unter kontrollierten Bedingungen bis zum Höhepunkt seiner geschmacklichen Entwicklung reifen lassen und muß nicht fragwürdige und schlecht gealterte Flaschen im Geschäft erstehen. Viele Weinfreunde werden auch die eine oder andere Kiste aus dem Urlaub mitbringen, und vielleicht haben Sie schon einmal gute Weine zum Geschenk bekommen, die Sie nicht sofort austrinken, sondern für »bessere Gelegenheiten« aufheben wollten.
Die Motivationen, Wein zu lagern, sind so vielfältig wie der Wein selbst. Sie haben Flaschen des Geburtsjahrgangs Ihrer Kinder gekauft, die diese bei ihren großen Festen, der Volljährigkeit, der Hochzeit, dem Berufsbeginn, dem Universitätsdiplom genießen sollen? Sie möchten ein besonderes Ereignis in Ihrem Leben durch den Wein des entsprechenden Jahrgangs möglichst lange im Gedächtnis behalten? Sie laden häufig ein und benötigen deshalb oft mehrere Flaschen ein und desselben Weintyps? Oder Sie wollen einfach zu Ihrem eigenen Vergnügen immer den richtigen Wein zum richtigen Zeitpunkt verfügbar haben und mißtrauen dem Vorrat der Geschäfte in der Nachbarschaft?

Das persönliche Weinsortiment

Von den Verwendungsmöglichkeiten, die Sie für Ihren Wein im Auge haben, hängt natürlich auch die Bestückung des Weinkellers, die »Sortimentsgestaltung«, ab.

Wein muß liegend gelagert werden, damit die Korken nicht austrocknen

WEIN LAGERN UND SERVIEREN

Trinken Sie Wein nur zum Essen, beim geselligen Beisammensein, allein vorm Kamin? Haben Sie Vorlieben in bezug auf Rebsorten, Ausbauarten, Anbaugebieten?
Wenn Sie ohnehin nur die Weine Ihrer zwei oder drei Lieblingswinzer trinken, ist das alles natürlich kein Problem. Dann reicht es, wenn Sie sich rechtzeitig von jedem neuen Jahrgang eine ausreichende Anzahl Flaschen besorgen, um das darauffolgende Jahr zu »überleben«. Wollen Sie aber sich und Ihre Gäste mit einer gewissen Variationsbreite von Geschmacks- und Stilrichtungen verwöhnen, dann wird die Sache schon komplizierter.

Die Auswahl

Sie erinnern sich noch an die Liste der verschiedenen Weintypen im Kapitel über Anbaugebiete und Rebsorten? Nun, dann haben Sie jetzt eine vage Vorstellung davon, wie groß die Qual der Wahl sein kann. Welche Weine wollen Sie jung und frisch trinken, welche zur weiteren Reifung liegenlassen? Brauchen Sie große oder kleine Jahrgänge, rote oder weiße, trockene oder süße Kreszenzen? Ich persönlich empfehle jedem, sich an jener Liste zu orientieren und den Weinkeller so zusammenzustellen, daß immer mindestens ein Vertreter der 6 Haupt-Weinarten vorrätig ist, denn verschiedene Gelegenheiten verlangen unterschiedliche Weine. Natürlich wird sich die Zusammenstellung nach Ihren persönlichen Vorlieben – und nach Ihrem Geldbeutel – richten. Sie können es sogar jenem amerikanischen Multimillionär nachmachen, in dessen Keller fast 65 000 Flaschen im Wert von drei Millionen Mark lagern! Realistischer ist aber doch wohl, daß Sie sich erst einmal 50 oder 100, vielleicht auch mit der Zeit 200, 500 oder noch mehr Flaschen auf Vorrat halten, zumindest solange Sie in Ihrer »vinologischen Kompetenz« noch nicht so sicher sind, daß Sie jedes Risiko eingehen können. Wer gerade anfängt, sich einen solchen Keller zusammenzustellen, wird sicherlich unter der Last der Ausgaben stöhnen. Aber bedenken Sie, daß Sie Wein nie günstiger als in seiner Jugend kaufen, und daß Sie nach der Anfangsausgabe immer nur das nachkaufen müssen, was Sie im Laufe der Zeit »weggetrunken« haben. Der Lohn für die Mühe ist ein immer passendes Sortiment von Weinen, die richtig ausgereift auf den Tisch kommen.

Überwachung des Reifeprozesses

Beim Kauf von Weinen, die für eine längere Lagerung vorgesehen sind, sollten Sie auf jeden Fall darauf achten, daß die gewünschte Anzahl Flaschen um die voraussichtlichen Verkostungs-»muster« erhöht werden. Diese brauchen Sie, um den fortschreitenden Reifeprozeß der Weine kontrollieren zu können, denn unliebsame Überraschungen sind bei der Alterung von Wein nie ausgeschlossen. Bevor Sie eine ganze Ladung Wein in den Ausguß schütten oder in aller Hast leertrinken müssen, sollten Sie lieber regelmäßig eine Flasche davon verkosten.

Nur volle Flaschen lagern

Und auf noch etwas sollten Sie achten: Bei alten Weinen und bei solchen, die man im eigenen Keller altern lassen will, müssen Sie das Füllniveau der Flasche genau prüfen. Es sollte beim jungen Wein nur 1 oder 2 Millimeter unter dem Korken liegen und darf bei älteren Flaschen nicht unter das obere Schulterende – das ist

Ich würde einen solchen Keller wie folgt zusammenstellen:

Die Anzahl Flaschen, die in Klammern hinter der jeweiligen Gruppe angegeben sind, sind für Keller von insgesamt 100, 200 oder 500 Flaschen gedacht, wobei ich die Zusammenstellung so berechnet habe, daß Sie soweit wie möglich 6er- oder 12er-Kartons kaufen können. Wenn Sie mit nur 50 Flaschen beginnen wollen, empfehle ich Ihnen, jeweils einen 12er-Karton Ihres Lieblingsweins der Gruppen 1, 2 oder 3 und 4 zu kaufen und das Sortiment durch 6 Schaum- und 6 Süßweine sowie je 1 Flasche Port und Sherry zu ergänzen.

Gruppe 1 – (18/36/60)
trockene fränkische Kerner oder rheinhessische Silvaner, österreichische Grüne Veltliner, Sancerre oder Muscadet von der Loire, trockene Mosel-Rieslinge, Friauler oder Südtiroler Pinot bianco oder Tocai.

Gruppe 2 – (24/48/120)
deutsche Riesling Spät- oder Auslesen, badische Ruländer, Wachauer Smaragd-Rieslinge, Weißweine aus Burgund, weiße Bordeaux, Friauler Chardonnay, reife Elsässer Gewürztraminer, Übersee-Weiße zum Kennenlernen.

Gruppe 3 – (24/40/60)
Beaujolais Crus, Rosés aus der Provence oder von der Loire, deutsche Spätburgunder, Valpolicella, Bardolino oder roter Vinho verde.

Gruppe 4 – (30/60/140)
Rotweine aus Burgund (junger und reifer Wein), Bordeaux Premier Cru oder Cru Bourgeois Exceptionnel (je 1 Kiste junger und reifer Wein), Barolo oder Barbaresco (junger und reifer Wein), dazu Chianti Classico Riserva oder toskanischer Vino da tavola, kalifornischer oder australischer Cabernet, Côte-Rôtie oder Châteauneuf-du-Pape, diverse andere Rotweine zum Kennenlernen.

Gruppe 5 – (12/30/60)
Rieslingsekte und Markenchampagner, ältere Jahrgangschampagner oder Prestige Cuvées, Crémant d'Alsace, Moscato naturale.

Gruppe 6 – (18/36/60)
deutsche oder österreichische Beeren- oder Trockenbeerenauslesen, Elsässer Sélection de grains nobles, Sauternes oder sauternesähnliche Weine, Vin santo, Malvasia delle Lipari oder französische Vins doux naturels, Vintage Ports, Fino Sherry.

der Punkt, an dem der enge Flaschenhals sich ausweitet – sinken. Liegt das Füllniveau deutlich unter dieser Marke, so ist die Wahrscheinlichkeit groß, daß Sie es mit einem verdorbenen Wein zu tun haben.

Sämtliche Weine, auch jung zu trinkende und Schaumweine, ausgenommen Schaumweinflaschen mit Plastikkorken, müssen unbedingt liegend gelagert werden, damit der Kork immer von der Flüssigkeit berührt wird und nicht austrocknet. Am besten ist es, den Flaschenhals etwas höher als den Flaschenboden zu legen, damit sich eventuelle Ablagerungen – das »dépot« – am Flaschenboden sammeln können. Schaumwein fürchtet im übrigen Tages- und sonstiges helles Licht wie der Teufel das Weihwasser und verliert extrem schnell an Frische und »perlage«.

Die Kellertemperatur

Wein sollte nicht zu warm und nicht zu kalt aufbewahrt werden: 7 bis 18 °C sind die tolerierbare Temperaturspanne, vor allem, wenn es sich um längere Zeiträume handelt. Ich habe selbst zwar schon gezwungenermaßen Rote und Weiße – darunter auch alte Weine – in sommerlicher Hitze längere Zeit in meiner Wohnung aufbewahrt, ohne daß sie größeren Schaden genommen hätten, aber weiterempfehlen möchte ich das dennoch nicht. Die ideale Kellertemperatur wird von Weinschriftstellern oft mit 10 °C angegeben, aber viele Winzer meinen, der Wein müsse die natürlichen Sommer-Winter-Schwankungen mitmachen, da er auch in der Flasche noch »lebt«. Deshalb liegt die Idealtemperatur wahrscheinlich zwischen 10 °C und 14 °C. Eine längere Lagerung bei über 20 °C sollte man vermeiden. Zu kalte Lagerung – um 0 °C oder darunter – führt dagegen zum Weinsteinausfall und damit zu einer Verringerung der Säure im Wein.

Die Luftfeuchtigkeit

Ausreichende Luftfeuchtigkeit (60 bis 70 Prozent) ist wichtig, damit die Korken nicht austrocknen. Die bei zu hoher Feuchtigkeit entstehende Gefahr, daß die Etiketten schimmeln, kann man bannen: Geruchlose Haarsprays oder Fixiermittel für Ölbilder sind Konservierungsmittel, die man in jedem Malergeschäft bekommt.
Wer es sich leisten kann, sollte seinen Keller gut isolieren (Achtung auf Heizungsrohre!) und eine komplette Klimatür einbauen lassen, die Temperatur und Luftfeuchtigkeit immer auf dem gewünschten Niveau hält.

Lagerung von Weinflaschen auf engem Raum

Die Ordnung im Keller

Je größer der Weinkeller, je vielfältiger die aufbewahrten Weine, desto wichtiger ist es, eine gewisse Ordnung einzuhalten. So sollten Sie Weißweine generell in den unteren Fächern aufbewahren, da sie die kühleren Temperaturen dringender benötigen als Rotweine. Sinnvoll ist es auch, ein gesondertes Fach für diejenigen Weine anzulegen, die bald verkostet werden sollen. Um die Auffindbarkeit der Flaschen zu erleichtern, gibt es verschiedene Systeme, und jedermann kann hier seiner persönlichen Vorliebe frönen. Zum Beispiel reserviert man kleine Regalfächer für jeweils einen Weintyp.

Holzkisten

Am billigsten für diesen Zweck sind die Original-Holzkisten, in denen besonders bessere Weine geliefert werden. Aber Achtung! Aus England wurde kürzlich von einer Pilzkrankheit berichtet, die im Holz sitzt und selbst Kellerwände angreifen und zerstören kann. Diese Art von Aufbewahrung braucht im übrigen viel Platz, da ein Fach erst neu vergeben werden kann, wenn die letzte Flasche ausgetrunken ist.

Regale

Praktischer sind Regale mit Einzelflaschen-Plazierung (Tonröhren, Holzgestelle, Plastik-Stapelregale). Durch eine einfache alphanumerische Kennzeichnung der einzelnen Flaschenpositionen wie auf einem Schachbrett – zum Beispiel horizontal mit A, B, C, D und vertikal mit 1, 2, 3, 4 – brauchen Sie nur sämtliche Positionen eines Weintyps und Jahrgangs im Kellerbuch hinter dem Weintitel einzutragen beziehungsweise durchzustreichen, wenn die Flasche geleert wurde. Neu gekaufte Weine werden auf frei werdende Fächer verteilt.

Das Kellerbuch

Eine genaue Buchführung ist – egal welches Ordnungssystem Sie gewählt haben – sehr wichtig. Das Kellerbuch muß Angaben über den Wein, den Hersteller, eventuell die Einzellage, Jahrgang, Qualitäts- und Süßestufen, das Kaufdatum, die Daten der Verkostungen und die Befunde enthalten, ebenso wie auch eine Einschätzung, bis wann der Rest getrunken sein sollte.

Wer sein Kellerbuch zu einem wirklich schönen öno-gastronomischen Tagebuch erweitern will, kann die Menüs und sonstigen Gelegenheiten, bei denen ein bestimmter Wein getrunken wurde, aufführen und beschreiben. Das hilft auch, falsche Zusammenstellungen in Zukunft zu vermeiden und bessere Kombinationen zu finden.

Die wichtigen Angaben

Wichtig sind vor allem Angaben über die Anzahl der ursprünglich vorhandenen und der bereits entnommenen Flaschen sowie über das Datum der Entnahme. Auf diese Weise können Sie den Reifeprozeß eines Weines nachvollziehen und feststellen, ob er noch weitere Lagerung verträgt oder getrunken werden sollte, denn nichts ist ärgerlicher als eine Flasche überalterten Weins. Wenn Weine ihren Höhepunkt erreicht haben, sollten sie schnellstmöglich getrunken werden.

Zweifelhafte Prognosen

Dabei muß gegenüber allen Prognosen über die Entwicklung von Weinen größte Vorsicht gelten. Sie sind oft falsch oder treffen nur sehr vage zu. Bei meinen Besuchen in den Kellern von Weinfreunden finde ich regelmäßig jede Menge »Kellerleichen«, die ihr Lebenslicht schon vor langer Zeit ausgehaucht haben. Wer seine Weine regelmäßig, das heißt, mindestens einmal im Jahr probiert, um ihre Evolution zu verfolgen, wird rechtzeitig merken, wann es besser ist, den Rest wegzutrinken, statt ihn noch längere Zeit lagern zu lassen.

Zum Abschluß noch ein letzter Hinweis, der alte Weine betrifft. Viele berühmte Weingüter, vor allem in Bordeaux, aber auch im toskanischen Montalcino und anderen Anbaugebieten, deren Weine für ein hohes Alter prädestiniert sind, bieten ihren Kunden in regelmäßigen Abständen an, ihre Weine neu zu verkorken und den eventuellen Verdunstungsverlust der Flaschen mit jüngeren Weinen aufzufüllen. So mancher Experte warnt aber vor dieser Praxis, denn trotz modernster High-Tech-Verfahren in sauerstoffreier Atmosphäre scheint noch immer die Gefahr zu bestehen, daß solcherart behandelte Weine schnell ihre Frische und Qualität verlieren. Aber es gibt natürlich auch zu dieser pessimistischen These positive Gegenbeispiele. Meine Meinung zum Problem des Neuverkorkens ist recht einfach: Wenn ein Wein so alt ist, daß er neu verkorkt werden müßte, sollten Sie ihn wegtrinken. Er ist dann nämlich längst auf dem Höhepunkt seiner geschmacklichen Entwicklung angelangt, kann zwar noch ein wenig »weiterleben«, wird aber nichts mehr hinzugewinnen.

Umkorken alter Weine

Der Transport und die Temperatur

Vor das befreiende »Plopp« des Weinkorkens hat der große Erfinder aller Dinge noch ein wenig Mühe gesetzt. Auch all diejenigen, denen diese Metapher nicht ins persönliche Weltbild paßt, sollten sich hüten, den besten Flaschen ihres Kellers – oder ihres Weinhändlers – vorschnell und übereilt zu Leibe rücken, denn für die zu erwartenden Enttäuschungen gibt es kein Umtauschrecht.

Wie der Wein den Transport übersteht

Da ist zunächst einmal der Transport. Weine »leben« auch nach ihrer Abfüllung auf die Flasche, sagen die Winzer, und deshalb leiden sie unter dem Schock der rauhen Behandlung. Natürlich sind die meisten Produkte heute viel robuster und stabiler als früher – gedankt sei der modernen Önologie mit ihren Filtern, sterilen Abfüllanlagen und Laborkontrollen. Als ich selbst vor eineinhalb Jahrzehnten in Frankreich mein erstes »ABC des Weins« lernte, behaupteten böse Zungen (oder waren es doch wohlmeinende?) noch, ich solle rote Burgunder – mit Ausnahme natürlich der allergrößten Gewächse – um Himmels willen nicht im Wagen nach Paris transportieren, da die meisten von ihnen den Transport nicht überleben würden.

Das war natürlich auch damals schon übertrieben. Richtig ist, daß manch allzu schmächtigem Wein der Reiseschock nicht eben gut bekommt. Bei allen anderen reichte es schon damals, sie anschließend an die lange Fahrt eine oder zwei Wochen im Keller ruhen zu lassen, um sie wieder in den Vollbesitz ihrer geruchlichen und geschmacklichen Kräfte kommen zu lassen. Heute genügen dafür wenige Tage, und wenn die Fahrt nicht allzu lang war, kann man ohne großes Risiko die meisten Flaschen sogar im vollen Er-

Die Ruhezeit im Keller

oberungsfieber noch am Abend der Heimkehr genießen. Ausgenommen davon sind natürlich alte, schon voll ausgereifte Gewächse, die sich auch durch eine kürzere Autofahrt manchmal derart durcheinanderbringen lassen, daß sie besser eine Weile liegen sollten, bevor man sie entkorkt.

Transport gekühlter Weine

Vor ein Transportproblem ganz anderer Art wird derjenige gestellt, der versucht, im Hochsommer eine Flasche gut gekühlten, frischen Weißwein ohne Hitzschlag zum Hause von Freunden, zum Ort einer Einladung oder vom Händler zum direkt bevorstehenden heimischen Dinner zu bringen. Meist ist aus dem verführerisch kühlen Getränk bei der Ankunft eine warme Brühe geworden, die keinem einen großen Genuß beschert, es sei denn, man stellt die Flasche noch einmal für ein, zwei Stunden in den Kühlschrank. Einfacher ist es, den gut gekühlten Wein in nasses Zeitungspapier einzuwickeln. Dann können Sie sicher sein, daß Ihr Sommerwein genauso frisch an seinem Bestimmungsort ankommt, wie er Ihren Kühlschrank verließ.

Der Kühlschrank

Im Kühlschrank sollte Ihre verführerische Flasche übrigens zuvor nicht über einen längeren Zeitraum verweilt haben, denn die Kälte kann den Wein regelrecht »austrocknen«: Geruch und Geschmack »ziehen« sich dann zusammen, der Wein wird unscheinbar und neutral, oft sogar hart, ein unschöner Effekt, der auch durch kurzfristiges Aufwärmen nicht rückgängig zu machen ist.

Überhaupt, die Temperatur! Zum leidigen Thema der richtigen Temperierung des Weines sind wahrscheinlich schon viele Tonnen Papier beschrieben und bedruckt worden. Und dennoch wird hier weithin mit schöner Regelmäßigkeit das meiste falsch gemacht!

Die richtige Trinktemperatur

Weinthermometer

Dabei ist die wichtigste – und oft mißachtete – Grundregel so einfach, daß sie geradezu banal klingt: Der Wein soll weder zu warm noch zu kalt sein. Lachen Sie nicht zu voreilig über soviel Pauschalität! Noch immer wird in der Mehrzahl auch guter Restaurants der Weißwein eisgekühlt und der Rotwein mit Saucentemperatur serviert.

Ein aufschlußreiche Test

Was davon zu halten ist, hat die französische Zeitschrift »Gault-Millau« einmal in einem umfangreichen Test gezeigt. Man ließ eine Verkostergruppe eine Reihe von richtig temperierten Weinen probieren und servierte ihr dieselben Weine anschließend zusammen mit anderen bei höherer und niedrigerer Temperatur. Das Ergebnis war niederschmetternd! Nicht nur, daß fast niemand die zuvor verkosteten Weine wiedererkannte! Mehr noch, die Benotung der Weine, die in der ersten Runde gut abgeschnitten hatten, wurde in der zweiten zu einem regelrechten Bestrafungsfeldzug, natürlich ohne daß sich die Verkoster dessen bewußt waren.

Wer einmal in Südfrankreich oder in der Toskana den Rotwein vom Weinregal des Restaurant-Speisesaales »genießen« durfte, wird sich sicher mit Grausen an den Gestank von Alkohol und gekochtem Obst erinnern: Jegliche Eleganz ist aus solchen Flaschen auf Nimmerwiedersehen verschwunden, es sei denn, Sie lassen sie, auch gegen alles Lamenti und alle Skandalrufe des Obers brutal im Eiskübel servieren. Ob das dem Wein dann allerdings tatsächlich gut tut, wage ich zu bezweifeln.

Die »Raumtemperatur«

Die beliebteste Ausrede von Kellnern und Sommeliers, die sich für warmen Wein verantworten müssen, ist das Nachplappern der alten Regel, ein Rotwein müsse »chambriert« oder »bei Raumtemperatur« getrunken werden. Was für sie wohl soviel bedeutet, daß alles, was sich unter 40 °C hält, auch für den Kunden akzeptabel zu sein hat! Die Regel mit der Zimmertemperatur kam im letzten Jahrhundert auf, als man noch keine Zentralheizungen kannte und die Zimmer und Salons der Herrschaftshäuser der nördlichen Länder – denn der Spruch stammt ja beileibe nicht aus Südfrankreich oder Italien, sondern aus Paris, London oder Berlin – nur in unmittelbarer Umgebung des Kaminfeuers wirklich warm wurden.

Zu kalter Weißwein

Weißweine unter 8 °C verlieren jegliches Aroma und Bukett und schmecken im Mund einseitig und meist nur säurebetont.

Zu warmer Rotwein

Rotweine über 18 oder 20 °C werden breiig, pappig, riechen nach Alkohol und geben all ihre eventuellen aromatischen Unsauberkeiten gnadenlos zum Besten; die reiferen unter ihnen wirken dazu noch ausgezehrt und überaltert und oxidieren noch dazu wesentlich schneller im Glas oder in der Karaffe.

Zwischen diesen beiden Extremen sollte jede Trinktemperatur angesiedelt sein, die den Wein respektiert.

Wein erwärmt sich beim Ausschenken

Aber Achtung! Ein Wein, der kühler als die ihn umgebende Luft ist, erwärmt sich beim Ausgießen fast augenblicklich, und das um so schneller, je größer der Temperaturunterschied ist. Ein Wein von 10 °C ist, sobald er ausgeschenkt ist, bei normaler Raumtemperatur in Null Komma nichts auf 11 oder 12 °C angelangt. Danach vollzieht sich die Erwärmung immer langsamer. Eine Flasche, die mit 13 °C aus dem Keller geholt wird, erwärmt sich schon in der ersten halben Stunde um etwa 2 °C! Im 5 °C kalten Kühlschrank dagegen kühlt sie genauso schnell ab.

Das muß berücksichtigt werden, wenn man die folgenden Trinktemperaturen liest:

Serviertemperatur und Trinktemperatur

Für kühl zu trinkende Weine sollte auf jeden Fall eine Serviertemperatur gewählt werden, die um 1 oder 2 °C unter der Trinktemperatur liegt. Das heißt für die Gruppe der trockenen, frischen Weißweine und der Schaumweine, daß die einfacheren unter ihnen am besten bei etwas unter 8 °C serviert werden. Die Weine der Gruppen 2 und 3 sowie die leichteren Vertreter der Gruppe 6 sollten um etwa 1 °C kälter auf den Tisch kommen, während für die Gruppe 4 die Trinktemperatur auch gleichzeitig die ideale Serviertemperatur ist.

Die ideale Trinktemperatur:

1. trockene und frische Weißweine: 9–11 °C
2. halbtrockene und körperreiche Weißweine 12–14 °C
3. leichte, frische Rotweine, Rosés 12–15 °C
4. kräftige Rotweine 15–18 °C
5. Schaumweine 8–12 °C
6. Süß- und Likörweine 10–16 °C

Generell gilt dabei immer die niedrigere Temperatur für die leichteren und einfacheren Produkte jeder Klasse und die höhere für die reicheren und komplexeren.

Warum man Weine bei unterschiedlichen Temperaturen serviert, liegt daran, daß ihre Geschmacks- und Geruchsstoffe sich bei verschiedenen Temperaturen besser beziehungsweise schlechter entfalten: Ein Weißwein hat meist recht leichtflüchtige Aromabestandteile, die auch bei niedrigen Temperaturen zur Wirkung kommen, während das dichte Bukett eines großen Rotweins von mindestens 15 oder 16 °C verwöhnt werden will, um sich zu entfalten. Hinzu kommt, daß der Rotwein mit seinem Gerbstoffanteil bei zu kühler Trinktemperatur arg kratzig und säurebetont schmecken würde. Dennoch hüte man sich vor Übertreibungen! Generell sollte Wein – die einzige Ausnahme ist Glühwein – im Mund immer einen frischen Eindruck hinterlassen! Oder haben Sie schon einmal Wein unter der Rubrik »warme Getränke« auf der Speisekarte entdeckt?

Keine Übertreibungen!

Wenn Sie einen frischen Weißwein aus dem Kühlschrank auf den Tisch gebracht haben und verhindern wollen, daß er binnen kürzester Zeit warm wird, empfiehlt es sich, die Flasche in einen Kübel mit Eiswasser zu stecken. Eiswürfel allein haben kaum einen Effekt, solange das Eis nicht geschmolzen ist, denn zwischen den einzelnen Würfeln befindet sich Luft, die die Kälte nicht zur Flasche überleitet. Als Alternative für den Tisch bieten sich moderne Plastikkühler an oder, noch besser, ganz altmodische Tonkühler, die eine Weile in Wasser gelegen haben und die den Wein dann durch die Verdunstung der aufgesaugten Feuchtigkeit kalt halten.

Der Eiskübel

Vom Entkorken und Dekantieren bis zum Einschenken

So! Jetzt sind alle Vorbereitungen glücklich überstanden, Ihr Wein steht korrekt temperiert auf dem Tisch, und Sie freuen sich auf den Startschuß zum Weinvergnügen. Zuerst entfernen Sie die Kapsel, die heute bei einfachen Weinen zunehmend aus Plastik, bei älteren und besseren Kreszenzen immer noch aus mehr oder weniger bleihaltigem Stanniol besteht, wobei das Blei aus Gründen des Umweltschutzes in absehbarer Zeit gänzlich von Weinflaschen verschwinden wird. Ich persönlich ziehe die Kapsel der Einfachheit halber meist ganz ab, aber es sieht zugegebenermaßen schöner aus, wenn Sie sie fein säuberlich unterhalb(!) der Verdickung am Flaschenhals abschneiden. Das

Entfernen der Kapsel

Die Kapsel wird mit einem scharfen Messer abgeschnitten

Korkenzieher mit offenem Gewinde

ist besonders bei Bleikapseln sorgfältig zu handhaben, denn der Wein kann selbst von einer kurzen Berührung mit dem Metall einen unangenehmen Geschmack bekommen, und wissenschaftliche Analysen haben in solchen Fällen schon sehr hohe Bleikonzentrationen nachgewiesen.

Auch aus diesem Grund wische ich den Flaschenhals sorgfältig mit einem Tuch sauber und ziehe dann erst den Korken.

Der Korkenzieher

Der Korkenzieher sollte eine Spirale aus nicht zu dickem Rundmetall besitzen, deren Windungen in der Mitte eine »Seele« offenlassen, in die man von unten her ein Streichholz (mindestens!) stecken kann. Mit anderen, vor allem zu dicken und scharfkantigen Spiralen riskieren Sie, den Korken zu einer Masse von Bröseln zu reduzieren, deren Überreste Sie dann wahrscheinlich in Ihrem Weinglas wiederfinden würden. Ideal sind die aus Amerika stammenden, teflonbeschichteten Korkenzieher, obwohl sie den Nachteil haben, daß die Beschichtung nicht sehr lange hält.

Der »Sommelier-Hebel«

Ich persönlich finde jedoch den traditionellen »Sommelier-Hebel« am praktischsten, bei dem die Spirale und ein kleiner Hebelansatz von einem langen Griff abgeklappt werden, was ein schnelles und schonendes Öffnen der Flasche – ohne Schütteln und Drehen – erlaubt. Aber auch hier sind dem Erfindungsreichtum und dem persönlichen Geschmack keine Grenzen gesetzt, wie Dutzende, ja Hunderte von Korkenziehertypen vom Preßluftgerät über den Flügelzieher bis hin zum Folkloremodell aus einem Stück Rebwurzel und der fest eingelassenen Spirale beweisen, die heute im Handel verfügbar sind.

Öffnen von Schaumweinflaschen

Bei Champagner und Sekt sollten Sie den Korken vorsichtig lockern, ihn dann fest fassen und langsam herausziehen. Je weiter er aus der Flasche herauskommt, desto stärker macht sich der Innendruck bemerkbar, und Sie müssen schon kräftig dagegenhalten, damit Ihnen der Korken nicht mit einem kräftigen Knall an die Wohnzimmerlampe fliegt. Das mag zwar bei manchen Gelegenheiten lustig sein und kann sogar eingeschlafene Neujahrs- oder Karnevalsgesellschaften zu neuem Leben erwecken, aber die feine Art ist es nicht. Perfekt sind Sie erst dann, wenn gerade noch Ihr Tischnachbar ein leichtes Zischgeräusch zu hören bekommt!

Eine englische Methode für alte Korken

Eine etwas unkonventionelle Art, mit den vom hohen Alter bröselig gewordenen Korken alter Jahrgangsportweine umzugehen, kennen die Angelsachsen. Eine spezielle Zange wird dabei im offenen Feuer zum Glühen gebracht und dann eine kurze Zeit knapp oberhalb des unteren Korkendes fest um den Flaschenhals geschlossen. Danach braucht man das Glas nur noch sanft mit einem nassen Tuch zu »streicheln«, und es bricht durch die entstehende Spannung so sauber, daß der Korken in einem Stück herausgezogen werden kann. Das hat neben der Vermeidung der schon erwähnten Brösel im Glas auch den Vorteil, daß man den Jahrgang feststellen kann, der bei diesem Weintyp oft nur in den Korken eingebrannt ist.

Korkgeschmack

Aber der Flaschenkorken bringt nicht nur Vorfreude auf den Weingenuß, sondern kann diesen auch ganz gewaltig verderben. Die Rede ist vom sogenannten Korkgeschmack, einem übelriechenden und faulig-holzig schmeckenden Weinfehler, der leider sehr häufig vorkommt. Schuld daran ist unter anderem die durch die immer stärker zunehmende Menge von abgefüllten Weinen in den letzten Jahrzehnten enorm gestiegene Nachfrage nach der Rinde der Korkeiche, »quercus suber«, die vor allem in Portugal, Spanien, auf Sardinien und in Nordafrika wächst. Viele Korkproduzenten gönnen daher den Bäumen nicht immer die notwendige Rekonvaleszenz von 10 oder 15 Jahren zwischen einer »Ernte« und der nächsten. Aber auch das ästhetische Bewußtsein des modernen Weinkonsumenten und sein Wunsch nach schönen, sauberen Korken tragen ihren Teil zum Korkgeschmack bei. Die Eichenrinde wird nämlich mit einem chlorhaltigen Bleichmittel aufgehellt, das man als Ursache jenes Bakterienbefalls nachgewiesen hat, der diesen besonders üblen Weinfehler hervorruft.

Im Restaurant sollten Sie »korkige« Flaschen rigoros zurückgehen lassen, wenn nicht der Kellner oder Sommelier dies schon selbst besorgt hat.

Aber hüten Sie sich vor »korkähnlichen« Holzfaßnoten, die oft schwer vom wirklichen Korkgeschmack zu unterscheiden sind. Sie riskieren, daß die Ersatzflasche, die man Ihnen bringt, denselben Fehler aufweist.

Korkgeschmack oder nicht – ein Test

Ein sicheres Mittel, Korkgeschmack aufzuspüren, besteht darin, ein Glas zu zwei Dritteln mit warmem Wasser und zu einem Drittel mit dem inkriminierten Wein zu füllen. Wenn wirklich der Kork der Übeltäter war, muß das Gemisch jetzt teuflisch stinken. Es reicht notfalls auch, das Glas mit der Handfläche zu verschließen und den Inhalt kräftig zu schütteln, aber das ist wohl in der Öffentlichkeit nicht immer praktizierbar.

Über die Häufigkeit des Korkgeschmacks zirkulieren enorme Zahlen. Von 5 oder 10 Prozent aller Flaschen ist da manchmal die Rede, und ich habe selbst schon einmal drei »korkige« von insgesamt vier Proben eines einzigen Winzers bei Verkostungen wegschütten müssen. Vielleicht klingt es ketzerisch, aber ich bin überzeugt, daß das Problem innerhalb weniger Jahre zu lösen wäre, könnten sich ein paar der renommiertesten Weinproduzenten der Welt in einer konzertierten Aktion dazu entschließen, für ihre Weine – mit Ausnahme vielleicht der wenigen absoluten Top-Gewächse – Schraubverschlüsse oder Kronkorken zu verwenden.

Schraubverschluß und Kronkorken als Alternative

Für den Wein wäre das ohnehin von Vorteil, da diese Verschlüsse einen noch perfekteren Schutz des Weines gegen den eindringenden Sauerstoff darstellen und eine langsamere, feinere und vollständigere Entfaltung des Lagerbuketts erlauben. Was die Romantik betrifft, die für manchen mit dem Schraubverschluß nur schwer in Einklang zu bringen ist, kann ich nur sagen, daß ich die Romantik des guten Weins im Glas derjenigen des schlechten im Ausguß bei weitem vorziehe.

Die Weinflasche ist jetzt endlich offen! Schön, werden Sie sagen, dann können wir ja anstoßen! Weit gefehlt! Noch steht, glaubt man Weinpäpsten und anderen Vinologen, das korrekte Dekantieren des Stoffs der Begierde zwischen Ihnen und dem Vergnügen.

Das Dekantieren

Dekantieren nennt man das vorsichtige Umfüllen des Weins aus der Flasche in eine bereitgestellte Glaskaraffe. Das empfiehlt sich vor allem bei älteren Rotweinen, da die Tannine im Laufe der Jahre immer schwerere Moleküle gebildet haben, die sich am Boden der Flasche absetzen. Genau wie Sie wahrscheinlich nur ungern Kaffeesatz trinken, verdirbt auch das feine Depot im Wein den Trinkgenuß. Aus einer Flasche auszuschenken, ohne diesen Satz aufzuwirbeln, ist fast unmöglich, selbst wenn Sie sich dazu der Hilfe eines der sogenannten Dekantierkörbchen bedienen, in denen die Flaschen in halb liegender Position aufbewahrt werden. Denn auch dabei wird durch das Hin- und Herschwappen spätestens der dritte oder vierte Schluck Wein seinen Anteil »Kaffeesatz« enthalten.

Weinstein

Das einzige Depot, das Ihnen keine Sorgen machen sollte, ist der Weinstein. Selbst wenn einmal etwas von diesen Kristallen in Ihr Glas gerät, setzt es sich so schnell ab, daß Sie dessen Inhalt problemlos genießen können.

Was Dekantieren nicht vermag

Manche Weinschriftsteller und auch Winzer behaupten, rechtzeitiges Dekantieren könne bei jungen, noch etwas verschlossenen und harten (Rot-)Weinen eine Verbesserung von Geruch und Geschmack bewirken und ihren meist sperrigen Charakter abrunden und verfeinern. Das ist zum größten Teil pure Einbildung! Die Entwicklung des Buketts im Wein findet nur unter Luftabschluß in der Flasche als Folge von Reduktionsprozessen über lange Zeit hinweg statt, wie wir bereits gesehen haben. In der offenen Flasche und der Karaffe gibt es, so der Wein wirklich gut und noch jung ist, keine wahrnehmbare Oxidation durch den Luftsauerstoff. Gemeinhin sagt man sogar, ein guter Wein dürfe im offenen Glas innerhalb von ein paar Tagen seine Farbe und seine Klarheit nicht verändern, das heißt eben nicht(!) oxidieren.

Verdunstung

Was beim offenen, gesunden Wein stattfindet, ist nicht Oxidation, sondern Verdunstung. Sie beginnt im Moment der Öffnung der Flasche und erreicht im Glas mit seiner, gemessen am geringen Inhalt, recht großen Verdunstungsoberfläche ihren Höhepunkt. Da nun aber gerade die

Dekantieren in eine Karaffe

großen Weine mit ihrer Vielfalt von leicht und schwer flüchtigen Bukettstoffen überzeugen sollen, bedarf es natürlich einiger Zeit, manchmal sogar länger als einer halben Stunde, bis alle Aromen zur Geltung kommen. Eine zu starke Verdunstung vor dem eigentlichen Weinverzehr zu fördern, heißt jedoch nichts anderes als auf die ersten, leichter flüchtigen Bukettstoffe zu verzichten.

Aromaverlust durch Luftkontakt

Vor allem bei alten Weinen ist die Gefahr eines Aromaverlusts im Kontakt mit der Luft groß. Da man aber gerade sie wegen des eventuellen Depots dekantieren sollte, gilt die Regel, das Dekantieren nicht mehr als eine halbe oder eine Stunde vor dem Ausschenken vorzunehmen.

Gegen eine zu lange Aufbewahrung von Wein in Karaffen spricht schließlich auch die Tatsache, daß das Bleiglas, aus dem diese meist gefertigt sind, nach neuesten wissenschaftlichen Erkenntnissen erhebliche Mengen des Metalls an den Wein abgeben kann: ein unnötiges Gesundheitsrisiko.

Dekantieren gegen Böckser

Aber es gibt noch einen weiteren Grund für das Dekantieren: den Böckser. Dieser Fehlgeruch, der bei unkorrekt geschwefelten Weinen unter Luftabschluß entsteht, kann manchmal wieder aus dem Wein entfernt werden, wenn sich der Schwefelwasserstoff noch nicht mit dem Alkohol zu Äthylmercaptan verbunden hat. Entfernt wird er durch ausgiebiges Lüften des Weins, das ja beim Dekantieren stattfindet, weshalb sich für alle Weine zumindest zu Kontrollzwecken das Entkorken kurze Zeit vor dem Verzehr empfiehlt. Die bereits erwähnte halbe Stunde sollte auch hier ausreichen, sonst ist wahrscheinlich ohnehin alle Liebesmüh' umsonst, da der Böckser den Wein unwiderruflich verdorben hat.

Richtiges Dekantieren

Das Dekantieren selbst bedarf einer ruhigen Hand und einiger Vorbereitungen, vor allem wenn es sich um einen Wein handelt, in dem Sie ein Depot vermuten. Damit sich der Trub in einer Ecke des Flaschenbodens sammeln kann, stellen Sie die Flasche ein, zwei Tage vor dem Servieren senkrecht und legen sie dann ein paar Stunden vorher noch in ein Dekantierkörbchen. Beim Entkorken sollten Sie heftige Bewegungen vermeiden und die Flasche nicht drehen. Beim Umgießen in die Karaffe halten Sie am besten eine Lichtquelle unter den Flaschenhals – eine Kerze tut gute Dienste –, so daß Sie den fließenden Wein genau beobachten können. Gießen Sie in einem Ansatz, denn jedes

Unterschiedliche Glasformen für Weiß- und Rotwein

Hin und Her wirbelt den Satz erneut auf! Sobald ein schwarzer Strich im Flaschenhals sichtbar wird, heißt es aufpassen! Jetzt sollten Sie nur so lange weitergießen wie der Depotstrich noch nadelfein ist!

Das geeignete Weinglas

Auch die Gläser sind ein wichtiges Element des korrekten Wein-Service. Zum Glück sind die Zeiten, in denen der köstlichste Rotspon in dicken, unförmigen Kristallstumpen serviert wurde, bald überall vorbei. Selbst in Frankreich, dem Land mit der lange rückständigsten Glaskultur, findet man in der Gastronomie zunehmend Gläser, die wirklichen Weingenuß zulassen.

Die Glasform

Ein gutes Weinglas muß groß genug sein, daß es eine ausreichende Menge Wein halten kann und dennoch Raum zur Entfaltung des Buketts bietet. Damit sich dieses Bukett nicht sang- und klanglos in den Raum verliert, muß der obere Rand des Glases wie bei einer geschlossenen Tulpe nach innen geneigt sein. Gute Glasfirmen haben Dutzende verschiedener Formen für alle möglichen Weine in ihrem Programm und investieren sehr viel Zeit für das Studium des richtigen Glases für jedes Produkt. Ich persönlich glaube, daß 4 oder 5 Gläserformen mehr als ausreichend sind:

Das Glassortiment

eines für junge, säurebetonte Weißweine (längerer Stiel, nicht zu großer Kelch, leicht tulpenförmig, eventuell mit nach außen geschwungenen Lippen), eines für volle, reife Weißweine (tulpenförmiger Kelch, ähnlich dem INAO-Glas, jedoch größer), eines für Schaumweine (lange, schmale Flöte, auf keinen Fall Schale, da »perlage« und Aromen zu schnell verloren gehen), eines für Bordeaux- und ähnliche Rotweine (großes, tulpenförmiges Glas) und eines für Burgunder-Rotweine (tulpenförmiges Glas mit breiter Basis und engerer Öffnung als beim Bordeaux-Glas). Für Cognac empfehle ich ein kleines Glas, ähnlich dem INAO-Glas, jedoch keinen Schwenker, da er die Aromen nicht zur Geltung kommen läßt und in ihm zuviel Alkohol verdunstet.

Wenn Sie dem noch ein Glas für junge Rotweine, eines für Port, Sherry und Madeira hinzufügen wollen, setzt Ihnen zumindest die Glasindustrie keine Grenzen – allenfalls das persönliche Budget und der Platz im Gläserschrank.

Zum Schluß noch ein Tip für »den Tag danach«: Haben Sie keine Angst vor angebrochenen Flaschen! Ein gesunder Wein

Angebrochene Flaschen

hält sich, wenn die Flasche verschlossen im Kühlschrank aufbewahrt wird, auch zwei oder drei Tage, ohne »umzukippen« und einen Essigstich zu entwickeln. Rotweine überleben meist länger als Weiße, aber ich habe auch schon einmal mit einer Flasche Friauler Sauvignon blanc, den ich fünf Tage im Kühlschrank vergessen hatte, eine überraschend gute Erfahrung gemacht. Wer ganz sicher gehen will, kann seine Flasche mit einem jener modernen Gummistöpsel verschließen, die mit Hilfe einer kleinen, umgedrehten Luftpumpe das Entfernen des schädlichen Sauerstoffs – nur in ihm entwickeln sich die Essigbakterien – aus der Flasche erlauben. Meist aber reicht ein einfacher Korken.

Wein und Speisen

Wein ist ein idealer Speisenbegleiter. Er fördert die Verdauung, während andererseits das Essen die Aufnahme des Alkohols durch den Körper verlangsamt und ihn dadurch besser verträglich macht.

Zum Essen oder danach?

Vor allem in den klassischen Weinbauländern Frankreich und Italien wird kaum Wein außerhalb der Mahlzeiten getrunken, während sich dagegen in Deutschland das traditionelle Gläschen Wein in geselliger Runde oder am Kaminfeuer größter Beliebtheit erfreut. Mein eigenes Ideal entspricht eher einer Mischung aus beiden Lebensstilen. Aber Achtung! Zu wissen, daß Wein ein Essen oder einen stillen Abend verschönen kann, reicht mitnichten! »Welcher Wein zu welcher Gelegenheit?«, das ist hier die Frage.

»Man nehme eine Flasche roten Burgunder des 85er Jahrgangs, dazu einen Lammbraten, ein paar Beilagen und arrangiere das Ganze auf dem Tisch zu einer Komposition, die Auge, Nase, Mund und Magen in Entzücken versetzt!« So einfach wie ein Kochrezept ist das Kapitel Wein und Speisen leider nicht abzuhandeln.

Fragwürdige Standardregeln für die Kombination

»Rot zu Fleisch, weiß zu Fisch, weiße Sauce – weißer Wein, rote Sauce – roter Wein!« So oder ähnlich lauten die Standardregeln, die jeder Weintrinker irgendwann einmal gelernt hat, und an die er sich vielleicht auch, in Ermangelung anderer Möglichkeiten, die meiste Zeit wie an einen rettenden Strohhalm klammert. Natürlich sind solche Regeln viel zu pauschal, um unwidersprochen Gültigkeit zu haben, und viele angenehme und schöne Überraschungskombinationen, die ihnen sogar zuwiderzulaufen scheinen, machen erst das Salz in der Suppe des Weingenusses aus.

Nun gibt es Leute, die nehmen alles ganz genau. Die Redakteure des französischen Weinführers »Guide Hachette« gehören zu ihnen. In einem seitenlangen, dichtgedruckten Vorspann zu ihrem Führer stellen sie jedes Jahr so präzise Listen von bestimmten Speisen und den zu ihnen passenden Weinen auf, daß man eigentlich meinen sollte, damit sei man jeden Problems enthoben.

Aber was tun, wenn der »Guide« einmal nicht zur Hand ist? Ihn auswendig lernen? Beim Studium der Weinkarte im Restaurant computergestützte Gedächtnisakrobatie vollbringen, nur um sich einer gelungenen Kombination erfreuen zu können? Kann man

Komplizierte Empfehlungen

denn wirklich immer sicher sein, genau den empfohlenen Wein des empfohlenen Jahrgangs auf der Speisekarte zu finden? Muß etwa ein Weinfreund, der nach Hause einladen will, unter Androhung des Gesichtsverlusts all die aufgeführten Typen und Untertypen in seinem kleinen Neubaukeller vorrätig halten, um auch wirklich jeder Situation gewachsen zu sein?

Je länger und detaillierter solche Listen waren und sind, desto mehr versuchen sie eine Objektivität vorzuspiegeln, die vielleicht beim professionellen Weinverkosten in gewissem Rahmen sinnvoll ist, beim Essen und Genießen aber nichts zu suchen hat. Schon die kleinste Unregelmäßigkeit kann die vermeintliche Objektivität der Weinempfehlung buchstäblich sprengen. Was tun, wenn Ihnen zu einem Gericht die säurehaltige Piemonteser Barbera empfohlen wird, der Barbera-Wein aber, den Sie bei Ihrem Weinhändler erstanden, nicht die übliche kräftige Säure besitzt, sondern in kleinen Holzfässern ausgebaut und durch eine vollständige malolaktische Gärung sozusagen »weichgeklopft« wurde? Dann sitzen Sie mit Ihrer ganzen schönen Weinempfehlung da und müssen vielleicht doch feststellen, daß der Wein nicht paßte...

Schlimmer noch! Was tun Sie, wenn Ihre Vorspeise und die Ihres Gastes grundverschiedene Weine verlangen, Sie aber einerseits keine Flaschenbatterie auf Ihrem Tisch aufbauen wollen und andererseits das Lokal auch keinen Ausschank in Gläsern praktiziert? Was tun, wenn ein phantasievoller Koch die Kaninchenterrine einmal so üppig gewürzt hat, daß der mit ihr »vermählte« Weinklassiker nur noch die Flügel hängen läßt? Hier versagen die meisten der Regeln, hier sind Phantasie und Kompromißbereitschaft angesagt! Für die schlimmsten Zweifel gibt es immerhin Weine, die die gesamte Mahlzeit – und damit natürlich auch die gegensätzlichsten Gerichte – hervorragend ergänzen: Das können Weiße mittlerer Struktur sein, trocken, aber mit gutem Alkoholgehalt oder halbtrocken und dafür vielleicht etwas leichter, oder leichte rote Burgunder, bessere Beaujolais-Qualitäten, ein guter Chianti, ein Champagner...!

Eine unkomplizierte Lösung

Was die Italiener mit einer Mischung aus Augenzwinkern und Resignation in bezug auf ihr Strafgesetzbuch behaupten, dürfen Sie beim Wein ruhig für bare Münze nehmen: »Für jede Regel gibt es eine zweite, die genau das Gegenteil der ersten zur Maxime erhebt!«

Im Grunde geht es ja bei der Zusammenstellung von Weinen und Speisen um mehrere Entscheidungen: Lieben Sie den Kontrast zum Beispiel zwischen einem delikaten und feingliedrigen Chablis einerseits und einem reichen »Seafood«-Gericht andererseits, zwischen Wild und einer halbtrockenen Riesling Auslese, oder den zwischen einem aromatischen Sancerre und dem salzigen Ziegenkäse seiner Nachbargemeinde Chavignol? Den Widerspruch zwischen einem cremigen Roquefort und der süßen Kraft einer Trockenbeerenauslese oder eines Sauternes? Oder stehen Sie mehr auf Harmonie, zum Beispiel von frischem Lammfleisch mit einem schönen Médoc, von »foie

Kontrast oder Harmonie?

Käse und Wein – auf die Zusammenstellung kommt es an

gras« mit einem alten Tokajer oder von einem Florentiner Steak mit einem großen, reifen toskanischen Vino da tavola?

Auch hier gilt wie schon in den vorhergegangenen Kapiteln: Lassen Sie sich nicht ins Bockshorn jagen! Denn mit all den Regeln und Regelchen, die man Ihnen gewöhnlich zur Beachtung vorschreibt, kommt am Ende die Zusammenstellung eines Menüs einer Gleichung mit 26 Unbekannten nahe, für deren Lösung Sie einen Großrechner zur Weißglut bringen müßten. Das schwierigste bei der Auswahl von Gerichten und den dazu passenden Weinen ist nur die wahrheitsgetreue Vorstellung zweier unterschiedlicher Geschmackseindrücke, noch bevor Gerichte und Weine auf dem Tisch stehen – sozusagen das Vorwegnehmen einer schönen Harmonie oder eines spannungsvollen Kontrasts, noch bevor man die erste Gabel gezückt, den ersten Schluck getan hat. Nun gibt es für diese Aufgabe natürlich auch Spezialisten... oder es sollte sie zumindest geben. Im Restaurant wird Ihnen ein gut geschulter Sommelier sicher mit seinen Empfehlungen ein gutes Stück weiterhelfen können, und der Weinhändler Ihres Vertrauens sollte ebenfalls in der Lage sein, Ihnen für den heimischen Tisch den richtigen Tip zu geben.

Eine einfach[e] Regel

Eine Hauptregel der »Vermählung« von Speis und Trank lautet: »Trinken Sie den Wein, den Sie gerne mögen, zu den Speisen, die Sie gern essen!« Und, könnte man ergänzen, achten Sie darauf, daß der Wein nie »leichtgewichtiger« als das Essen ist, da er sonst sehr schnell einen »müden« Eindruck hinterlassen wird.

Die Weinfol[ge]

Wichtig ist aber nicht nur die Zusammenstellung der Weine und Speisen, sondern auch – und vor allem – die Abfolge der Speisen und der Weine untereinander. Auch hier ist Vorsicht gegenüber pauschalen Imperativen geboten! Nach einem schweren, in der

»barrique« ausgebauten Chardonnay sollte kein kleiner, magerer Bardolino serviert werden, und heißt auch die entsprechende Regel noch so oft »Rot folgt auf Weiß!« Das Sprichwort »Trocken kommt vor Süß« läßt Ihnen keinen Raum mehr für einen Sauternes zur Gänsestopfleber als Vorspeise, und auch die Regel »Alt folgt auf Jung« können Sie getrost vergessen, wenn damit empfohlen werden soll, einen feinen, weichen und reifen Carmignano nach einem noch »harten«, jungen Bordeaux-Roten zu trinken.

Ausnahmen von bekannten Regeln

Die Speisenfolge

Eine gewisse Reihenfolge muß dagegen vor allem, was die Gerichte selbst betrifft, eingehalten werden: Essen Sie nicht zu salzig vor Süßem, fangen Sie nicht mit zu stark gewürzten Gerichten an, und vermeiden Sie zu viele schwere und verschiedenartige Saucen, die Ihren Gaumen unerbittlich – und zum Schaden eines jeden Weines – ermüden würden. Achten Sie vor allem auf ein Crescendo der Geschmacks- und Geruchseindrücke, auf eine Abfolge vom Einfachen zum Komplexeren und Reicheren, das Ganze vielleicht einmal unterbrochen von einem Glas Champagner, so wie das Gericht auch mit einem Sorbet »pausieren« kann! Ich lasse übrigens gerne auch die Gläser aller bereits getrunkenen Weine mit einem kleinen Rest stehen, um immer wieder »kostend« zu ihnen zurückzukehren. Dabei erlebe ich dann manchmal die schönsten Überraschungen, sowohl was neue, nie erahnte Kombinationsmöglichkeiten als auch was die Entfaltung von Bukett und Geschmack des Weins im Glas betrifft.

Wenn man bei Speisen und bei Weinen auf dieses »Crescendo mit Pausen« achtet, sollte die Zusammenstellung der richtigen »mariages« gar nicht so schwierig sein. Das absolut perfekte Mahl, was die Zusammenstellungen angeht, habe ich selbst noch nicht erlebt – die Franzosen wissen wohl, warum sie von »mariage«, also von Vermählung, sprechen –, aber wenn das Essen gut und der Wein noch besser ist, wird man auch etwas weniger gelungene Kombinationen dadurch überspielen können, daß man zwischendurch einmal zum Mineralwasser greift.

Das perfekte Mahl gibt es nicht

Der Mut zum Risiko zahlt sich auf alle Fälle aus, denn immerhin ist ja auch eine mißlungene Zusammenstellung immer noch ein exzellenter Vorwand für eine angeregte und lehrreiche Unterhaltung.

Zum Abschluß dieser Betrachtungen möchte ich Ihnen dennoch ein paar Prinzipien mit auf den Weg geben, die Sie sich trotz Ihres gesunden Mißtrauens gegen die üblichen Regelwerke gut merken sollten. Sie betreffen allerdings zum großen Teil nicht die Zusammenstellung selbst, sondern die Vermeidung von Zusammenstellungen:

Dennoch ein paar Grundprinzipien

Vor dem Essen trinkt man am besten Schaumwein oder säurereiche Weiße, die den Appetit wecken. Die Angelsachsen lieben auch einen Sherry Fino, und die Italiener trinken gerne ihre nationalen »Bitter« wie den Campari. Ins Reich der Barbarei gehören dagegen der französische Pastis und der Whisky der Amerikaner, da beide den Gaumen für jegliche spätere Geschmacksempfindung unempfindlich machen.

Feinde des Weines

Essig ist der Feind eines jeden Weins, aber auch die Zitrone wird ihm schnell gefährlich.
Eier und Knoblauch machen den meisten »Großen« den Garaus. Einzig überleben können hier einfache, fruchtige oder deftige Tafelweine, bei denen es ohnehin mehr auf den frischen Schluck – und den Alkohol – ankommt.
Vermeiden Sie die Zusammenstellung von sehr salzigen Speisen (Austern!) mit stark säurebetonten Weinen!
Und generell gilt, daß Gemüse (vor allem stark eisenhaltiges Gemüse sowie Spargel und Artischocken), aber auch Mehlspeisen jeder Weinschönheit Falten auf die Stirn treiben.
Für diejenigen, denen beim Spielen und Experimentieren detailliertere Anregungen hilfreich erscheinen, habe ich im Nachschlagteil eine Tabelle verschiedener Speisen und der zu ihnen passenden Weine zusammengestellt.
Aber bitte betrachten Sie diese Liste nicht als »Bibel«, sondern allenfalls als »Futter« für Ihre eigene Phantasie. Sie enthält nämlich auch provokative Vorschläge, wie zum Beispiel die »Vermählung« von Fisch und tanninhaltigen Rotweinen.

ZUM NACH-SCHLAGEN

Welcher Wein paßt zu welchem Gericht?

Für ein und denselben Speisentyp sind oft mehrere unterschiedliche Weinarten zu empfehlen. Die Auswahl sollte jeder nach seinem individuellen Geschmack treffen. Außerdem spielt die Zubereitungsart eine Rolle. Weitere Möglichkeiten können Sie der Liste der Weintypen auf den Seiten 42/43 entnehmen.

		Weingruppe 1 junge, leichte Weißweine	**Weingruppe 2 volle Weißweine**
	Aperitif	alle, ausgenommen stark aromatische	
Kalte Vorspeisen	**Vorspeisen, leicht, fein**	Müller-Thurgau D, Silvaner Rheinhessen D, Pouilly fumé F, Tocai Friuli I, Grüner Veltliner A	
	Melone, Foie gras		Chardonnay
	Trüffel		reifer Chardonnay barrique
	Muscheln, Austern	Entre-Deux-Mers F, Riesling trocken Elsaß F, Chablis F, Muscadet F	
	Terrine, Pâté	Soave I, Rioja E	Riesling halbtrocken oder Spätlese Rheingau oder Mosel D
	rohes Fleisch, Schinken	Riesling Rheingau trocken D, Sancerre F	Burgunder F, Graves F
	Fisch-Vorspeisen	Sancerre F, Orvieto I	
	Fisch geräuchert		Burgunder F, Condrieu F, Gewürztraminer
Warme Vorgerichte	**Vorspeisen warm**	Müller-Thurgau D, Silvaner Rheinhessen oder Pfalz D	Chablis 1er Cru, Chardonnay I
	Pasteten gefüllt		Gewürztraminer, Riesling Spätlese trocken Rheingau oder Mosel D, Muscat Elsaß F, Riesling Vendange tardive Elsaß F
	Schnecken		Burgunder F
	Pilze	Müller-Thurgau D	Silvaner Spätlese, Franken D, Burgunder F, Traminer Südtirol I
	Nudelgerichte mit Sahnesauce		Chardonnay, Riesling halbtrocken Mosel D, Sauvignon F
	Nudelgerichte mit Tomatensauce		Gewürztraminer halbtrocken Elsaß F
Fisch	**Fischgerichte roh**	Gutedel Baden D, Lugana I	Riesling halbtrocken
	Schal- und Krustentiere (je nach Zubereitungsart)	Silvaner trocken, Riesling trocken, Sauvignon F, Vinho verde P	Burgunder F, Ruländer Baden D, Pinot gris Elsaß F, Traminer Pfalz D, Elsaß F oder I, Graves F

)ie Länderangaben entsprechen den internationalen Autokennzeichen der Länder, Ausnahme: CA = Kalifornien. Ist keine ıähere Bezeichnung angegeben, so bezieht sich die Empfehlung auf den Weintyp, zum Beispiel Chardonnay (ohne bestimmte -lerkunft).

Veingruppe 3 Rosé- u. leichte Rotweine	**Weingruppe 4 Rotweine**	**Weingruppe 5 Schaumweine**	**Weingruppe 6 Dessert- u. Likörweine**
		Sekt trocken D und A, Champagne Brut F, Crémant F, Spumante I	
		Sekt trocken D und A, Champagne Blanc de Blancs F	
			Sauternes F, Beeren- und Trockenbeerenauslesen D und A, Sélections de grains nobles Elsaß F, Sherry Fino E, Tokajer H
	reifer Burgunder F, Barbaresco I, Chianti I	Champagne Brut F	
		Sekt trocken D und A, Champagne Brut F	
.emberger D, Beaujolais F, ouraine Cabernet F, Bardo- ino I, Valpolicella I, Blau- ränkisch A		Champagne Rosé F	
rollinger D, Chinon F, Bour- ueil F, Côtes-du-Rhône F, laufränkisch A			
unger Côtes-du-Rhône F, osé Provence F			
ôtes-du-Rhône F			
eifer Beaujolais F, Bour- ueil F, Chianti I, Zweigelt A		Champagne Rosé F	
ouraine Gamay F, Chinon F, laufränkisch A, Zweigelt arrique A			
rollinger D, Lemberger D, arbera I, Barbera barrique I, olcetto I, Chianti I			

		Weingruppe 1 junge, leichte Weißweine	Weingruppe 2 volle Weißweine
Fisch	**Fisch mit Butter/Sahne**	Saumur F, Sauvignon Loire F	Riesling halbtrocken, Pinot gris Elsaß F, Chardonnay
	Fisch blau	Riesling Mosel D, Pouilly fumé F, Grüner Veltliner A, Vinho verde P	Riesling Elsaß F
	Fisch mit würziger Sauce		Riesling halbtrocken, Chardonnay, Gewürztraminer Elsaß F, Muscat Elsaß F
	Fisch neutral/Meer	Entre-Deux-Mers F, Soave I, Orvieto I, Rioja E	
	Fisch gebraten, gebacken, fetthaltig		Gewürztraminer trocken, Burgunder F, Muscat Elsaß F, Riesling halbtrocken Rheingau D oder Elsaß F
Fleisch	**Geflügel weiß**	Sancerre F	Riesling halbtrocken D oder Elsaß F
	Geflügel rot		
	Fleisch weiß		Chardonnay, Riesling Elsaß F, Pinot gris Grand Cru Elsaß F
	Fleisch rot		
	Fleisch gekocht		
	Wild		Riesling Auslese halbtrocken
Käse/Dessert	**Ziegenkäse**	Silvaner Franken trocken D, Sancerre F	Burgunder F
	Blauschimmelkäse		
	Camembert, Brie, andere Weichkäse	Pouilly fumé F	Riesling Spätlese halbtrocken D, Riesling halbtrocken Vendange tardive Elsaß F, Chablis F
	Hartkäse		
	Süßspeisen		

Weingruppe 3 Rosé- u. leichte Rotweine	**Weingruppe 4 Rotweine**	**Weingruppe 5 Schaumweine**	**Weingruppe 6 Dessert- u. Likörweine**
Bandol Rosé F		Champagne Brut F	
Weißherbst D, Rosé Loire F			
Rosé Provence F	tanninhaltiger Bordeaux F oder Burgunder F		
Bourgueil F, Chinon F, Beaujolais F			
Chinon F, Côtes-du-Rhône Rosé F, Touraine Cabernet F, Crozes-Hermitage F	Burgunder F, Cahors F, Saint-Émilion F, Rioja E		
Spätburgunder D, Beaujolais Cru F	Pomerol F, Saint-Émilion F, Valpolicella Ripasso I	reifer Jahrgangs-Champagner F	
	reifer Bordeaux oder Burgunder F, Barbera barrique I, Vino da tavola Toskana I, Rioja Riserva E, Zinfandel CA		
leichter Burgunder F, Côtes de Provence F, Beaujolais F			
Moulin-à-Vent F, Volnay F	Côte-Rôtie F, Hermitage F, Chateauneuf-du-Pape F, Barolo I, Brunello I, Barbaresco I		
			Beerenauslese D und A, Trockenbeerenauslese D und A, Sauternes F, Vin Santo I, Tokajer H
Chinon F, Bourgueil F, reifer Côtes-du-Rhône F			
	Burgunder F, Chianti I, Barolo I		
		Sekt extra dry D und A, Champagne Extra-Sec F, Moscato naturale I	Beerenauslese D, Trockenbeerenauslese D und A, Sauternes F, Ausbruch A, Tokajer H

Die zuverlässigen Winzer und Weinproduzenten sowie die besten Jahrgänge in den wichtigen Anbaugebieten

Wie bereits im Kapitel »Was ist Wein?« erwähnt, kommt es letztlich doch immer auf den Menschen, den Winzer oder Kellermeister an: Er muß das beste aus den Trauben machen, die Klima und Boden hervorgebracht haben, er zeichnet mit seinem Namen für die Qualität seiner Weine verantwortlich. In der verwirrenden Vielfalt der Erzeuger- und Abfüllernamen den Überblick zu behalten, fällt jedoch oft selbst erfahrenen Weinkennern schwer. Deshalb habe ich an dieser Stelle eine Liste von fast 1500 Winzer- und Kellereinamen aus den wichtigsten Weinbaugebieten der Erde zusammengestellt, die sich durch ihre kontinuierliche Qualitätsproduktion auszeichnen oder Weine mit einem exzellenten Preis-Leistungs-Verhältnis anbieten.

Natürlich kann diese Aufstellung keinen der ausführlichen und immer aktuell zusammengestellten Weinführer ersetzen, von denen im Kapitel »Wein einkaufen« die Rede war. Aber sie ermöglicht dafür einen schnellen Blick in Situationen, in denen vielleicht das langwierige Blättern in dicken Wälzern nicht immer angebracht erscheint, wie zum Beispiel beim Studium der Weinkarte im Restaurant oder bei der Festlegung einer Reiseroute durch ein nahes oder fernes Weinbaugebiet.

Die Erzeugerangaben sind als Kombination von Winzer und Gemeinde (beziehungsweise Anbaugebiet) aufgeführt.

Es ist wichtig, auf die genaue Schreibweise der Namen, auch auf Vornamen und die Gemeinde zu achten, da es viele ähnlich lautende Firmen- und Weingutsnamen gibt.

Nur dort, wo keine Verwechslungsgefahr besteht oder wo die angeführten Weinhäuser sich ohnehin in ein oder zwei Gemeinden zusammendrängen, wie zum Beispiel im spanischen Rioja-Gebiet, habe ich auf die Nennung von Gemeindenamen verzichtet. Weinproduzenten, die sich über Jahre hinweg als die absolut besten ihrer Anbaugebiete erwiesen haben, sind halbfett hervorgehoben. Die Auswahl der hier erwähnten Namen wurde auf der Basis meiner eigenen langjährigen Verkostungserfahrung, aber natürlich auch in Auswertung der verfügbaren Weinbücher und -führer getroffen. Zur besseren Orientierung bei Weineinkauf und Bestellung im Restaurant habe ich bei einzelnen Weinbaugebieten die besten Jahrgänge aufgeführt. Die exzellenten Jahrgänge sind **halbfett** gedruckt. Wenn in der Literatur widersprüchliche Aussagen existieren, habe ich den Jahrgang in die bessere Gruppe eingeordnet, jedoch in Klammern gesetzt.

Deutschland

Mosel, Saar und Ruwer

Bischöfliche Weingüter, Trier
J. J. Christoffel Erben, Ürzig
E. Christoffel-Berres, Ürzig
Gutsverwaltung Deinhard, Bernkastel-Kues
Dr. Fischer, Ockfen-Wawern
Staatliches Friedrich-Wilhelm-Gymnasium, Trier
Grans-Fassian, Leiwen
F. Haag, Brauneberg
R. Haart, Piesport
Dr. H. Hanisch, Wehlen
Heymann-Löwenstein, Winningen
Von Hövel, Oberemmel
Immich-Batterieberg, Enkirch
Karlsmühle, Mertesdorf
Karthäuserhof – Rautenstrauch'sche Weingutsverwaltung, Trier
H. Kerpen, Bernkastel-Wehlen
Reichsgraf von Kesselstadt, Trier
J. Lauerburg, Bernkastel
Weingut Le Gallais, Kanzem
Lenz-Dahm, Pünderich
Dr. Loosen – St. Johannishof, Bernkastel
Maximin Grünhaus – Von Schubert'sche Gutsverwaltung, Grünhaus
Merkelbach, Ürzig
Milz-Laurentiushof, Trittenheim
Mönchhof, Ürzig
E. Müller-Scharzhof, Wiltingen
F. Nicolay, Bernkastel-Kues
Dr. Pauly-Bergweiler, Bernkastel-Kues
Piedmont, Konz-Filzen
J. J. Prüm, Bernkastel-Kues
A. S. Prüm Erben, Bernkastel-Wehlen
E. Reverchon, Konz-Filzen
M. F. Richter, Brauneberg
Schloß Saarstein, Serrig

W. Schaefer, Graach
H. Freiherr von Schorlemer, Bernkastel-Kues
Selbach-Oster, Zeltingen
B. Simon-Weingut Herrenberg, Serrig
Staatliche Weinbaudomänen, Trier
Wwe. Dr. H. Thanisch, Bernkastel
Vereinigte Hospitien, Trier
B. Van Volxem, Wiltingen
Dr. H. Wagner, Saarburg
Dr. F. Weins-Prüm Erben, Wehlen
Zilliken-Forstmeister Geltz, Saarburg

(71), 75, **76**, **(79)**, (81), (82), **(83)**, 85, (86), **89**, **90**

Ahr

J. J. Adeneuer, Ahrweiler
A. Grimmiger – Im Kräuterberg, Walporzheim
Mayer-Näkel, Dernau
T. Nelles, Heimersheim
J. Sebastian Nachfahren, Rech
J. Stodden, Rech

Nahe

Ökonomierat A. E. Anheuser, Bad Kreuznach
P. Anheuser, Bad Kreuznach
H. Crusius & Sohn, Traisen
H. Dönnhoff, Oberhausen
C. Finkenauer, Bad Kreuznach
Dr. J. Höfer – Schloßmühle, Burg Layen
Kruger-Rumpf, Münster-Sarmsheim
Reichsgraf zu Plettenberg, Bad Kreuznach
Prinz zu Salm-Dalberg'sches Weingut, Wallhausen
Schloßgut Diehl, Burg Layen
W. Schweinhardt Nachfahren, Langenlonsheim
Staatliche Weinbaudomänen Niederhausen-Schloßböckelheim, Oberhausen
Erbhof Tesch, Langenlonsheim
Winzergenossenschaft Rheingräfenberg, Rheingräfenberg

Mittelrhein

T. Jost – Hahnenhof, Bacharach
A. Perll, Boppard
J. Ratzenberger, Bacharach-Steeg
A. Weingart, Spay

Rheingau

Geheimrat Aschrott'sche Erben, Hochheim
J. B. Becker, Walluf
Baron von Brentano'sche Gutsverwaltung, Oestrich-Winkel
G. Breuer, Rüdesheim
Diefenhardt, Erbach
A. Eser, Oestrich-Winkel
H. H. Eser – Johannishof, Johannisberg
Gebietswinzergenossenschaft Rheingau, Eltville-Erbach
Georg-Müller-Stiftung, Hattenheim
Graf von Kanitz, Lorch
A. Kesseler, Assmannshausen
Freiherr von Knyphausen, Eltville-Erbach
Krone, Rüdesheim-Assmannshausen
F. Künstler, Hochheim
Landgräflich Hessisches Weingut, Johannisberg
H. Lang, Hattenheim
Freiherrlich Langwerth von Simmern'sches Rentamt, Eltville
Fürst Löwenstein, Oestrich-Winkel
Fürst von Metternich, Johannisberg
Mumm'sches Weingut, Johannisberg
Dr. H. Nägeler, Rüdesheim
E. Ritter und Edler von Oetinger, Erbach
W. Querbach, Oestrich-Winkel
B. Ress, Eltville-Hattenheim
Schloß Groenesteyn, Kiedrich
Schloß Johannisberg, Johannisberg
Schloß Reinhartshausen, Eltville-Erbach
Schloß Schönborn, Oestrich-Winkel
Schloß Vollrads, Oestrich-Winkel
Staatsweingut Assmannshausen, Assmannshausen
Staatsweingüter, Eltville
O. Troitzsch, Lorch
Geheimrat J. Wegeler Erben, Oestrich
Wegeler-Deinhard, Oestrich-Winkel
R. Weil, Kiedrich
Domdechant Werner'sches Weingut, Hochheim
Winzergenossenschaft Erbach, Erbach

71, 76, **76**, 79, **(83)**, (85), 86, 87, 88, 89, **(90)**

Rheinhessen

St. Anthony, Nierstein
Balbach Erben, Nierstein
Bürgermeister A. Balbach Erben, Nierstein
Brüder Dr. Becker, Ludwigshöhe
H. Braun, Nierstein
Brenner'sches Weingut, Bechtheim
J. Buscher, Bechtheim
Freiherr Heyl zu Herrnsheim, Nierstein
Gunderloch-Usinger, Nackenheim
L. Guntrum, Nierstein
Bürgermeister C. Koch Erben, Oppenheim
Menger-Krug, Gau-Odernheim
Dr. Muth – Rappenhof, Alsheim
J. Neus, Ingelheim

Schales, Flörsheim-Dalsheim
F.-K. Schmitt, Nierstein
Gustav Adolf Schmitt'sches Weingut, Nierstein
G. A. Schneider, Nierstein
Geschwister Schuch, Nierstein
Oberst Schultz-Werner, Gau-Bischofsheim
C. Sittmann, Oppenheim
J. & H. A. Strub, Nierstein
Villa Sachsen, Bingen

Hessische Bergstraße

H. Freiberger, Heppenheim
Staatsweingut Bergstraße, Bensheim
Weingut Stadt Bensheim, Bensheim

Rheinpfalz

Geheimrat Dr. von Bassermann-Jordan'sches Weingut, Deidesheim
F. u. G. Bergdolt – Weingut St. Lamprecht, Duttweiler
Dr. Bürklin-Wolf, Wachenheim
Gutsverwaltung Dr. Deinhard, Deidesheim
D. Fritz-Ritter, Bad Dürkheim
W. Frey, Essingen
Fuhrmann-Eymael – Weingut Pfeffingen, Bad Dürkheim-Pfeffingen
G. Henninger, Kallstadt
Knipser – Johannishof, Laumersheim
Koehler-Ruprecht, Kallstadt
K. & H. Lingenfelder, Großkarlbach
A. Magin, Forst
G. Mossbacher, Forst
Müller-Catoir, Neustadt-Haardt
Ökonomierat Rebholz, Siebeldingen
K. Schaefer, Bad Dürkheim
Siben Erben, Deidesheim
H. Vollmer, Ellerstadt

Baden

Badischer Winzerkeller, Breisach
Bercher, Vogtsburg-Burgheim
F. Blankenhorn, Schliengen
H. Dörflinger, Müllheim
Franckenstein'sches Rentamt, Offenburg
Freiherr von Gleichenstein, Oberrotweil
Dr. Heger, Ihringen
A. Heitlinger, Östringen-Tiefenbach
Reichsgraf zu Hoensbroech, Angelbachtal-Michelfeld
K. H. Johner, Bischoffingen
F. Keller – Schwarzer Adler, Vogtsburg-Oberbergen
Winzergenossenschaft Königschaffhausen, Endingen-Königschaffhausen
H. Männle, Durbach
E. Marget, Müllheim-Hügelheim
Markgraf von Baden – Schloß Eberstein, Gernsbach
Markgräfliches Badisches Weingut – Schloß Staufenberg, Durbach
Gebr. Müller, Breisach
W. D. Salwey, Oberrotweil
Staatliches Weinbauinstitut Blankenhornsberg, Ihringen
Staatsweingut Meersburg, Meersburg
R. Stigler, Ihringen
Winzergenossenschaft Affenthal, Bühl-Eisental
Winzergenossenschaft Bickensohl, Vogtsburg-Bickensohl
Gräflich Wolff-Metternich'sches Weingut, Durbach

71, 75, **76**, 79, 81, 85, 87, 88, 89, **(90)**

Württemberg

Graf Adelmann, Steinheim-Kleinbottwar
R. Bauer, Flein
E. Dautel, Bönningen
Drautz-Abele, Heilbronn
Freiherrlich von Gemmingen-Hornberg'sches Weingut, Neckarzimmern
Fürst zu Hohenlohe-Öhringen'sches Weingut, Öhringen
Graf von Neipperg, Schwaigern
Staatliche Lehr- und Versuchsanstalt für Wein- und Obstbau, Weinsberg
Winzergenossenschaft Grantschen, Weinsberg
Württembergische Hofkammerkellerei, Ludwigsburg

71, (75), 76, 79, 83, **85**, 87, (88), 89, **90**

Franken

Bürgerspital zum Heiligen Geist, Würzburg
Fürstlich Castell'sches Domänenamt, Castell
R. Fürst, Bürgstadt
E. Gebhardt, Sommerhausen
Juliusspital, Würzburg
Leininger, Eibelstadt
Fürst Löwenstein, Kreuzwertheim
J. Ruck, Iphofen
R. Schmitt, Randersacker
Staatlicher Hofkeller, Würzburg
H. Wirsching, Iphofen

71, **76**, 79, 81, (83), (85), 86, 87, **88**, 89, 90

Frankreich

Champagne

Bollinger, Ay
Veuve Clicquot, Reims
Deutz, Ay
Gosset, Ay
Henriot, Reims
Krug, Reims
Laurent-Perrier, Tours-sur-Marne
Moët & Chandon, Épernay
G. H. Mumm, Reims
Perrier-Jouët, Épernay
Philipponnat, Ay
Louis Roederer, Reims
Pol Roger, Épernay
Ruinart, Reims
Salon au Mesnil, Avize
Taittinger, Reims

69, **70**, 71, **73**, **75**, **(76)**, 78, 79, 80, **(81)**, **(82)**, 85, 88

Elsaß

J. B. Adam, Ammerschwihr
L. Albrecht, Orschwihr
P. Arnold, Dambach
J.-C. Beck – Domaine du Rempart, Dambach
L. Beyer, Eguisheim
P. Blanck & fils – Domaine des Comtes de Lupfen, Kientzheim
Bott-Frères, Ribeauvillé
P. Buecher & fils, Wettolsheim
Cave Coopérative Bennwihr, Bennwihr-Mittelwihr
Cave Coopérative Dambach-La-Ville, Dambach
Cave Coopérative Turckheim, Turckheim
Cave d'Eguisheim – Wolfberger, Eguisheim
Cave Vinicole Kientzheim-Kaysersberg, Kientzheim
Cave Vinicole Pfaffenheim, Pfaffenheim
M. Deiss, Bergheim
Dopff »Au Moulin«, Riquewihr
Dopff & Irion, Riquewihr
C. Faller – Domaine Weinbach, Kaysersberg
W. Gisselbrecht, Dambach
Hugel et fils, Riquewihr
Josmeyer, Wintzenheim
Koehly & fils, Kintzheim
Domaine M. Kreydenweiss, Andlau
Kuentz-Bas, Husseren
S. Landmann, Soultzmatt
G. Lorentz, Bergheim
J.-L. Mader, Ribeauvillé
A. Mann, Wettolsheim
Mittnacht-Klack, Riquewihr
F. Mochel, Traenheim
Muré – Clos St. Landelin, Rouffach
Domaine Ostertag, Epfig
Preiss-Henny, Riquewihr
Rolly-Gassmann, Saint-Hippolyte
Domaines Schlumberger, Guebwiller
R. Schoffitt, Colmar
P. Schwach, Hunawihr
L. Siffert, Orschwiller
L. Sipp, Hunawihr
P. Sparr & fils, Sigolsheim
Trimbach, Ribeauvillé
G. Wach – Domaine des Maronniers, Andlau
Alsace Willm, Barr
Domaine Zind-Humbrecht, Wintzenheim

70, **71**, **(73)**, (75), **(76)**, (78), 79, 81, 82, **(83)**, 84, 85, 87, 88, 89, **90**

Burgund Chablis

H. Azo
R. & V. Dauvissat
J.-P. Droin
J. Durup
W. Fèvre
Laroche
Long-Depaquit
L. Michel – Domaine de la Tour Vaubourg
J. Moreau & fils
F. Raveneau
J.-M. Raveneau
R. Vocoret et fils

Côte d'Or, Côte Chalonnaise, Mâconnais

B. Ambroise, Prémeaux
Amiot-Bonfils, Chassagne-Montrachet
R. Ampeau & fils, Meursault
Marquis d'Angerville, Meursault
Arnoux père et fils, Beaune
D. Bachelet, Gevrey-Chambertin
J.-C. Bachelet, Saint-Aubin
Barthod-Noëllat, Chambolle-Musigny
A. Belland, Santenay
Bertagna, Vougeot
Besancenot-Mathouillet, Beaune
Billard-Gonnet, Pommard
S. Bize & fils, Savigny-lès-Beaune
P. Boillot, Meursault
J.-C. Boisset, Nuits-St.-Georges
Bonneau du Martray, Pernand-Vergelesses
Bouchard aine & fils, Beaune
L. J. Bruck, Nuits-St.-Georges
G. Bryczek, Gevrey-Chambertin
A. Burguet, Gevrey-Chambertin
Camus père & fils, Gevrey-Chambertin
L. Carillon & fils, Meursault

Caves de Bailly, Bailly
Caves des Hautes-Côtes, Beaune
Chandon de Brialles, Savigny-lès-Beaune
Chanson père & fils, Beaune
M. Chapuis, Aloxe-Corton
Château de Chambolle-Musigny, Chambolle-Musigny
Château de la Maltroye, Chassagne-Montrachet
Château de la Saule, Buxy
Château de la Tour, Vougeot
Château de Meursault, Meursault
Château de Pommard, Pommard
R. Chevillon, Nuits-St.-Georges
D. Chopin-Groffier, Prémeaux
B. Clair, Marsannay
Clair-Daü, Marsannay
J. F. Coche-Dury, Meursault
F. Coffinet, Meursault
M. Colin, Chassagne-Montrachet
Darnat, Meursault
J. Drouhin, Beaune
Dubreuil-Fontaine père et fils, Savigny
Dufouleur père & fils, Nuits-St.-Georges
P. Dugat, Gevrey-Chambertin
Dujac, Morey-St.-Denis
Duvergey Taboureau, Meursault
R. Engel, Vosne-Romanée
M. Esmonin, Gevrey-Chambertin
J. Faiveley, Nuits-St.-Georges
Fouquerand & fils, Nolay
J.-N. Gagnard, Chassagne-Montrachet
M. Gaunoux, Pommard
P. Gelin, Fixin
J. Germain, Chorey-lès-Beaune
A. Girardin, Pommard
J. Grivot, Nuits-St.-Georges
R. Groffier, Gevrey-Chambertin
J. Gros, Vosne-Romanée
Heagelen-Jayer, Vosne-Romanée
Hospices de Beaune, Beaune
P. & H. Jacqueson, Rully
L. Jadot, Beaune
P. Javillier, Meursault
H. Jayer, Vosne-Romanée
Domaine L'Arlot, Nuits-St.-Georges
Laboure-Roi, Nuits-St.-Georges
M. Lafarge, Meursault
Comte Lafon, Meursault
J. Lamy & fils, Meursault
L. Latour, Beaune
P. & Y. de Launay, Givry
P. Leclerc, Gevrey-Chambertin
Leflaive Frères, Puligny-Montrachet
Lequin-Roussot, Santenay
Leroy, Meursault
G. Lignier, G. & fils, Gevrey-Chambertin
Machard de Gramont, Nuits-St.-Georges
Duc de Magenta, Chassagne-Montrachet
J.-P. Marchand, Gevrey-Chambertin
J. Marechal, Mercurey
P. Maufoux, Santenay
Maume, Gevrey-Chambertin
Méo-Camuzet, Vosne-Romanée
Mestre Père et fils, Santenay
A. Michelot, Nuits-St.-Georges
P. Misserey, Nuits-St.-Georges
Mongeard-Mugneret, Vosne-Romanée
J. Monnier & fils, Meursault
Monthélie-Douhairet, Meursault
H. de Montille, Volnay
J.-M. Morey, Chassagne-Montrachet
A. Morot, Beaune
Mugneret-Gibourg, Vosne-Romanée
A. Mussy, Pommard
Parent, Pommard
J.-M. Ponsot, Gevrey-Chambertin
Domaine de la Pousse d'Or, Volnay
J. Prieur, Meursault
M. Protheau & fils, Givry
Ramonet-Proudhon, Meursault
Domaine de la Reine Pédauque, Savigny
B. Rion père et fils, Vosne-Romanée
Domaine de la Romanée-Conti, Vosne-Romanée
Ropiteau Frères, Meursault
J. Roty, Gevrey-Chambertin
G. Roulot, Meursault
G. Roumier, Chambolle-Musigny
A. Rousseau, Gevrey-Chambertin
Roux père et fils, Meursault
E. Sauzet, Meursault
Thomas-Bassot, Nuits-St.-Georges
Thomas-Moillard, Nuits-St.-Georges
Tollot-Beaut & fils, Beaune
Tortochot, Gevrey-Chambertin
Domaine des Varoilles, Gevrey-Chambertin
Vignerons de Buxy, Buxy
A. & P. Villaine, Chagny
M. Voarick, Aloxe-Corton

Rot: 70, **(71)**, (72), 76, **78**, (79), (80), (81), (82), 83, **85**, 86, (87), **88**, 89, **90**
Weiß: 70, **(71)**, (73), (74), 75, 76, **78**, 79, 81, 82 **(83)**, (84), 85, 86, 88, **90**

Beaujolais

R. Berrod – Les Roches du Vivier, Fleurie
Domaine Champagnon, Chénas
Château du Moulin-à-Vent, Romanèche-Thorins
G. & F. Dubœuf, Romanèche-Thorins
M. Foillard, St.-Georges
J. Janodet, Romanèche-Thorins
C. & M. Joubert, Beaujeu

A. Passot, Chiroubles
Savoye, Villé-Morgon

Côtes du Rhône Nördliche Rhône

G. & P. Barge, Condrieu
G. de Barjac, Cornas
M. Chapoutier, Tain-l'Hermitage
Château Grillet, Verin
A. Clape, Cornas
P. Coursodon, Tournon
Delas Frères, Tournon
A. Dervieux-Thaize, Condrieu
B. Gripa, Tournon
J.-L. Grippat, Tournon
E. Guigal, Condrieu
Jaboulet Ainé, Tain-l'Hermitage
R. Jasmin, Ampuis
M. Juge, Cornas
R. Michel, Cornas
P. Multier, Condrieu
G. Vernay, Condrieu
J. Vidal-Fleury, Ampuis

Rot: **(70)**, **(76)**, (77), **78**, **(79)**, 80, (81), **(82)**, **83**, (84), **85**, (86), 87, **88**, 89, **90**

Südliche Rhône

Domaine Amouriers, Vacqueiras
Château d'Aqeria, Tavel
Château de Beaucastel, Châteauneuf-du-Pape
Château Fortia, Châteauneuf-du-Pape
Château Rayas, Châteauneuf-du-Pape
Clos des Papes, Châteauneuf-du-Pape
Durban, Beaumes-de-Venise
R. Meffre-Domaine St. Gayan, Gigondas
Domaine Mont-Redon, Châteauneuf-du-Pape
Domaine de Nalys, Châteauneuf-du-Pape
Rabasse Charavin, St.-Cécile
Vieux Télégraphe, Châteauneuf-du-Pape

Rot: **(70)**, (71), **(76)**, **78**, **(79)**, 80, 81, **(83)**, (84), **85**, **88**, 89, **90**

Bordeaux

Im Bordeauxgebiet ist es besonders wichtig, auf die genaue Schreibweise und die Angabe der Appellation zu achten, da viele Châteaux mit ähnlich klingenden Namen Weine durchaus unterschiedlicher Qualität anbieten:

Médoc und Haut-Médoc A.O.C. Margaux

Château d'Angludet
Château Boyd-Cantenac
Château Brane-Cantenac
Château Cantenac-Brown
Château Canuet
Château Dauzac
Château Desmirail
Château Durfort-Vivens
Château Giscours
Château La Gurgue
Château d'Issan
Château Kirwan
Château Labégorce-Zédé
Château Lascombes
Château Malescot-St.-Exupéry
Château Margaux
Château Marquis-d'Alesme-Becker
Château Marquis-de-Terme
Château Monbrison
Château Palmer
Château Pavillon Rouge
Château Pouget
Château Prieuré-Lichine
Château Rausan-Ségla
Château Rauzan-Gassies
Château Siran
Château Tayac
Château du Tertre
Château des Trois Chardons
Château Les Vimières

A.O.C. Pauillac

Château Batailley
Château Clerc-Millon
Château Croizet-Bages
Château Duhart-Milon-Rothschild
Château Les-Forts-de-Latour
Château Grand-Puy-Ducasse
Château Gran-Puy-Lacoste
Château Haut-Bages-Averous
Château Haut-Bages-Libéral
Château Haut-Bages-Montpelou
Château Haut-Batailley
Château Lafite-Rothschild
Château Latour
Château Lynch-Bages
Château Lynch-Moussas
Château Mouton-Baronne-Philippe
Château Mouton-Rothschild
Château Pibran
Château Pichon-Longueville-Baron
Château Pichon-Lalande
Château Pontet-Canet

A.O.C. St.-Julien

Château Beychevelle
Château Branaire-Ducru
Château Ducru-Beaucaillou
Château Gloria
Château Gruaud-Larose
Château Lagrange
Château Langoa-Barton
Château Léoville-Barton
Château Léoville-Las-Cases
Château Léoville-Poyferré
Château Saint-Pierre
Château Talbot
Château Terrey-Gros-Caillou

A.O.C. St.-Estèphe

Château Beau-Site
Château Le Bosq
Château Calon-Ségur
Château Chambert-Marbuzet
Cos d'Estournel
Château Haut-Marbuzet
Cos Labory
Château Meyney
Château Montrose
Château Les-Ormes-de-Pez
Château de Pez
Château Phélan-Ségur

A.O.C. Moulis

Château Chasse-Spleen
Château Dutruch-Grand-Poujeaux
Château Maucaillou
Château Poujeaux

A.O.C. Listrac

Château Fourcas-Dupré
Château Fourcas-Hosten
Château Saransot-Dupré

A.O.C. Haut Médoc/Médoc

Château Arnauld
Château Beaumont
Château Camensac
Château Cantemerle
Château Citran
Château Coufran
Château La Lagune
Château de Lamarque
Château Lanessan
Château Larose-Trintaudon
Château Lilian-Ladouys
Château Liversan
Château Loudenne
Château de Parempuyre
Château Plagnac
Château Potensac
Château Ramage La Batisse
Château Sénéjac
Château Sociando-Mallet
Château Soudars
Château la Tour-Haut-Caussan
Château Les Tourelles-de-Longueville
Château La Tour-Carnet
Château La Tour de By
Château La Tour du Haut Moulin
Château Verdignan
Château Vieux Gabarey

Graves

Château d'Archambeau
Château d'Ardennes
Château d'Arricaud
Château Bahans-Haut-Brion
Château Le Bonnat
Château Bouscaut
Château Brondelle
Château Carbonnieux
Château Camus
Château de Chantegrive
Domaine de Chevalier
Château Chicane
Château Couhins-Lurton
Château de Cruzeau
Domaine La Grave
Château Ferrande
Château de Fieuzal
Clos Floridène
Château De France
Château Haut-Bailly
Château Haut-Brion
Château Haut-Gardère
Château Larrivet-Haut-Brion
Château Latour Haut-Brion
Château Latour Martillac
Château Laville-Haut-Brion
Château La Louvière
Château Magence
Château Du Maine
Château Malartic-Lagravière
Château Mayne D'Imbert
Château Mayne-Leveque
Château La Mission-Haut-Brion
Château Montalivet
Château Olivier
Château Pape Clément
Château Petit Mouta
Château Rahoul
Château Respide
Château Respide-Medeville
Château De Rochemorin
Château De Roquetaillade la Grange
Château Smith-Haut-Lafitte
Château La Tuilerie
Château Toumillon
Château La Tour-Haut-Brion
Château La Tour-Martillac

Rot-Rive gauche: **66**, **70**, 71, **75**, 76, **78**, 79, 81, **82**, 83, **85**, 86, (87), 88, **89**, **90**
Weiß trocken: **59**, 70, 71, 75, 76, (79), (81), (82), **(83)**, (84), 85, 86, 87, 88, 89, **90**

Sauternes, Barsac, Loupiac/ Süßweine

Château Baron Philippe
Château Bel-Air
Château Caillou
Château de Cérons
Château Climens
Château Coutet
Château du Cros
Château Doisy-Daene
Château Doisy-Dubroca
Château Doisy-Vèdrines
Château De Fargues
Château Filhot
Château Gilette
Château Guiraud

Clos Haut-Peyraguey
Château Lafaurie-Peyraguey
Château Lamothe-Guignard
Château Nairac
Château Rabaud-Promis
Château La Rame
Château Rayne-Vigneau
Château Rieussec
Château Romer du Hayot
Château Sigalas-Rabaud
Château Suduiraut
Château La Tour Blanche
Château d'Yquem

(78), 79, 80, 81, 82, **(83)**, (84), 85, **(86)**, 87, **(88)**

St.-Émilion und Montagne-St.-Émilion

Château L'Angélus
Château L'Arrosée
Château Ausone
Château Balestard-la-Tonnelle
Château Beau-Séjour-Bécot
Château Beauséjour-Duffau-Lagarosse
Château Belair
Château Berliquet
Château Cadet-Piola
Château Canon
Château Canon-la-Gaffelière
Château Cap de Mourlin
Château Le Carillon de l'Angelus
Château Carteau-Cotes-Dugay
Château Le Castelot
Château Chante-Alouette-Cormeil
Château Cheval-Blanc
Château La Clotte
Château Corbin
Château Corbin-Michotte
Château Côtes-Trois-Moulins
Château Croque-Michotte
Château Curé-Bon-la-Madeleine
Château Dassault
Château La Dominique
Château Figeac
Château Fonplégade
Château Fonroque
Clos Fourtet
Château de Franc-Mayne
Château La Gaffelière
Cuvée Gallius
Château Grand-Corbin-Despagne
Château Grand Corbin-Manuel
Château Grand-Lartigue
Château Grand-Mayne
Château Haut-Corbin
Château Haut-Sarpe
Clos des Jacobins
Château Lafleur-Saint-Émilion
Château Larmande
Château Magdelaine
Château Mayne-Blanc
Château Moulin-du-Cadet
Château Pavie
Château Pavie-Decesse
Château Peyreau
Château Puy-Blanquet
Château Soutard
Vieux Château St.-André
Château St.-Georges
Château St.-Georges-Côte-Pavie
Château Le-Tertre-Rotebœuf
Château Tertre-Daugay
Château La Tour Figeac
Château Tour du Pas Saint-Georges
Château La Tour-du-Pin-Figeac-Moueix
Château Trimoulet
Château Troplong Mondot
Château Trottevieille
Château Les Vieux Maurins
Château Villemaurin

Pomerol und Lalande de Pomerol

Château Beauregard
Château Bonalgue
Château Le Bon Pasteur
Château Bourgneuf-Vayron
Château La Cabanne
Vieux Château-Certan
Château Certan de May
Château Certan-Giraud
Château Clinet
Château La Conseillante
Château La Croix
Château La Croix de Gay
Château La Croix des Moines
Clos L'Eglise
Château L'Eglise-Clinet
Château L'Enclos
Château L'Evangile
Château La Faurie-Maison-Neuve
Château Feytit-Clinet
Château La Fleur-Petrus
Château La Fleur de Gay
Château Le Gay
Château Gazin
Château La Grave à Pomerol
Château La Grave-Trigant-de-Boisset
Château Gombaude-Guillot
Château Lafeur
Château Lafleur-Gazin
Château Lagrange
Château Latour à Pomerol
Château Mazeyres
Château Moulinet
Château Nénin
Château Petit-Village
Château Pétrus
Château Le Pin

Château La Pointe
Château de Sales
Château Taillefer
Château Trotanoy
Château Vraye-Croix-de-Gay

Fronsac und Canon-Fronsac
Château Canon-Moueix
Château Canon de Brem
Château La Daupine
Château Fonteuil
Château Mazeris
Château Renard
Château Vieille Cure

Côtes de Blaye und Bourg
Château Bertinerie
Château du Bousquet
Château Haut-Grelot
Château Haut-Mevret
Château La Gravière
Château Les Billands
Château Les Jonqueyres
Château Tayac
Moulin des Graves

Entre-Deux-Mers
Château Bonnet
Château Chais de Vaure
Château Chevaux des Girondins
Château Fondarzac
Château de Fontenille
Château Lassime
Château du Petit Puch
Château Tour de Mirambeau

Andere
Château du Bru
Château de Chelivette
Château le Conseiller
Château de La Grande Chapelle
Château Lagarosse
Château Design-La Mothe du Barry
Château Reynon
Château Sirius

Rot-Rive droite: **66**, **70**, **(71)**, **75**, 76, **(78)**, **(79)**, 81, **82**, 83, **85**, 86, (87), 88, **89**, **90**

Italien

Aostatal
R. Anselmet, Villeneuve
C. Charrère, Aymavilles
La Crotta de Vegnerons, Chambave
Institut Agricole Régional, Aosta

Piemont
L. Accomasso, La Morra
E. Altare-Cascina Nuova, La Morra
Antiche Cantine Abbazia dell' Annunziata, La Morra
Antiche Cantine Cinzano, S.Vittorio d'Alba
Antichi Vigneti di Cantalupo, Ghemme
Antoniolo, Gattinara
La Barbatella, Nizza-Monferrato
Beni di Batasiolo, La Morra
G. Bovio, La Morra
Braida, Rocchetta Tanaro
G. Brezza & figli, Barolo
Bricco Mondalino, Vignale Monferrato
F. Ili Brovia, Castiglione Falletto
Ca'Romé, Barbaresco
Cascina Castlet, Costigliole d'Asti
Castello di Verduno, Verduno
Caudrina di Dogliotti, Castiglione Falletto
Cavallotto, Castiglione Falletto
F. Ili Ceretto, Alba
M. Chiarlo, Calamandrana
Q. Chionetti & figli, Dogliani
Cieck, Aglié
F. Ili Cigliuti, Neive
Cisa Asinari Marechesi di Gresy, Barbaresco
D. Clerico, Monforte d'Alba
Le Colline, Gattinara
A. Conterno, Monforte d'Alba
G. Conterno, Monforte d'Alba
Conterno-Fantino, Monforte d'Alba
L. Coppo & figli, Canelli
Corino, La Morra
L. Ferrando & Co., Ivrea
F. Fiorina, Alba
Tenimenti di Barolo Fontanafredda, Serralunga d'Alba
A. Gaja, Barbaresco
Gancia, Canelli
Gastaldi, Neive
B. Giacosa, Neive
G. B. Gillardi, Farigliano
Cantina del Glicine, Neive
E. Grasso, Monforte d'Alba
Liedholm, Cuccaro Monferrato
Poderi Marcarini, La Morra
Marchesi di Barolo, Barolo
Poderi Marengo-Marenda, La Morra
B. Mascarello, Barolo
G. Mascarello & figlio, Monchiero
Moccagatta, Barbaresco
Monfalletto-Cordero di Montezemolo, La Morra
Montanello, Castiglione Falletto
F. Nada, Treiso
A. & O. Oberto, La Morra
F. Ili Oddero, La Morra
J. Paglierí, Barbaresco
Pelissero, Treiso
Pianpolvere Soprano, Monforte d'Alba
Pio Cesare, Alba
Produttori del Barbaresco, Barbaresco
Produttori di Nebbiolo e di Carema, Carema

Casa Vinicola Prunotto, Alba
F. Rinaldi, Alba
G. Rinaldi, Barolo
G. Rivetti – Cascina La Spinetta, Castagnole Lanze
B. Rocca-Rabajà, Barbaresco
Poderi Rocche dei Manzoni, Monforte d'Alba
J. Saffirio, Monforte d'Alba
L. Sandrone, Barolo
P. Saracco, Castiglione Tinella
Cantine Scarpa, Nizza-Monferrato
P. Scavino, Castiglione Falletto
Cantine Sebaste, Barolo
Tenuta La Tenaglia, Serralunga
Travaglini, Gattinara
G. D. Vajra, Barolo
G. Veglio & figlio, Diano d'Alba
Viarengo & figlio, Castello di Annone
Cantine Vietti, Castiglione Falletto
Villa Sparina, Gavi
R. Voerzio, La Morra

Rot: 70, **71**, **(74)**, 78, 79, **82**, 83, **85**, 86, 88, **89**, **90**

Südtirol

Erste & Neue Kellerei, Kaltern
F. Gojer-Glögglhof, Bozen
G. Grai, Bozen
F. Haas, Montan
Haderburg, Salurn
Hofstätter, Tramin
Jubiläumskellerei, Keltern
Kellereigenossenschaft Girlan, Girlan
Kellereigenossenschaft Kurtatsch, Kurtatsch
Kellereigenossenschaft St. Michael, Eppan
Kellereigenossenschaft Schreckbichl, Girlan
Kellereigenossenschaft St. Pauls, Eppan
Kellereigenossenschaft Terlan, Terlan
A. Lageder, Bozen
J. Niedermayr, Girlan
I. Niedrist, Girlan
H. Rottensteiner, Bozen
Schloß Ringberg und Kastelaz, Tramin
Schloß Schwanburg, Nals
Schloß Turmhof Tiefenbrunner, Kurtatsch
Versuchszentrum Laimburg
Vivaldi, Mölten
Baron Widmann, Kurtatsch

Trentino

Cavit, Trento
Ferrari Spumante, Trento
Istituto Agrario Provinciale, San Michele
La Vis, Lavis
Maso Cantanghel, Civezzano
Pojer & Sandri, Faedo
Pravis, Lasino
Vallarom, Avio

Lombardei

Bellavista, Erbusco
Ca'dei Frati, Sirmione
Ca'del Bosco, Erbusco
Carlozadra, Grumello
Cavalleri, Erbusco
Cornaleto, Adro
F. lli Maiolini, Ome
N. Negri, Chiuro
S. Spezia, Mariana Mantovana
Uberti, Erbusco

Friaul

Abbazia di Rosazzo, Manzano
Conti d'Attimis Maniago, Buttrio
Borgo del Tiglio, Brazzano
Castello di Spessa, Capriva
G. Dorigo, Buttrio
Enofriulia, Capriva
L. Felluga, Brazzano
M. Felluga, Gradisca
S. Gallo, Mariano
Cantine F. Gravner, Oslavia
Vinnaioli Jermann, Farra
E. Kante, S. Pelagio
Livon, Dolegnano
G. Marin, Capriva
F. Pecorari, S. Lorenzo
F. lli Pighin, Pavia di Udine
D. Princic, Cormons
V. Puiatti, Farra
Radikon, Oslavia
Ronchi di Cialla, Prepotto
Ronco del Gnemiz, S. Giovanni
Russiz Superiore, Capriva
M. Schiopetto, Capriva
G. Valle, Buttrio
Venica & Venica, Dolegna
Cantine Vie di Romans, Mariano
La Viarte, Prepotto
Vigne dal Leon, Premariacco
Vigneti Le Monde, Prata
Villa Russiz, Capriva
Cantine Volpe Pasini, Togliano

Venetien

A. Adami, Colbertaldo
Allegrini, Fumane
Anselmi, Monteforte
Bertani, Verona
P. Boscaini & figli, Valgatara
Canevel Spumanti, Valdobbiadene
Cavalchina, Custoza
Le Colture, S. Stefano
Corte Gardoni, Valeggio
Dalforno, Illasi

Ferrari-Corte Aleardi, Gargagnago
N. Franco, Valdobbiadene
Guerrieri-Rizzardi, Bardolino
Maculan, Breganze
Masi Agricola, Gargagnago
L. Pieropan, Soave
G. Quintarelli, Negrar
Le Ragose, Negrar
Russolo, Pramaggiore
Le Salette, Fumane
Santa Sofia, Pedemonte
Santi-GIV, Illasi
F. lli Speri, Pedemonte
F. lli Tedeschi, Pedemonte
Venegazzù Vini, Venegazzù
M. Venturini, S. Floriano
Vignalta e Ca'Lustrà, Faedo
Le Vigne di S. Pietro, Sommacampagna
Villa Dal Ferro Lazzarini, S. Germano
F. lli Zeni, Bardolino

Emilia-Romagna

F. Bellci, Bomporto
Castelluccio, Modigliana
U. Cavicchioli, S. Prospero
La Stoppa, Rivergaro
Vallania – Vigneto delle Terre Rosse, Zola Predosa
Zerbina, Faenza

Ligurien

Cane Gio Batta, Dolceqacqua
Cascina delle Terre Rosse, Finale Ligure
Cascina Feipua, Bastia D'Albenga
Tenuta Colle dei Bardellini, Imperia
Enoteca Internazionale, Monterosso
Forlini e Cappellini, Manarola
O. Lambruschi, Castelnuovo Magra
T. & A. Lupi, Pieve di Teco

Toskana

Altesino, Montalcino
Castello di Ama, Gaiole
Marchesi L. & P. Antinori, Florenz
Tenuta di Argiano, Montalcino
Cantine Avignonesi, Montepulciano
Badia a Coltibuono, Gaiole
Castello Banfi, Montalcino
E. Banti, Montemerano
Fattoria dei Barbi e del Casato, Montalcino
Baricci-Colombaio di Montosoli, Montalcino
Bindella, Montepulciano
Biondi Santi-Il Greppo, Montalcino
Podere Boscarelli, Montepulciano
Fattoria di Buonamico, Montecarlo
Buracchi, Chianciano
Castello di Cacchiano, Monti
Podere Capaccia, Radda
Capanna-Fattoi, Montalcino
Capannelle, Gaiole
Tenuta Caparzo, Montalcino
Tenuta di Capezzana, Carmignano
F. Carmignani, Montecarlo
Case Basse-G. Soldera, Montalcino
Castellare di Castellina, Castellina
Castelli di Grevepesa, Mercatale
Castell'n Villa, Castelnuovo Berardenga
Castello della Paneretta, Barberino
Castello di Querceto, Lucolena
Castello dei Rampolla, Panzano
Castello di Verazzano, Greve
Castello di Vicchiomaggio, Greve
Cerbaiona, Montalcino
Fattoria del Cerro, Montepulciano
Chiesa di S. Restituta, Montalcino
Ciacci Piccolomini d'Arragona, Montalcino
Col d'Orcia, Montalcino
Colombaio di Montosoli-Baricci, Montalcino
Contucci, Montepulciano
Costanti, Montalcino
Dei, Montepulciano
Fattoria di Felsina, Castelnuovo Berardenga
Castello di Fonterutoli, Castellina
Tenuta Agricola Fontodi, Panzano
Marchesi di Frescobaldi, Firenze
Tenuta di Ghizzano, Ghizzano
Fattoria di Gracciano, Montepulciano
Grattamacco, Castageneto Carducci
Fattoria Isole e Olena, Barberino
Lambardi-Canalicchio di Sotto, Montalcino
Castello di Lilliano, Castellina
Lisini, Montalcino
Il Marroneto, Montalcino
Le Masse di San Leolino, Panzano
Melini, Poggibonsi
Fattoria Michi, Montecarlo
Fattoria Monsanto, Barberino
Fattoria di Monte Vertine, Radda
Fattoria di Montellori, Fuceccio
Montenidoli, San Gimignano
Fattoria Nozzole, Greve
Tenuta dell'Ornellaia, Bolgheri
G. Panizzi, San Gimignano
Fattoria Paradiso, San Gimignano
Il Poggione, Montalcino
Poggio alla Sala, Montepulciano
Poggio Antico, Montalcino
Il Poggiolo, Carmignano
Poliziano, Montepulciano
Ponte a Rondolino, San Gimignano
Fattoria Le Pupille, Magliano
Fattoria Querciabella, Greve

Riecine, Gaiole
Rocca di Castagnoli, Gaiole
Tenimenti di Ruffino, Pontassieve
Salvioni, Montalcino
San Fabiano Calcinaia, Castellina
San Felice, Castelnuovo Berardenga
Fattoria di San Giusto a Rentennano, Monti
Tenuta San Guido, Bolgheri
San Leonino, Castellina
Castello di San Polo in Rosso, Gaiole
Fattoria Selvapiana, Pontassieve
La Stellata, Manciano
Talenti, Montalcino
Fattoria Terrabianca, Vagliali
Trerose, Montepulciano
Cantine Val di Suga, Montalcino
Tenuta Valdipiatta, Montepulciano
Vecchie Terre di Montefili, Greve
Villa Cafaggio, Panzano
Villa Cilnia, Pieve a'Bagnoro
Castello di Volpaia, Radda

Rot: 70, **71**, **(75)**, 77, **(78)**, 79, 80, **(82)**, **83**, **(85)**, 86, **(88)**, **90**

Umbrien

F. lli Adanti, Bevagna
Cantine Lungarotti, Torgiano
Castello della Sala, Ficulle

Marken

Cantina Sociale Belisario, Matelica
F. lli Brunori, Jesi
F. lli Bucci, Ostra Vetere
Castiglioni, Matelica
Cantine Cocci Grifoni, S. Savino
Cooperative Colonnara, Cupramontana
Fattoria Coroncino, Staffolo
Fazi-Battaglia, Castelplanio
Cantine G. Garofoli, Loreto
La Monacesca, Civitanova Marche
A. Moroder, Montacuto

Latium

Cantina Colacicchi, Anagni
Di Mauro-Colle Picchioni, Frattocchie
Cantina Falesco, Montefiascione
Villa Simone, Monteporzio

Abruzzen

D. Illuminati, Controguerra
Masciarelli, S. Martino
C. Montori, Controguerra
E. Pepe, Torano
Cantine E. Valentini, Loreto Aprutino
C. Zaccagnini, Bolognano

Molise

Cantine di Majo Norante, Campomarino

Kampanien

D'Ambra-Vini d'Ischia, Ischia
Mastroberardino, Atripalda

Basilikata

Casa Vinicola D'Angelo, Rionero
Paternoster, Barile

Kalabrien

U. Cerrati, Caraffa di Bianco
Messinò, Bianco
Odoardi, Nocera Terinese
Vini del Pollino, Castrovillari
San Francesco, Cirò

Apulien

F. Candido, Sandonaci
Az. Vinicola Rivera, Andria
Rosa del Golfo, Alezio
C. Taurino, Guagnano
Vallone, Lecce

Sizilien

M. de Bartoli – Vecchio Samperi, Marsala
Casa Vinicola Duca di Salaparuta, Casteldaccia
Vinicola Italiana Florio, Marsala
Hauner, Salina
S. Murana, Pantelleria
Cantine Regaleali, Sclafani Bagni
Terre di Ginestra, S. Cipirello

Sardinien

A. Agriolas, Serdiana
Cantina Sociale Dolianova, Dolianova
Cantina Sociale Mandrolisai, Sorgono
Cantina Sociale Santadi, Santadi
Cantina Sociale Vermentino, Monti
G. Cherchi, Usini
A. Contini, Cabras
Tenute Sella & Mosca, Alghero

Spanien

Rioja

Alavesas
Berberana
Beronia
Bilbaínas
Martinez Bujanda
Marqués de Cáceres – Union Viniviticola
Campo Viejo
Compania vinicola del Norte-CVNE
Corral
El Coto
Domecq
Franco Espanolas
Gurpegui
Martinez Lacuesta

Lagunilla
Lan
López de Heredia Vina Tondonia
Faustino Martinez
Montecillo
Muga
Marqués de Murrieta
Olarra
Palacio
Paternina
Granja Remélluri
Rioja Alavesa
Rioja Alta
Riojanas
Herderos de Marqués de Riscal
Salceda
Carlos Serres

70, 73, 74, 75, 76, **(78)**, 79, 80, **81**, **(82)**, 83, **(85)**, (86), 87, 88

Österreich

Wachau

L. Alzinger, Loiben
T. Bodenstein, Weissenkirchen
Freie Weingärtner Wachau, Dürnstein
F. Hirtzberger, Spitz
J. Jamek, Joching
E. Knoll, Loiben
F. Mittelbach – Tegernseerhof, Loiben
F. X. Pichler, Loiben
F. Prager, Weissenkirchen
Saahs – Nikolaihof, Mautern

Kamptal-Donauland

W. Bründlmayer, Langenlois
P. Dolle, Strass
Domäne Baron Geymüller, Krems
Dr. B. Hiedler, Langenlois
J. Jurtschitsch – Sonnenhof, Langenlois
Maier-Geyerhof, Oberfucha
Malat-Bründlmayer, Furth-Palt
J. Mantler – Mantlerhof, Brunn
Lenz Moser, Rohrendorf
S. Moser, Rohrendorf
L. Neumayer, Inzersdorf
R. Pichler, Wösendorf
Weingut Stadt Krems, Krems
Gräflich Stubenberg'sches Schloßgut – Walkersdorf, Walkersdorf
Undhof-Salomon, Krems-Und

Thermenregion

L. & M. Biegler, Gumpoldskirchen
E. & C. Fischer, Sooss
G. Schellmann, Gumpoldskirchen
Stadlmann, Traiskirchen

Restliches Niederösterreich

Chorherrenstift Klosterneuburg, Klosterneuburg
Hagn-Hundschupfen Kellerei, Mailberg
Brüder Leth, Fels
J. Lust, Haugsdorf
Malteser Ritterorden, Mailberg
Markowitsch, Göttlesbrunn
R. Pfaffl, Stetten

Burgenland

F. Artinger, Rust
E. Gesellmann, Deutschkreuz
Schloß Gobelsburg, Gobelsburg
J. & E. Holler – Elfenhof, Rust
Haus Iby, Horitschon
H. Igler, Deutschkreuz
Klosterkeller Siegendorf, Siegendorf
A. Kollwentz – Römerhof, Großhöflein
A. Kracher – Weinlaubenhof, Illmitz
J. Leberl, Großhöflein
Marienhof, Rust
Ing. H. Nittnaus, Gols
P. Schandl, Rust
G. Schröck, Rust
R. Schuster, Zagersdorf
G. Stiegelmar, Gols
E. Triebaumer, Rust
P. Triebaumer, Rust
Umathum, Frauenkirchen
F. Weninger, Horitschon
L. & R. Wenzel, Rust

Wien

L. Breyer
Ing. F. Mayer
Stift Schotten
F. Wieninger

Steiermark

A. Gross, Ratsch
R. Polz, Spielfeld
Ing. K. Prünte, Spielfeld
Sattlerhof, Gamlitz
M. Tement, Ehrenhausen
E. Tscheppe, Leutschach
Weinbauschule Silberberg, Leibnitz

71, **73**, 75, **(76)**, 77, **(79)**, 81, **83**, **(85)**, **86**, 88, 89, **90**

Schweiz

Wallis

G. Besse, Martigny
Ch. Bonvin, Sion
O. Chanton, Visp
M.-T. Chappaz, Fully
M. Clavien, Pont-de-la-Morge
Desfayes-Crettenand, Leytron
Bon Père Germanier, Vétroz
Ch. Imesch, Sierre

A. Mathier, Salgesch
S. Maye, St.-Pierre
Domaine du Mont d'Or, Pont-de-la-Morge
Provins Valais, Sion
M. Raymond, Saillon
E. & G. Roduit, Fully
Rouvineux & Pila, Sierre
M. Zuffrey, Muraz

Waadtland
H. Badoux, Aigle
F. Blanchard, Mont-sur-Rolle
L. Bovard, Cully
J.-M. Conne, Chexbres
J. Deladoey, Yvorne
E. Fonjallaz, Épesses
P.-A. Indermuhle, Bex
R. Isoz, Yvorne
J.-F. & L. Massy, Épesses
J.-C. Paley, Cully
J. Pelichet, Féchy
Union Vinicole, Culy
Uvavins, Tolochenaz
J. Vogel, Grandvaux

Genf
P. Dupraz, Lully
J.-M. Novelle, Satigny
B. Rochaix, Peissy

Neuchâtel
Château d'Auvernier, Auvernier
Domaine de la Grillette, Cressier
A. Porret, Cortaillod
Hôpital Pourtalès, Cressier

Tessin
D. Huber, Monteggio
A. Kaufmann, Beride
W. Stucky, Rivera
Eredi Carlo Tamborini, Lampone
Vinattieri, Ligornetto
C. Zündel, Beride

Ostschweiz
T. Donatasch, Malans
Fehr & Engeli, Ueken
H. Herzog, Neftenbach
Landolt & Cie, Zürich
A. Meier, Würenlingen
Rutishauser AG, Scherzinger
H. Schwarzenbach, Meilen
W. Zahner, Truttlikon

Amerika

Kalifornien Napa Valley
Acacia
Anderson Vineyards
Beaulieu Vineyard
Beringer
Buehler
Burgess Cellars
Cain
Cappellet Vineyard
Carneros Creek
Caymus Vineyard
Château Chevre
Château Montelena
Clos du Val
Cosentino
Cuvaison Inc.
Diamond Creek
Dominus
Duckhorn Vineyards
Dunn Vineyards
Flora Springs Wine Co.
Forman
Franciscan
Freemark Abbey
Girard
Grace Family Cellar
Grgich Hills Cellars
Groth Vineyards
Heitz Cellars
Hess
W. Hill
Inglenook
Johnson-Turnbull Vineyards
Judd's Hill
Keenan Winery
Livingston
Long
Markham
L. M. Martini
Mayacamas
Merryvale
R. Mondavi
Monticello Cellars
Nalle
Newton Vineyards
Opus One
R. Pecota
Pepi Winery
J. Phelps
Pine Ridge
Raymond Vineyards & Cellar
Rubicon
Rutherford Hill Winery
Saintsbury
Sattui Winery
Schramsberg
Sequoia Grove
Shafer Vineyards
Silver Oaks Cellars
Silverado Vineyards
Spotteswoode
St. Andrews Winery
St. Clement Vineyard
Stag's Leap Wine Cellars
Steltzner Vineyard

Sterling
Stony Hill Vineyards
Terraces
Ph. Togni
Trefethen Vineyards
Whitenhall Lane
ZD

Sonoma Valley/County

Alexander Valley Vineyards
Arrowood
Benziger of Glen Ellen
Buena Vista
Carmenet
Château Souverain
Château St.-Jean
Clos du Bois
C. R. Cohn
De Loach
Dehlinger Winery
Dry Creek Vineyard
Duxoup Wine Works
Ferrari-Carano
Fisher Vineyards
Gundlach-Bundschu Vineyard Co.
Hanna Vineyard
Hanzell Vineyard
Haywood Winery
Hop Kiln Winery
Iron Horse Ranch & Vineyards
Jordan Vineyard & Winery
Kenwood Winery
Kistler
Laurel Glen
Matanzas Creek Winery
Pedroncelli Winery
Piper-Sonoma
Preston Vineyard & Winery
Rafanelli Winery
Ravenswood
St. Francis
Sausal
Simi Winery
Sonoma-Cutrer Vineyards

Andere

Au Bon Climat, Santa Barbara
Bonny Doon Vineyard, Santa Cruz
Byron Vineyards, Santa Barbara
Calera Wine Co., San Benito
Chalone Vineyards, Monterey
Cronin, San Mateo
Edna Valley Vineyards, San Luis Obispo
Fetzer Vineyard, Mendocino
Ficklin, San Joaquin
Firestone, Santa Barbara
Hidden Cellars, Mendocino
Kalin, Marin
Karly Wines, Amador
Kendall-Jackson Vineyard, Mendocino
Morgan, Monterey
Mount Eden Vineyards, Santa Cruz
Pahlmeyer, Phillips Vineyards, Yolo
Ridge, Santa Cruz
Sanford Wines, Santa Barbara

Rot: 70, **71**, **72**, 73, **75**, **76**, 77, 78, **79**, **80**, 81, 82
Weiß: **70**, **71**, 72, 73, **74**, **75**, **76**, **77**, **78**, **79**, **80**, 81, 82

Register

A

B

ZUM NACHSCHLAGEN

Einladen & Genießen.

Eine simple Pfanne begeistert immer mehr Feinschmecker: Der Wok ist das Paradebeispiel für die neue, unkomplizierte Gastlichkeit! Dieses Buch macht mit der exotischen Gartechnik rundum vertraut – vom stilechten Umgang mit dem Wok bis hin zu asiatischen Küchengeheimnissen. **34,80 DM**

Jeder hat sie – und nutzt sie viel zu selten: Denn in Raclette, heißem Stein und Waffeleisen stecken kulinarische Möglichkeiten, die es zu entdecken gilt! Für gelungene Einladungen ohne Streß zum Beispiel – dazu gibt's seitenweise interessante und neue Rezepte und verblüffende (Planungs-) Tips! **34,80 DM**

Wein A bis Z. Antwort auf alle Fragen in über 5000 Stichworten. **128.- DM**

Das Standardwerk für alle, die das "prickelnde Vergnügen" lieben! 300 Seiten. 150 Fotos. **148.- DM**

32 Portraits bedeutender Winzerpersönlichkeiten. 160 Seiten. Über 150 Fotos. Großformat. **79.- DM**

Eine klingende Hymne an den edlen Rebensaft! 140 Fotos, Karten und Zeichnungen. **59,80 DM**

Mehr draus machen. Mit GU. GU GRÄFE UND UNZER

Stand 1.6.92. Änderungen und Irrtum vorbehalten.

Bildquellennachweis
CIVC, Épernay, Reutlingen 30, 37, 38
Pete A. Eising, München Umschlagfoto
Armin Faber, Mülheim 6, 8, 10, 11, 14, 33, 36, 47, 49, 51, 53, 54, 90, 92, 95, 96, 99, 105, 106, 126, 128, 132, 135, 138, 141 re., 144, 145 (2), 148
Manfred Mehlig, Lauf 59
Sopexa, Düsseldorf 141 li.
Alle übrigen Fotos stammen vom Autor.

Eckhard Supp
lebt als freier Journalist und Fotograf in Offenbach. Nach Studium und Promotion in Soziologie machte er zahlreiche Reportagereisen und arbeitete für eine große Anzahl von in- und ausländischen Zeitungen und Zeitschriften.
Fotoausstellungen, Veröffentlichung von Reisebüchern. Seit 1986 Weinjournalist und -schriftsteller, Mitarbeiter an Weinfachzeitschriften und am italienischen Weinführer »Gambero Rosso«. Seit 1991 Herausgeber des Informationsdienstes »Enoteria News«.

Die Deutsche Bibliothek – CIP-Einheitsaufnahme

Supp, Eckhard:
Wein für Einsteiger: Wein beurteilen, einkaufen genießen – der leichte Weg zur Weinkennerschaft / Eckhard Supp. – 1. Aufl. – München: Gräfe und Unzer, 1992
ISBN 3-7742-1268-6

1. Auflage 1992

Redaktion: Susi Piroué, München
Layout und Typographie: BuchHaus. Kraxenberger. Gigler GmbH, München
Herstellung: Monika Gerretz, München
Umschlaggestaltung: Heinz Kraxenberger, München
Weinkarten: Kartographie Huber, München
Reproduktion: SKU Reproduktionen, München
Satz: OK Satz GmbH, Gröbenzell
Druck und Bindung:
Neue Stalling, Oldenburg

ISBN 3-7742-1268-6